2024

TBC 中小企業診断士
試験シリーズ

速修 テキスト

4 運営管理

TBC受験研究会

山口 正浩 [監修]

林 義久　谷口克己　石井保彦　吉田 昭　岩瀬敦智
鎌田慎也　横山豊樹　櫻野景子 [編著]

早稲田出版
WASEDA PUBLISHING

受験校の**インプット講座**をまるごと収録した**2024年版速修テキスト！**

# 独学合格のための効率的インプット学習

　中小企業診断士の１次試験の学習は、本試験の選択肢を判断するために必要な知識を習得する「インプット学習」がとても大切です。

　速修テキストは、受験校のインプット講座（テキスト・講義・理解度確認テスト・重要例題）をまるごと収録しているため、これ一冊で、一般的な受験校と同様のインプット学習に取り組むことができます。

受験校のインプット講座を
まるごと収録!!

**独学合格のための効率的インプット学習がこの1冊に**

## Ⅰ　効率的インプット学習の取り組み方

### ■ テキスト ＋ 無料講義動画 ＋ 章末問題 ＋ 重要例題

　１次試験の学習では、科目合格を狙う受験生と、７科目全ての科目の合格を狙う受験生で、各科目にかける学習時間が異なります。効率的にインプット学習を行うためには、テーマ別の重要度に合わせて、運営管理に対する時間配分を考えながら学習を進めましょう。

### 合格者に学ぶ！必勝学習法①

　無料講義の中で、講師が説明する重要ポイントを理解しながら、一緒に学習しました。苦手な「経済学・経済政策」「運営管理」「企業経営理論」は時間をかけて勉強し、理解できるまで繰り返し動画を見ました。その中でも経済学・経済政策は苦手意識が強く、また理解が必要な科目でもあったため、経済学・経済政策の講義は３回以上見たかと思います。

　さらに詳しく！　写真入りの体験談と学習法はこちらをチェック

※Cookie のブロックの解除をお願いします。

## 【 財務・会計の重要度マークと学習の取り組み方 】

| 重要度 | 重要度別の学習の取り組み方 |
|---|---|
| 基 | 各章の学習内容を理解していく上で前提となる**基礎**のテーマです。<br>まず、基礎のテーマから学習をはじめて、知識の基礎固めをしましょう。 |
| A | **直近10年間**の本試験で**5回以上**出題された、**重要度Aランク**のテーマです。<br>本試験で**4割以下の足切り**にならないためにも、しっかりと理解して、覚えてほしいテーマです。 |
| B | **直近10年間**の本試験で**4回〜3回**出題された、**重要度Bランク**のテーマです。<br>本試験で**6割を得点するため**には、上記2つのテーマとともに、しっかりと理解して、覚えるようにしましょう。 |
| C | **直近10年間**の本試験で**2回以下**の出題頻度で、**重要度Cランク**のテーマです。<br>上記3つのテーマの学習が完璧になったら学習に取り組みましょう。本試験で**6割以上を狙う場合**には、しっかりと理解して、覚えるようにしましょう。 |

## 【 テーマ別出題ランキング 】
（各章トビラ対向ページに掲載）

各章の学習を始める前に、各章のテーマ別出題ランキングで、過去23年分と直近10年分のテーマ別の出題ランキングを把握しましょう。

## 【 出題年度・頻度や重要箇所が一目でわかるテキスト本文 】

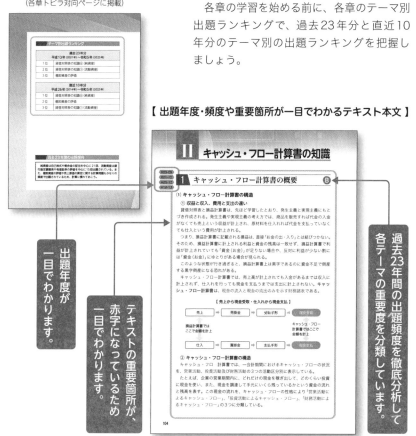

出題年度が一目でわかります。

テキストの重要箇所が、赤字になっているため一目でわかります。

過去23年間の出題頻度を徹底分析して各テーマの重要度を分類しています。

各章の学習が終了したら、章末問題（理解度確認テスト）で理解度を確認しましょう。

【 章末問題 】

過去23年間（平成13〜令和5年度）の本試験出題の過去問から必須テーマを厳選しています。

【 重要例題 】

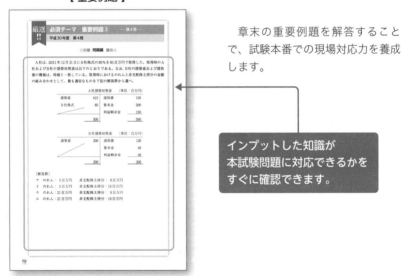

章末の重要例題を解答することで、試験本番での現場対応力を養成します。

インプットした知識が本試験問題に対応できるかをすぐに確認できます。

本書の使い方も、TBC受験研究会統括講師（NHK「資格☆はばたく」中小企業診断士代表講師、司会進行講師）の山口正浩が動画解説しています。こちらもご参照ください。

※Cookieのブロックの解除をお願いします。

# II 出題マップの活用

　巻末（p.322〜323）の「出題マップ」では、本書の章立てに合わせて、本試験の出題論点を一覧表にしています。最近の出題傾向の把握に活用できます。

## 【 出題マップ 】

出題論点が多く記入されている箇所は
出題頻度が高くなっています。

## 合格者に学ぶ！必勝学習法②

　講義動画の良い所は、スマートフォンがあればどこでもアクセスでき、理解が難しい所を繰り返し視聴することができる事です。移動中などのちょっとした空き時間に繰り返し視聴しました。テキストを読み直す度に講義の記憶が呼び戻され、まるで「テキストが語りかける」感覚があり、試験当日も講義内容が頭に浮かび何度も助けられました。

さらに詳しく！　写真入りの体験談と学習法はこちらをチェック

※Cookie のブロックの解除をお願いします。

# ■ 目 次

2024年版 TBC中小企業診断士試験シリーズ

## 速修 **テキスト**

# 4 運営管理

# 運営管理の体系図

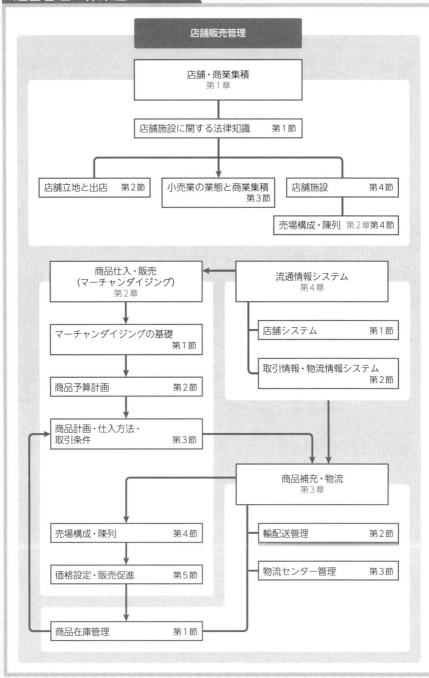

**店舗販売管理**

店舗・商業集積
第1章

店舗施設に関する法律知識　第1節

店舗立地と出店　第2節

小売業の業態と商業集積
第3節

店舗施設　第4節

売場構成・陳列　第2章第4節

商品仕入・販売
（マーチャンダイジング）
第2章

マーチャンダイジングの基礎
第1節

商品予算計画　第2節

商品計画・仕入方法・
取引条件　第3節

売場構成・陳列　第4節

価格設定・販売促進　第5節

商品在庫管理　第1節

流通情報システム
第4章

店舗システム　第1節

取引情報・物流情報システム
第2節

商品補充・物流
第3章

輸配送管理　第2節

物流センター管理　第3節

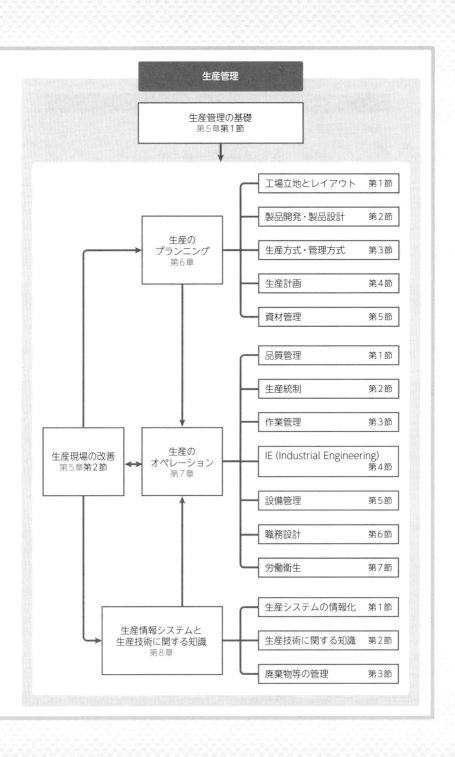

生産管理

生産管理の基礎
第5章第1節

生産の
プランニング
第6章

工場立地とレイアウト　第1節

製品開発・製品設計　第2節

生産方式・管理方式　第3節

生産計画　第4節

資材管理　第5節

生産現場の改善
第5章第2節

生産の
オペレーション
第7章

品質管理　第1節

生産統制　第2節

作業管理　第3節

IE（Industrial Engineering）
第4節

設備管理　第5節

職務設計　第6節

労働衛生　第7節

生産情報システムと
生産技術に関する知識
第8章

生産システムの情報化　第1節

生産技術に関する知識　第2節

廃棄物等の管理　第3節

## テーマ別出題ランキング

| 過去23年分<br>平成13年（2001年）～令和5年（2023年） | |
| --- | --- |
| 1位 | 都市計画法 |
| 2位 | 建築基準法 |
| 2位 | 商店街 |
| 2位 | 照明と色彩 |

| 直近10年分<br>平成26年（2014年）～令和5年（2023年） | |
| --- | --- |
| 1位 | 商店街 |
| 2位 | 都市計画法 |
| 3位 | 照明と色彩 |

## 過去23年間の出題傾向

　都市計画法は23年間で15回出題されており、直近は毎年1問出題される傾向にある。建築基準法は23年間で12回出題されている。いずれも重要用語を中心にしっかり押さえておこう。商店街は直近10年間で9回出題されている。商店街の現状を押さえておこう。

# 第1章

# 店舗・商業集積

# I 店舗施設に関する法律知識

H20-21 **1 まちづくり関連法規**

　「大規模小売店舗法（大店法）」は、2000年6月に廃止され、これを機に商業開発に関連する3つの法律が成立した。これが「**まちづくり三法**」である。「**まちづくり三法**」の特徴は、運用権限を国から地方自治体に大幅に委譲したことである。まちづくり三法の大きな目的の1つは、大型店（大規模集客施設）等の郊外立地に歯止めをかけることである。

H30-21 **(1) まちづくり三法の概要**

　① 大規模小売店の新規出店の可否を、規制法的な性格をもった「都市計画法」の特別用途地区設定等のゾーニング手法によって判断する

　② 立地そのものが可能となれば、「大規模小売店舗立地法（大店立地法）」により、周辺の生活環境保全の観点から影響を審議する

　③ 空洞化が進む中心市街地に対しては、地域振興法的な性格をもった「中心市街地活性化法（中活法）」により、関係省庁が連携して集中的な施策を講じる

H29-23 **2 都市計画法**

H22-21 **(1) 都市計画法の目的**

　都市計画法は、「都市計画の内容およびその決定手続、都市計画制限、都市計画事業その他都市計画に関し必要な事項を定めることにより、都市の健全な発展と秩序ある整備を図り、もって国土の均衡ある発展と公共の福祉の増進に寄与すること」を目的としている。

**(2) 都市計画の基本理念**

　都市計画は、農林漁業との健全な調和を図りつつ、健康で文化的な都市生活および機能的な都市活動を確保すべきこと、ならびにこのためには適正な制限のもとに土地の合理的な利用が図られるべきことを基本理念として定める。

**(3) 国、地方公共団体および住民の責務**

　① 国および地方公共団体は、都市の整備、開発その他都市計画の適切な遂行に努めなければならない

　② 都市の住民は、国および地方公共団体がこの法律の目的を達成するために行う措置に協力し、良好な都市環境の形成に努めなければならない

　③ 国および地方公共団体は、都市の住民に対し、都市計画に関する知識の普及

および情報の提供に努めなければならない

## (4) 都市計画法における区域区分の体系

　都市計画には、将来の街づくりを計画的に整備、保全していくために、さまざまな制度があり、それぞれの地域の特性に応じて、これらの制度を活用することができる。それぞれの都市計画区域の目指すべき将来像を実現し、街をより快適で、活力あるものにするためには、柔軟に都市計画制度を適用していくことが求められる。

**【 都市計画法における区域区分の体系 】**

| 都市計画区域の区分 | | | 住宅の建築 |
|---|---|---|---|
| 都市計画区域 | 線引き都市計画区域 | 市街化区域（地域地区の指定あり） | 地域地区による制限に適合すれば建築できる |
| | | 市街化調整区域 | 原則的に建築できない |
| | 非線引き都市計画区域 | 地域地区の指定あり | 地域地区による制限に適合すれば建築できる |
| | | 地域地区の指定なし | 接道規定等のみ満たせば建築できる |
| 都市計画区域外 | | | 原則的に建築できる。ただし、準都市計画区域は、地域地区の指定がある場合がある |

## (5) 都市計画区域

H22-21

　人や物の動き、地形などから都市の発展を見通し、一体の都市として整備する区域を「都市計画区域」として都道府県が指定する。都市計画区域では、さまざまな制度を活用し、まちづくりを進めることができる。

## (6) 準都市計画区域

　都市計画区域外の高速道路のインターチェンジ周辺など、無秩序な土地利用が懸念されている地区で適切な土地利用を図るために、用途地域など土地の使われ方を決めることができる「準都市計画区域」を都道府県が指定する。

## (7) 区域区分 (線引き制度)

H22-21

　都市計画区域内の、すでに市街地になっている区域や計画的に市街地にしていく区域（市街化区域）と、市街化を抑える区域（市街化調整区域）を区分することである。市街化区域と市街化調整区域のいずれかに該当する地域が**線引き都市計画区域**、該当しない区域が**非線引き都市計画区域**となる。秩序ある土地利用を行い、計画的にまちづくりを進めていくことを可能にする制度である。

### ① 線引き都市計画区域

　区域区分制度を適用する都市計画区域のことである。区域区分制度の適用の有無は、都市計画区域マスタープランで定める。

### (a) 市街化区域

すでに市街地を形成している区域および人口・産業等の動向を考慮し、おおむね10年以内に市街化を図るべき区域である。

### (b) 市街化調整区域

当面の間、市街化を抑制すべき区域である。

## ② 非線引き都市計画区域

区域区分制度を適用しない都市計画区域のことである。区域区分制度の適用の有無は、都市計画区域マスタープランで定める。

R04-24
R01-23
H27-23
H25-22
H23-22

## (8) 地域地区に関する重要用語

### ① 用途地域

都市計画区域内の土地を、利用目的によって区分し、建築物などに対するルールを決め、土地の合理的な利用を図るための制度である。用途地域の指定されている地域では、建築物の用途の制限に併せて、建築物の建て方のルールが定められ、土地利用に応じた環境の確保を図る。用途地域は、13に分かれている。

用途地域における建築物制限は、建築基準法においても定められている。建築基準法では、第一種住居地域内に建築してはならない建築物として「床面積の合計が3,000㎡を超える」店舗を規定している。また、第一種低層住居専用地域では、原則、小規模店舗でも出店することはできない。

さらには、延べ床面積が1万㎡を超える店舗の出店が可能な地域は、原則として近隣商業地域、商業地域、準工業地域の3地域と定められている。

**【 13の用途地域 】**

| 用途地域 | 趣　旨 | 主な建てられる用途 |
|---|---|---|
| 第1種低層住居専用地域 | 低層住居の住居環境を保護する地域 | |
| 第2種低層住居専用地域 | 主に低層住居の住居環境を保護する地域 | $150m^2$以下の一定の店舗 |
| 第1種中高層住居専用地域 | 中高層住居の住居環境を保護する地域 | $500m^2$以下の一定の店舗 |
| 第2種中高層住居専用地域 | 主に中高層住居の住居環境を保護する地域 | $1,500m^2$以下の一定の店舗 |
| 第1種住居地域 | 住居の環境を保護するための地域 | $3,000m^2$以下の店舗 |
| 第2種住居地域 | 主に住居の環境を保護するための地域 | カラオケボックス等 |
| 準住居地域 | 自動車関連施設等と住宅の調和する地域 | |
| 田園住居地域 | 農業と住宅の調和する地域 | $500m^2$以下の農産物直売所、農家レストラン等 |
| 近隣商業地域 | 近隣住民のための店舗の利便を図る地域 | $10,000m^2$超の店舗 |
| 商業地域 | 店舗の利便の増進を図る地域 | $10,000m^2$超の店舗 |
| 準工業地域 | 環境悪化の恐れのない工業の利便を図る地域 | $10,000m^2$超の店舗 |
| 工業地域 | 工業の利便を図るための地域 | |
| 工業専用地域 | 工業の利便を図るための専用地域 | |

### ② 特定用途制限地域

非線引き都市計画区域のうち用途地域の定められていない地域や、準都市計画区域内において、その良好な環境の形成や保持のために、市町村が当該地域の特性に

応じて、合理的な土地利用が行われるよう制限される建築物の用途を定める地域である。

### ③ 高層住居誘導地区

高層住居誘導地区は、住居と住居以外の用途を適正に配分し、利便性の高い高層住宅の建設を誘導するため、第1種住居地域、第2種住居地域、準住居地域、近隣商業地域または準工業地域で、これらの地域に関する都市計画において建築物の容積が10分の40または10分の50と定められたもののうち、建築物の容積率の最高限度、建築物の建ぺい率の最高限度および建築物の敷地面積の最低限度を定める地区とする。

### ④ 高度地区

高度地区は、用途地域内において市街地の環境を維持、または土地利用の増進を図るため、建築物の高さの最高限度または最低限度を定める地区とする。

### ⑤ 高度利用地区

高度利用地区は、用途地域内の市街地における土地の合理的で健全な高度利用と都市機能の更新を図るため、建築物の容積率の最高限度および最低限度、建築物の建ぺい率の最高限度、建築物の建築面積の最低限度ならびに壁面の位置の制限を定める地区とする。

### ⑥ 特定街区

特定街区は、市街地の整備改善を図るため街区の整備または造成が行われる地区について、街区内における建築物の容積率ならびに建築物の高さの最高限度および壁面の位置の制限を定める街区とする。

### ⑦ 防火地域または準防火地域

防火地域または準防火地域は、市街地における火災の危険を防除するため定める地域とする。都市計画で、防火地域および準防火地域が指定されると、建築基準法で具体的な規制が行われる。

### ⑧ 景観地区

景観地区は、都市、農山漁村等の景観を維持するため定める地区とする。

### ⑨ 風致地区

風致地区は、都市の風致を維持するため定める地区とする。

### ⑩ 臨港地区

臨港地区は、港湾を管理運営するため定める地区とする。

### ⑪ 白地地域

区域区分を定めていない都市計画区域で、用途地域の定められていない地域である。白地地域では、地域の実情を勘案し、容積率、建ぺい率などの建築形態制限を設定する。

## ⑼ マスタープラン

### ① 都市計画区域マスタープラン (都市計画区域の整備、開発及び保全の方針)

**都市計画区域マスタープラン**は、一体の都市として整備、開発及び保全すべき区域として定められる都市計画区域全域を対象として、都道府県が一市町村を超える

広域的見地から、区域区分をはじめとした都市計画の基本的な方針を定めるものである。

### ② 市町村マスタープラン（市町村の都市計画に関する基本的な方針）

市町村マスタープランは、都市計画区域マスタープランに即し、各市町村の区域を対象として、住民に最も身近な地方公共団体である市町村が、より地域に密着した見地から、その創意工夫の下に、市町村の定める都市計画の方針を定めるものである。

### ⑽ 立地適正化計画

立地適正化計画は、居住機能や医療・福祉・商業、公共交通等のさまざまな都市機能の誘導により、都市全域を見渡したマスタープランとして位置づけられる市町村マスタープランの高度化版である。立地適正化計画の区域は、都市計画区域内でなければならないが、都市全体を見渡す観点から、都市計画区域全体を立地適正化計画の区域とすることが基本となる。また、立地適正化計画には、**居住誘導区域**と**都市機能誘導区域**の双方を定めるとともに、原則として、居住誘導区域の中に都市機能誘導区域を定めることが必要である。

1つの市町村内に複数の都市計画区域がある場合には、すべての都市計画区域を対象として立地適正化計画を作成することが基本となる。複数の市町村にまたがる広域都市計画の場合、市町村都市再生協議会を設置し、複数市町村で共同して立地適正化計画を作成することが望ましい。

### ① 居住誘導区域

居住誘導区域は、人口減少の中にあっても一定エリアにおいて人口密度を維持することにより、生活サービスやコミュニティが持続的に確保されるよう、居住を誘導すべき区域である。居住誘導区域は市街化区域等内に設定し、市街化調整区域は設定の範囲外となる。

### ② 都市機能誘導区域

都市機能誘導区域は、医療・福祉・商業等の都市機能を都市の中心拠点や生活拠点に誘導し集約することにより、これらの各種サービスの効率的な提供を図る区域である。

# 3 大規模小売店舗立地法

## ⑴ 大店立地法の目的

大規模小売店舗立地法（「大店立地法」と略す）は、「大規模小売店舗の立地に関し、その周辺の地域の生活環境の保持のため、大規模小売店舗を設置する者により、その施設の配置および運営方法について適正な配慮がなされることを確保することにより、小売業の健全な発達を図り、もって国民経済および地域社会の健全な発展ならびに国民生活の向上に寄与すること」を目的としている。

## (2) 大店立地法の概要

### ① 配慮すべき事項

(a) 基本的な事項

周辺の生活環境への影響（深夜営業など）、地域住民等への適切な説明、法運用主体からの意見に対する合理的な措置と説明、実効性のある対応策の実施、変更に伴う周辺環境への影響（営業時間の繰り下げなど）

(b) 配置及び運営方法に関する事項

駐車場需要の充足その他による周辺の地域の住民の利便及び商業その他の業務の利便の確保、騒音の発生その他による周辺の地域の生活環境の悪化の防止

### ② 対象

(a) 店舗面積1,000㎡超の大型店（店舗面積は、直接物品の用に供する部分を指す）

(b) 小売業（飲食業は含まず、物品加工修理業は含む）

(c) 営利活動を営んでいるかどうかは問題としない（生協や農協も対象となる）

### ③ 規制

渋滞、駐車・駐輪、騒音、廃棄物など（中小小売業の保護、地域商業の需給調整等は含まない）。建物の設置者が配慮すべき駐車場の収容台数や荷捌き施設の位置などの具体的な事項は、大規模小売店舗立地法に基づく指針で定められている。

### ④ 店舗設置の届出先、法の運用主体

都道府県・政令指定都市

### ⑤ 審査主体

都道府県または政令指定都市が審査（市町村も参加）。建物の設置者が勧告に従わない場合、その旨を公表することができるが、従わない者への罰則規定はない。

**【 大店立地法の審査項目 】**

| | 審査項目 | 大型店側の審査項目 | 対応策 |
|---|---|---|---|
| 交通関係 | ●駐車場の確保<br>●荷さばき場の確保<br>●経路の設定 | ●来店者の自動車台数<br>●搬出入の自動車台数<br>※年間の平均的な休祭日のピーク1時間に予想される来客の自動車台数を基本として算出（平日の来客数が休祭日よりも多い場合は来客数が最大となる当該曜日） | ●ピーク時の駐車台数確保<br>●渋滞が生じないよう、入口位置や駐車場の構造を工夫<br>●施設の効率的な設計<br>●搬出入時間帯の考慮<br>●登下校ルートを回避する経路の設定 |
| 騒音関係 | ●営業時の対策<br>●付帯設備への対策 | ●店舗からの騒音予測 | ●防音壁の設置など<br>●駐車場、荷さばき場の騒音対策 |
| 廃棄物関係 | ●廃棄物の保管<br>●廃棄物の運搬、処理 | ●1日当たりの排出量<br>●平均保管日数 | ●施設の容量確保<br>●悪臭の防止 |

**(3) 大店立地法の届出**

### ① 新設の際に届出が必要な項目 (第5条)

大規模小売店舗を新設する場合、都道府県に対して下記の項目の届出が必要である。

(a) 大規模小売店舗の名称及び所在地

(b) 大規模小売店舗を設置する者及び当該大規模小売店舗において小売業を行う者の氏名又は名称及び住所並びに法人にあっては代表者の氏名

(c) 大規模小売店舗の新設をする日

(d) 大規模小売店舗内の店舗面積の合計

(e) 大規模小売店舗の施設の配置に関する事項であって、経済産業省令で定めるもの

(f) 大規模小売店舗の施設の運営方法に関する事項であって、経済産業省令で定めるもの

### ② 変更の届出が事後に必要な項目 (第6条)

大規模小売店舗において、下記の項目を変更した場合、遅滞なく都道府県に届け出なければならない。

(a) 大規模小売店舗の名称及び所在地

(b) 大規模小売店舗を設置する者及び当該大規模小売店舗において小売業を行う者の氏名又は名称及び住所並びに法人にあっては代表者の氏名

### ③ 変更の届出が事前に必要な項目 (第6条)

大規模小売店舗において、下記の項目を変更する場合、あらかじめ都道府県に届け出なければならない。ただし、経済産業省令で定める変更 (大規模小売店立地法施行規則で規定) については、この限りでない。

(a) 大規模小売店舗の新設をする日

(b) 大規模小売店舗内の店舗面積の合計

(c) 大規模小売店舗の施設の配置に関する事項であって、経済産業省令で定めるもの

(d) 大規模小売店舗の施設の運営方法に関する事項であって、経済産業省令で定めるもの

### ④ 経済産業省令で定める③の主な除外項目 (大規模小売店舗立地法施行規則第7条)

大規模小売店舗立地法第6条で定められた変更の届出が事前に必要な項目にあっても、「経済産業省令で定める変更」について届出は不要である。「経済産業省令が定める変更」とは、一時的な変更または特定の項目である。主な項目は次のとおりである。

(a) 大規模小売店舗の新設をする日の繰下げを行うもの

(b) 大規模小売店舗内の店舗面積の合計を減少させるもの

(c) 駐車場又は駐輪場の収容台数を増加させるもの

(d) 荷さばき施設の面積を増加させるもの

(e) 廃棄物等の保管施設の容量を増加させるもの

(f) 大規模小売店舗において小売業を行う者の開店時刻の繰下げ又は閉店時刻の繰上げを行うもの

## (1) 中心市街地活性化法の目的

　中心市街地活性化法（中心市街地活性化に関する法律）は、「中心市街地が地域の経済および社会の発展に果たす役割の重要性にかんがみ、近年における急速な少子高齢化の進展、消費生活の変化等の社会経済情勢の変化に対応して、中心市街地における都市機能の増進および経済活力の向上（以下「中心市街地の活性化」という。）を総合的かつ一体的に推進するため、（中略）地域の振興および秩序ある整備を図り、国民生活の向上および国民経済の健全な発展に寄与すること」を目的としている。

## (2) 中心市街地の定義

　中心市街地は以下の3つの要件すべてを満たすものと規定されている。
　① 当該市街地に、相当数の小売業者が集積し、および都市機能が相当程度集積しており、その存在している市町村の中心としての役割を果たしている市街地であること
　② 当該市街地の土地利用および商業活動の状況等からみて、機能的な都市活動の確保または経済活力の維持に支障を生じ、または生ずるおそれがあると認められる市街地であること
　③ 当該市街地において市街地の整備改善および商業等の活性化を一体的に推進することが、当該市街地の存在する市町村およびその周辺の地域の発展にとって有効かつ適切であると認められること

## (3) 中心市街地活性化法の特徴

### ① 2006年の改正

　国による「選択と集中」が強化された。
　(a) 中心市街地活性化本部（本部長：内閣総理大臣）
　(b) 基本計画の内閣総理大臣認定制度
　(c) 中心市街地活性化協議会

　「中心市街地活性化協議会」とは、中心市街地の活性化の総合的かつ一体的な推進に必要な事項を協議するための組織であり、主に以下の役割を担う。
　　• 市町村が作成する基本計画、認定基本計画の実施等について、市町村に意見を述べる
　　• 市町村が基本計画を作成する際の意見を聴取する
　　• 民間事業者が事業計画を作成する際に協議する

### ② 2014年の改正

　民間投資の喚起を軸とした活性化策が講じられた。
　(a) 民間投資を喚起する新たな制度の創設
　中心市街地への来訪者又は就業者若しくは小売業の売上高を相当程度増加させるなどの効果が高い民間プロジェクトに絞って、経済産業大臣が認定する制度を

創設した。当該認定事業計画に対する特例措置として、①予算措置の拡充、②税制優遇措置（建物等の取得に対する割増償却制度等）の創設、③中小企業基盤整備機構による市町村を通じて無利子融資、④地元が望む大規模小売店舗の立地手続きの簡素化等の措置を講じた。

### (b) 中心市街地活性化を図る新たな措置

小売業の顧客の増加や小売事業者の経営の効率化を図るソフト事業を経済産業大臣が認定する制度を新たに創設し、資金調達を円滑化する等の支援を行う。また、道路占用の許可の特例措置、中心市街地において活動が認められる特例通訳案内士制度といった規制の特例等の措置を講じた。

### ③ 中心市街地整備推進機構

市町村長は、公益法人やNPO法人などの営利を目的としない法人を**中心市街地整備推進機構**として指定することができる。中心市街地整備推進機構の役割には、中心市街地活性化にかかわる情報の提供、相談、その他の援助などがある。

# 5 建築基準法 Ⓑ

## (1) 建築基準法の概要

### ① 目的

**建築基準法**とは、「建築物の敷地、構造、設備および用途に関する最低限の基準を定めて、国民の生命、健康、財産の保護を図り、もって公共の福祉の増進に資すること」を目的としている。この目的を達成するために、集団規定・単体規定等の技術基準が定められている。

### ② 集団規定

建築物の集合体である都市部において、無秩序な開発行為を防ぎ、住民の住みやすさと安全を維持するために設けられた基準である。

### ③ 単体規定

個々の建物が備えていなければならない安全確保のための技術的基準である。

### ④ 建築確認制度

工事着手前に、建築物の計画をチェックする制度である。建築確認において、申請図面をもとにそれぞれの建築計画が適法であるか審査し、適法な建築物は建築確認通知書が交付される。建築確認通知書の交付を受けていない建築物の工事はできない。平成30年の改正で、戸建住宅を、一定の要件（延べ面積200㎡未満など）を満たす小売店舗に用途変更する場合に、耐火建築物とすることが不要になった。

| 適用区域 | 建築物の用途 | 建築物の規模・高さ | 対象工事 |
|---|---|---|---|
| 全　域 | 用途的特殊建築物 | 店舗、宿泊施設等の不特定多数の方が利用する用途の建築物で、用途に供する床面積の合計が200㎡を超えるもの | 建築（新築、増築、改築、移転）、大規模な修繕・模様替・用途変更 |
| | 構造的特殊建築物 | 木造の場合は次のいずれか<br>①3階建て以上<br>②床面積500㎡超<br>③高さ13m超<br>④軒の高さ9m超<br>　木造以外の場合は次のいずれか<br>①2階建て以上<br>②床面積200㎡超 | 建築（新築、増築、改築、移転）、大規模な修繕・模様替 |
| 都市計画区域 | すべての建築物 | 防火地域・準防火地域以外の床面積10㎡以下の増築、改築、移転は除く | 建築（新築、増築、改築、移転） |

## (2) 建築基準法および施行令に関する重要語句

### ① 建築物

　土地に定着する工作物のうち、屋根および柱もしくは壁を有するもの、これに附属する門もしくは塀、観覧のための工作物または地下もしくは高架の工作物内に設ける事務所、店舗、興行場、倉庫その他これらに類する施設をいい、建築設備を含むものをいう。

### ② 建ぺい率

　敷地面積に対する建築面積の割合のことである。用途地域ごとに、また、場所によって具体的かつ詳細に定められている。

　建ぺい率＝建築面積÷敷地面積×100

### ③ 容積率

　敷地に対する建物の総床面積の割合のことである。

　容積率＝延べ床面積÷敷地面積×100

### ④ 延焼のおそれのある部分

H19-21

　隣地境界線、道路中心線又は同一敷地内の2以上の建築物（延べ面積の合計が500㎡以内の建築物は、1の建築物とみなす）相互の外壁間の中心線から、1階にあっては3メートル以下、2階以上にあっては5メートル以下の距離にある建築物の部分をいう。

### ⑤ 防火地域

R05-26<br>R04-26

　防火地域内において階数が3以上、または延べ面積が100㎡を超える規模の建築物にあっては耐火建築物としなくてはならない。その他の規模の建築物にあっては、準耐火建築物または耐火建築物としなくてはならない。また、防火地域内にある看板、広告塔等で、建築物の屋上に設けるもの、又は高さ3mを超えるものは、主要部分を不燃材料で造るか不燃材料で覆わなければならない。

⑥ 準防火地域

準防火地域内において階数が4以上、または延べ面積が1,500㎡を超える規模の建築物にあっては耐火建築物としなくてはならない。延べ面積が500㎡を超え1,500㎡以下の建築物にあっては、準耐火建築物または耐火建築物としなくてはならない。

H27-24 (3)「建築基準法の一部を改正する法律（平成26年法律第54号）」の概要

① 木造建築関連基準の見直し

木材の利用を促進するため、耐火構造としなければならない3階建ての学校等について、実大火災実験等により得られた新たな知見に基づき、一定の防火措置を講じた場合には準耐火構造等にできることとする。

② 実効性の高い建築基準制度の構築

(a) 定期調査・検査報告制度の強化

定期調査・検査の対象の見直し、防火設備等に関する検査の徹底や、定期調査・検査の資格者に対する監督の強化等を図ることとする。

(b) 建築物の事故等に対する調査体制の強化

建築物においてエレベーター事故や災害等が発生した場合に、国が自ら、必要な調査を行えることとする。国及び特定行政庁において、建築設備等の製造者等に対する調査を実施できるよう調査権限を充実する。

③ 合理的な建築基準制度の構築

(a) 構造計算適合性判定制度の見直し

建築主が、審査者や申請時期を選択できるよう、指定構造計算適合性判定機関等へ直接申請できることとする。比較的簡易な構造計算について、十分な能力を有する者が審査する場合には、構造計算適合性判定の対象外とする。

(b) 指定確認検査機関等による仮使用認定事務の創設

特定行政庁等のみが承認することができる工事中の建築物の仮使用について、一定の安全上の要件を満たす場合には、指定確認検査機関が認めたときは仮使用できることとする。

(c) 新技術の円滑な導入に向けた仕組み

現行の建築基準では対応できない新建築材料や新技術について、国土交通大臣の認定制度を創設し、それらの円滑な導入を促進する。

(d) 容積率制限の合理化

容積率の算定に当たりエレベーターの昇降路の部分の床面積を延べ面積に算入しないこととする。また、住宅の容積率の算定に当たり地下室の床面積を延べ面積に算入しない特例を、老人ホーム等についても適用する。

R04-26 (4) 屋外広告物

都道府県は、屋外広告物の形状、面積、色彩などの表示方法の基準を屋外広告物法に基づく条例で定めることができる。また、高さ4mを超える広告塔については、建築基準法による建築確認申請が必要となる。

# 6 消防法

R01-25

## (1) 消防法の目的

消防法は、「火災を予防し、警戒しおよび鎮圧し、国民の生命、身体および財産を火災から保護するとともに、火災または地震等の災害による被害を軽減し、もって安寧秩序を保持し、社会公共の福祉の増進に資すること」を目的としている。

## (2) 防火管理

R05-26

### ① 防火管理とは

日常の火気管理、消防用設備の維持管理、消火訓練や避難訓練などを通じて、火災発生の防止と火災被害を最小限に留めることを目的としている。

### ② 防火管理者とは

消防設備や火気設備等の点検、整備のできる管理的または監督的な地位にある人で、法令で定める講習を受講した人等である。

### ③ 防火管理者の選任

防火対象物の収容人員が、店舗、病院、飲食店などで30名以上、学校、共同住宅、事務所などで50名以上の場合には、防火管理者を選任しなければならない。店舗面積300㎡以上は甲種防火管理者、300㎡未満は甲種又は乙種防火管理者を定める必要がある。

### ④ 防火管理者の役割

(a) 消防計画の作成
(b) 消火、通報および避難の訓練の実施
(c) 消防の用に供する設備、消防用水または消火活動上必要な施設の点検、整備
(d) 火気の使用または取扱いに関する監督
(e) 避難または防火上必要な構造および設備の維持管理
(f) 収容人員の管理
(g) その他防火管理上必要な業務

## (3) 大規模小売店舗の防火管理の義務

H24-24

① 消防機関への通報、初期消火、避難誘導などを円滑に行うため、自衛消防組織を置かなければならない
② 防火管理者を定め、店舗の消防計画を作成し、それに基づき、消火、通報及び避難の訓練の実施などを行わなければならない
③ 廊下、階段、避難口その他の避難上必要な施設について避難の支障になる物件が放置されないように管理しなければならない

## (4) 消防用設備等の点検

R05-26
H28-24

消防法により消防用設備等を設置することが義務づけられている建物の関係者は、設置した消防用設備等を定期的に点検し、その結果を消防長又は消防署長に報告す

る義務がある。特定防火対象物である小売店舗は、消化機器などの機器点検を６カ月に１回、総合点検を１年に１回行い、１年に１回点検結果を報告する必要がある。点検結果を報告せず、又は虚偽の報告をした者は30万円以下の罰金又は拘留となる。

# 1 立地条件

**商業立地**とは、「卸売業、小売業、サービス業の営業拠点の集積を商業的にみた場合の環境や場所、または店舗を構えること」をいう。

## (1) 立地とは

**立地**とは、産業（商業、サービス業、製造業など）を営むのに適した土地を選び決めることである。社会的条件、地理的条件、経済的条件など、その地域圏を形成する要素である。立地には、小売店など商業施設が立地している商業立地、工場などが立地している工業立地、などがある。

## (2) 立地条件の変化

立地条件は絶えず変化している。かつては好立地であった商店街で、車社会（モータリゼーション）の進展によって、渋滞が多く、駐車施設の乏しい、買い物しにくい立地に変化したところもある。

## (3) 商品特性による立地条件の違い

取扱商品によって、立地条件は異なる。日用品など日常性の高い最寄り品を販売する小売店は、半径500m以内に住宅地や学校などがあり、近隣住民が頻繁に訪れやすい立地が適している。

一方、比較購買されることの多い買回り品を販売する小売店は、顧客の吸引に適した広い商圏で、鉄道の駅の近くや広い駐車施設を備える立地が適している。高価格品は、時間をかけて比較検討し、購入してもらえるような施設面の整備が重要である。

## (4) 近年の立地傾向

平成19年商業統計調査によると、近年の総合スーパーのロードサイド型は、商店数、年間商品販売額ともに平成14年調査に比べて増加しており、これまで総合スーパーの代表的な立地環境であった駅周辺型と並ぶ主要な立地環境へと移行しつつある。

また、コンビニエンスストアの商店数を立地別にみると、住宅地区が最も多いが、オフィス街地区、工業地区、その他地区の割合が高まっている。

日本ショッピングセンター協会によると、ショッピングセンターの立地傾向は、2000年以降、都市郊外で住宅地や農地等が展開されている郊外地域への立地が約6～7割を占めていたが、2010年は5割を下回った。それに対して、中心地域に隣接した都市機能が適度に存在する周辺地域への立地が、約1～2割から約4割に増大した。

# 2 商圏分析 Ⓑ

H25-24 ## (1) 商圏の定義

商圏とは、商業施設にとって買い手の消費者が存在する地域の広がりのことであり、商業施設が顧客を引き付ける地域といえる。アメリカの経済学者D・L・ハフは、商圏を「ある特定の商店か商店街が販売する特定の商品やサービスを購入する潜在的消費者の割合が、0より大きい確率を持つ範囲で、地理的に輪郭をかける範囲」と定義している。

H21-23 ## (2) 商圏の分類

商圏は、来店範囲、来店頻度、来店手段などにより、1次商圏、2次商圏、3次商圏・影響圏などに分類される。統一的な基準はなく、店の方針や考え方によって、商圏の分類方法は異なる。

## (3) 商圏の規模に影響を与える要因

商圏の規模や形態は、業種と業態、単独店と商業集積などによって多様である。商圏の規模に影響を与える要因をまとめると、以下のようになる。

**【 商圏の規模に影響を与える要因 】**

| 要　　因 | 具　体　例 |
|---|---|
| 競争状態 | 近接する商圏の影響力や来店に要する時間と手段など |
| 人口密度 | 市町村別、町丁別の世帯数、人口、人口密度など |
| 都市の規模 | 都市の面積、都市計画など |
| 商圏内の所得・消費支出 | 商圏内生活者の所得構成、各種統計による消費支出など |
| 商業施設の立地条件 | 交通の便、近隣店舗との補完性、集積効果による吸引力など |
| 商圏の魅力 | 商品の入手可能性、価格訴求、快適性、駐車の便など |
| 物理的要因 | 山、川、幹線道路、鉄道、地形など |
| 心理的要因 | 商業施設のイメージなど |

## (4) 商圏に影響を与える人口、都市開発

### ① ドーナツ化現象

大都市の中心部の定住人口が減り、人口の多い地帯が周辺に拡大していく現象をいう。人口配置がドーナツ状になるために名付けられた。

H21-22 ### ② スプロール現象

都市が拡大する場合、地価の安いところから宅地化されるため、虫食い状に都市化が進行する現象をいう。

### ③ 後背地人口

商圏人口の中で、特にその商圏に大きな影響を与える人口集団のことを後背地人

20

口という。

#### ④ 人口密度

　商圏の大きさを把握する方法には、地理的な広さと商圏内居住人口がある。広さに対する居住人口の割合を人口密度という。

### ⑸ 商圏把握の法則

H21-23
R04-25
H30-23

#### ① ライリーの法則（小売引力の法則）

　W.J.ライリーが発見した都市の吸引力を示した法則である。「小売業はある一定の法則に従って、より小さい都市や町から、より大きい都市に吸引される」というものである。「小売引力の法則・第1公式」ともいわれる。2つの都市が、その分岐点に近い中間の町から吸引する小売販売額の割合は、2つの都市の人口に比例し、中間の町への距離の2乗に反比例するというものである。

**【ライリーの法則】**

$$\frac{Ba}{Bb} = \left(\frac{Pa}{Pb}\right) \times \left(\frac{Db}{Da}\right)^{2}$$

Ba： 都市Aが中間の町から吸引する小売販売額
Bb： 都市Bが中間の町から吸引する小売販売額
Pa： 都市Aの人口
Pb： 都市Bの人口
Da： 中間の町から都市Aまでの距離
Db： 中間の町から都市Bまでの距離

**【 ライリーの法則の計算例 】**

Z町の小売販売額が、A市とB市に吸引される割合を計算する

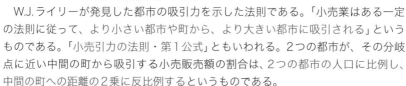

A市
（人口100,000人）　　10km　　Z町　　5km　　B市（人口50,000人）

**公式** 人口に比例して、距離の2乗に反比例して吸引される

$$\frac{100{,}000人}{50{,}000人} \times \left(\frac{5km}{10km}\right)^{2} = \frac{1}{2}$$

**よって** Z町の小売販売額は、A市：B市＝1：2の割合で吸引される

② コンバースの法則 (新小売引力の法則)

P.D.コンバースは、アメリカの100以上の小都市における消費者の購買行動を分析し、新小売引力の法則を導いた。**コンバースの法則**は、大都市の小売業の顧客吸引力に対して、人口規模の小さい町が小売販売額を保持、または失う割合を予測する公式である。

**【コンバースの法則】**

$$\frac{Ba}{Bb} = \left( \frac{Pa}{Pb} \right) \times \left( \frac{4}{d} \right)^2$$

Ba： 外部の都市Aに吸引される小売販売額

Bb： 地元の都市Bが保持する小売販売額

Pa： 外部の都市Aの人口

Pb： 地元の都市Bの人口

d ： 外部の都市Aから地元の都市Bまでの距離

4 ： 慣性距離因子

R02-25 ③ ライリー・コンバースの法則 (小売商圏分岐点公式)

コンバースが、「ライリーの法則」を発展させて、小売商圏分岐点までの距離を算出するために導き出した公式である。「小売引力の法則・第2公式」ともいわれる。

**【ライリー・コンバースの法則】**

$$Db = \frac{Dab}{1 + \sqrt{\frac{Pa}{Pb}}}$$

Db ： 都市Bから分岐点までの距離

Dab： 都市Aと都市Bの間の距離

Pa ： 都市Aの人口

Pb ： 都市Bの人口

H25-24 ④ ハフモデル

アメリカのD.L.ハフが開発した、売場面積を算出要素として消費者の買物出向確率を求める公式である。**ハフモデル**は、「ある地域に住む消費者が、ある商業集積へ買い物に出かける確率 (買物出向確率) は、商業集積の売場面積に比例し、商業集積に到達する時間または距離に反比例する」というものである。

**【ハフモデル】**

$$P_{ij} = \frac{\dfrac{S_j}{T_{ij}^{\lambda}}}{\displaystyle\sum_{j=1}^{n} \dfrac{S_j}{T_{ij}^{\lambda}}}$$

$P_{ij}$：ｉ地域に住んでいる消費者が、商業集積ｊへ買い物に
　　　行く確率（買物出向確率）

$S_j$　：商業集積ｊの売場面積

$T_{ij}$　：ｉ地域から商業集積ｊへの買物時間または距離

$\lambda$　：色々な種類の買い物に関する時間の効果を反映する
　　　よう経験的に推定されるパラメータ（距離抵抗係数）

$n$　：競合する商業集積の数

### ⑤ 修正ハフモデル

　修正ハフモデルとは、ハフモデルを日本の現状に合わせて式にある$\lambda$（ラムダ）
を２に固定したモデルである。

**【修正ハフモデルの計算例】**

消費者のＡ店への買物出向確率を計算する

Ａ店（100m²）　10分　消費者　20分　Ｂ店（400m²）

**公式** 売場面積に比例して、時間または距離に反比例する

$$\text{Ａ店へ行く確率} = \frac{100\text{m}^2 / (10\text{分})^2}{100\text{m}^2 / (10\text{分})^2 + 400\text{m}^2 / (20\text{分})^2} = 0.5$$

**よって** 消費者のＡ店への買物出向確率は、50％である

# 3 出店評価 C

　小売業は立地産業といわれるように、出店当初の立地選定がその後の経営計画に
大きく影響する。店舗を出店する際に、長期的なビジョンに基づいた立地評価によ
る立地選定と、その方向づけとなる長期的な立地戦略や出店戦略が重要である。

## (1) 立地評価の3分類

### ① 立地選定
新規出店、店舗移転など、自店の店舗運営に適した場所を探すこと。

### ② 立地適応
出店後の立地条件に適応し、店舗を運営すること。

### ③ 立地創造
立地に対して能動的に働きかけ、自ら立地環境を作り出すこと。

H23-36 ## (2) ドミナント出店

　ある商圏に集中的に複数店舗を出店する「高密度集中出店」のことである。コンビニエンスストア、スーパーマーケット、外食産業などが得意とする出店戦略である。
　ドミナント出店の効果は、次のとおりである。
① 物流コストの削減
② 商圏内の知名度の向上
③ スーパーバイザーや営業担当者の訪問効率の向上
④ 広告・販促効率の向上

### 【ドミナント出店】

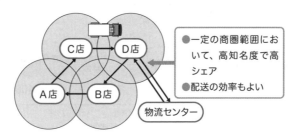

一定エリア内に集中出店するため、商圏は分割縮小する

# III 小売業の業態と商業集積

## 1 小売業の業態

### (1) 小売業の業態と定義

　経済産業省による商業動態統計では、小売業の業態を次のように定義している。

#### ① 百貨店

　日本標準産業分類の百貨店,総合スーパー(561)のうち、次のスーパーに該当しない事業所であって、かつ、売場面積が東京特別区及び政令指定都市で3,000㎡以上、その他の地域で1,500㎡以上の事業所をいう。

#### ② スーパー

　売場面積の50%以上についてセルフサービス方式を採用している事業所であって、かつ、売場面積が1,500㎡以上の事業所をいう。

#### ③ コンビニエンスストア

　飲食料品を取り扱っており、セルフサービス方式を採用している売場面積が30㎡以上250㎡未満で、営業時間が14時間以上の事業所と定義されている。

#### ④ ドラッグストア

　セルフサービス方式を採用しており、一般用医薬品を小売りしているまたは、セルフサービス方式を採用しており、「店舗形態」において「ドラッグストア」を選択した事業所と定義されている。

#### ⑤ ホームセンター

　セルフサービス方式を採用し、売場面積が500㎡以上で、金物、荒物、苗・種子のいずれかを 小売りしている事業所または、セルフサービス方式を採用し、売場面積が500㎡以上で、「店舗形態」において「ホームセンター」を選択した事業所と定義されている。

### (2) 業態別の販売額の動向

　2022年の小売業販売額は、前年比＋2.6%の増加となった。
① 百貨店の販売額は、「身の回り品」、「その他商品」、「婦人・子供服・洋品」等すべての品目が増加し、前年比増加となった。
② スーパーの販売額は、「家庭用電気機械器具」等が減少したものの、「飲食料品」等が増加し、前年比増加となった。
③ コンビニエンスストアの販売額は、「非食品」、「ファーストフード及び日配食品」等全ての項目が増加し、前年比増加となった。
④ ドラッグストアの販売額は、「トイレタリー」等が減少したものの、「食品」、「調剤医薬品」等が増加したため、前年比増加となった。
⑤ ホームセンターの販売額は、「インテリア」、「DIY用具・素材」等が減少し、

前年比減少となった。

**【 小売業業態別販売金額推移 】**　　　　　　単位：百万円

| 年 | 百貨店 | スーパー | コンビニエンスストア | ドラッグストア | ホームセンター |
|---|---|---|---|---|---|
| 2017年 | 6,552,855 | 13,049,653 | 11,745,125 | 6,057,971 | 3,294,173 |
| 2018年 | 6,443,416 | 13,160,939 | 11,978,029 | 6,364,419 | 3,285,308 |
| 2019年 | 6,297,864 | 13,098,313 | 12,184,143 | 6,835,625 | 3,274,756 |
| 2020年 | 4,693,751 | 14,811,200 | 11,642,288 | 7,284,078 | 3,496,352 |
| 2021年 | 4,902,989 | 15,004,147 | 11,760,089 | 7,306,578 | 3,390,495 |
| 2022年 | 5,507,040 | 15,153,289 | 12,199,648 | 7,708,656 | 3,342,006 |

経済産業省 商業動態統計を基に作成

# 2　ショッピングセンター　Ⓑ

R05-22
R03-22
R01-22
H29-25

## (1) ショッピングセンターの概要

　ショッピングセンター (SC) とは、1つの単位として計画、開発、所有、管理運営される商業・サービス施設の集合体で、駐車場を備えた商業集積である。

　ディベロッパーが商圏内の人口・世帯数や年齢層、競合店、購買特性などの調査を行い、計画的に建設する。したがって、商業集積として統一されたコンセプトが確立されている。業種構成が整っており、最寄り品と買回り品、専門品などの店舗が適正に配置されている。

　一般社団法人日本ショッピングセンター協会が公表している「全国のSC数・概況」では、2022年末時点の総SC数は3,133、1SC当たりの平均テナント数は53店、1SC当たりの平均店舗面積は17,348㎡である。キーテナント別SC数では、1核SCの割合が最も高い。1核SCの中で最も数が多いキーテナントはGMSである。また、ディベロッパーの業種別SC数で最も多い業種は小売業で、40%となっている。

H24-25 ## (2) ショッピングセンターの基準

　日本ショッピングセンター協会では、ショッピングセンターの基準を下記のように定めている。

① 当該ショッピングセンターにおける小売業の店舗面積の合計が、1,500㎡以上である

② テナント会（商店会）があり、広告宣伝、共同催事等の共同活動を行っている

③ キーテナントを除くテナントが10店舗以上含まれている

④ キーテナントがある場合、その面積がショッピングセンター面積の80%程度を超えないこと。ただし、その他テナントのうち小売業の店舗面積が1,500㎡以上である場合には、この限りではない

## （3）ショッピングセンターの賃料の徴収形態

H25-25

ショッピングセンターにおける賃料の徴収形態には以下のような方式がある。一般的には、固定あるいは最低保証付歩合賃料の徴収形態が主流となっている。

### ① 固定家賃型

売上額と関係なく一定額の賃料を徴収する方式である。ディベロッパーが安定した収益を見込める。

### ② 固定家賃＋売上歩合型

固定家賃に加え、売上に歩率を掛けて賃料を徴収する方式である。

### ③ 単純歩合型

一定の歩率を設定し、売上に対する歩合賃料のみとする方式である。テナントは高い売上を実現した場合、高い賃料を支払う結果になる。ディベロッパーは、固定家賃がないので事業計画が立てづらく、リスクヘッジができない難点がある。

### ④ 最低保証付逓減歩合型（固定＋売上逓減）

テナントの売上に基本歩率と最低保証としての基準売上高を設定し、一定の売上高を超えた額に対しては、歩率を軽減する方式である。

# 3 商店街

## （1）商店街の類型

H30-22

商店街は、立地環境により①駅前商店街、②地下街商店街、③郊外型商店街などに分けることができる。商店街を分類する場合、商店街を構成する店舗の業態、来街頻度、取扱商品に基づき、次の4つに分類することが一般的である。

**【 商店街の4類型 】**

| 名　称 | 取扱商品分類 | 来街手段 |
|---|---|---|
| 近隣型商店街 | 最寄り品中心 | 徒歩、自転車等 |
| 地域型商店街 | 最寄り品、買回り品混在 | バス、鉄道等 |
| 広域型商店街 | 買回り品中心 | 鉄道、地下鉄等 |
| 超広域型商店街 | 専門品中心 | 鉄道、地下鉄等 |

## （2）商店街の現状

R05-23
R02-26
R01-27
H29-22
H21-22

現在、多くの商店街は長期的な視点では衰退、空洞化している。その原因には次のようなものがある。

① 大型店などの商業施設がスプロール的に郊外やロードサイドに進出したこと
② 商店街として消費者のニーズに的確に十分対応しきれなかったこと
③ 人口が郊外に移動するとともに、公的施設の郊外への移転が進んだこと
④ 都市や町の中心部の商店街が自動車社会に十分対応できなかったこと
令和3年度商店街実態調査報告書によると、今回調査の全店舗数平均は51.2店

で前回調査（平成30年度調査、以下同じ）の全店舗数平均（50.7店）と比べると0.5店増加している。1商店街あたりのチェーン店舗数は5.3店となっており、平成30年度調査の5.3店と同じである。商店街が抱える問題は、経営者の高齢化による後継者問題が72.7％で最も多くなっている。専従事務局員数（パート、アルバイトを含む）についてみると、「いない（0名）」と回答した商店街が74.1％と多くを占めており、次いで「1名」が12.5％、「2名」が4.2％などとなっている。全国の商店街における業種別の店舗数についてみると、「飲食店（28.0％）」の割合が最も多く、次いで「衣料品、身の回り品店等（15.2％）」、「サービス店（13.7％）」の順に多くなっている。

　商店街の空き店舗の平均店舗数は5.49店、空き店舗率は13.59％で、前回調査より0.18ポイント減少した。空き店舗の今後の見通しは、「増加する」と回答した商店街が49.9％で最も多くなっている。

**H28-26**
**H23-26** (3) **買物弱者の発生原因**

　近年、食料品等の日常の買い物が困難な状況におかれる人々が増加している。これらの人々を一般に「買物弱者」という。買物弱者の発生原因として次のようなものがある。
　　① 手軽に活用できる交通機関が弱体化して、遠くの店舗への買い物が困難になること
　　② 中小小売業に加え、大規模小売業が退店すること
　　③ 徒歩や自転車で買い物できる自宅の近くの店舗が閉店すること
　買物弱者に対する流通業者やサービス業者の取り組みとして、宅配サービスや移動販売、仮設店舗の出店、来店手段となるバスの運行などがある。

**H30-25** (4) **地域商店街活性化法**

　**地域商店街活性化法**は、商店街が「地域コミュニティの担い手」として行う地域住民の生活の利便を高める試みを支援することにより、地域と一体となったコミュニティづくりを促進し、商店街の活性化を図ることを目的として、平成21年8月に施行された。商店街が実施しようとする商店街活性化事業計画が、地域住民のニーズに応じて行う事業であり、商店街活性化の効果が見込まれ、他の商店街の参考となりうるものについては、本法に基づき経済産業大臣の認定を受けることができる。ソフト事業も含めた商店街活動への支援を強化している。

**H29-24** (5) **商店街に関連する流通政策の変遷**

　1970年代には、地域商業近代化の必要性を指摘し、商業近代化地域計画の充実・強化を求めた。さらに1980年代には、流通政策の中にまちづくりの視点を導入し、「コミュニティ・マート構想」の積極的な推進を打ち出し、1990年代には、「ハイマート2000構想」が示され、それまでの商店街組織を対象とした政策から商業集積を対象とした政策へと踏み出した。

## (6) 共同店舗

　商業者等が共同で小〜中規模のテナントビルをつくり、商業集積の核機能を創出する1つの手法である。規模の大小はあるが、ショッピングセンターのひとつであり、大型店が持つワンストップ・ショッピング機能や利便機能を導入し、コンセプトに合った業種業態の集積も可能で、適切な手法で行えば大きな効果が得られる。

# Ⅳ 店舗施設

## 1 店舗構造 Ⓒ

### (1) ストアコンセプトの明確化

　店舗施設を設計・運営する前に、自店の位置づけを明確にするため、ストアコンセプトを設定する必要がある。**ストアコンセプト**は、経営における戦略ドメインと同等の位置づけであり、小売業のマーケティングミックスの基本方針である。商品・サービスの組み合わせ、販売促進、価格、場所（立地）との整合性を持たせ、適正な店舗運営を行う。

### H19-23 (2) 商業施設の基本計画の留意点

#### ① 配置

　商業施設の配置には、敷地の形状・接道状況・施設の規模等を総合的に検討した上で、集客を第一とする考えから、客に分かりやすく安全にアプローチしやすい計画が望まれる。

#### ② バックヤードと共用部

　商業施設の床面積を「売場」と「バックヤードと共用部」とに配分する際、「バックヤードと共用部」が占める割合は、一般的に総延べ床面積の20〜25％程度が充てられることが多いが、業種・業態によってその比率は異なる。

#### ③ 駐車場

　商業施設の駐車場の規模設定は、売場面積に相応した駐車台数を計画することが望ましい。駐車台数が少ない場合は、使いやすさと駐車場の回転率を高めるような対応も必要となる。

### (3) 店頭構成

　店舗の外観と店頭には、顧客を店内に誘導する機能がある。

#### ① 開放度

店舗を外部に対してどの程度開放しているかの割合である。

#### ② 透視度（開放感）

店舗を外部からどの程度見通せるかの割合である。

#### ③ 深度（セットバック）

敷地境から店内入口までの距離である。

#### ④ ファサード

　建築物の正面外観をいい、パラペットと店頭の両方を含む。ファサードは、店の顔として店の存在を訴求し、宣伝する。

## ⑤ パラペット

店舗正面上部のことで、店名などの看板が設置される。

### 【 店頭構成のイメージ 】

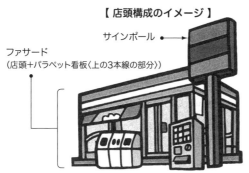

サインポール

ファサード
〈店頭+パラペット看板〈上の3本線の部分〉〉

出典:『手にとるようにマーチャンダイジングがわかる本』 木下安司著 かんき出版

### 【店舗への誘導機能】

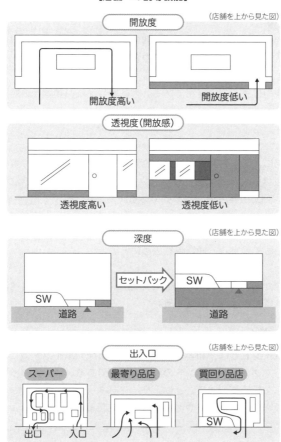

開放度 （店舗を上から見た図）

開放度高い 　開放度低い

透視度(開放感)

透視度高い 　透視度低い

深度 （店舗を上から見た図）

セットバック SW SW

道路 　道路

出入口 （店舗を上から見た図）

スーパー 　最寄り品店 　買回り品店

出口 入口 SW

## (4) 間口と奥行きのバランス

　間口とは、店舗正面の横幅のことである。間口は、奥行きに対して、店舗正面の左右の長さをいう。一般的には1：1.5～2.0がよいとされる。また、間口のユニット設定の場合、陳列什器等との関連から、90cmあるいは100cm単位で考えるのがよいとされている。

## (5) 動線計画

　動線とは、人や商品の通路（経路）のことである。**動線計画**は、客動線を中心に設定し、従業員動線、商品動線との重複は極力避ける。客動線は、回遊性を高め、客がなるべく長く滞留するように設定し、従業員動線や商品動線は短くするのが原則である。

### ① 客動線

　顧客を店内に誘引するための経路である。主通路を広くし、斜め通路や客だまりを効果的に設定することで、店内の回遊性を高められる。

### ② 従業員動線

　従業員が店内作業をするための移動経路である。接客、包装、レジなどに最短距離で対応できるよう、効率的に設定することが望ましい。

### ③ 商品動線

　搬入口から陳列位置までの経路である。客動線や従業員動線との重複は極力避ける。

## (6) 通路

　店内は、通路によって各売場が区分される。一般的に、通路幅は最寄り品店は広く、買回り品店は狭くなる。通路幅は大人2人がすれ違っても支障がないように、最低でも90～120cm程度の幅が必要である。

### ① 主通路

　入店した80％以上の顧客が歩く、入口から店内、店奥へ通じるメインの通路である。壁面に沿って設定し、通路幅を広めにとる。

### ② 副通路

　顧客を主通路から内部へ誘導するための通路である。レイアウト計画に従って、顧客を内部へ誘導するように設定する。

## (7) マグネットポイント

　**マグネットポイント**とは、顧客の目をひきつける陳列ポイントのことである。動線計画の中で、マグネットポイントの設置は重要である。購入量の多い商品、購入頻度が高い商品を量感陳列することにより、マグネットポイントをつくり店内の活気を演出し、顧客の回遊性向上や客導線の伸張を図る。

# 2 店舗設備と什器

## (1) 什器

　商品を陳列する器具を**什器**という。什器は顧客にとって商品が見やすいという視認性、商品が比較しやすいという選択性、商品が管理しやすいという売場作業の効率性といった機能をもっている。

### ① ゴンドラ

何段かの棚のある両面陳列棚である。スペースに対して商品の収納量が多い。

### ② ショーイングステージ

ステージ陳列に活用するための器具で、持ち運びができる。

### ③ ガラスケース (ショーケース)

通常ガラスケースのことを指し、時計、宝飾品などを展示陳列する什器である。接客用のカウンターにもなる。

### ④ トルソー

服飾小売店で商品機能をアピールし、洋服をコーディネートして見せることで、購買意欲促進を図る道具である。

### ⑤ 投げ込みケース

商品を無造作に投げ込んだ状態で展開するジャンブル陳列のためのケースである。

### ⑥ リーチインクーラー

前面にガラスドアが付いた冷蔵庫である。

### ⑦ ウォークインクーラー

前面はリーチインクーラーと同じであるが、壁面に固定した冷蔵庫で、陳列部分の裏側に在庫スペースがある。従業員は、後部から商品補充ができる。

【什器】

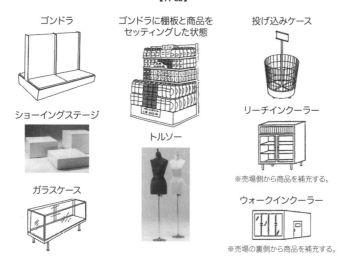

# 3 照明と色彩

H27-25 (1) 照明

### ① 照明の対象

店舗照明の対象には、顧客を店内に引き入れ購買意欲を盛り上げる環境照明（アンビエントライティング）と、商品の特徴、価値、情報を顧客に正しく伝達するための商品照明（タスクライティング）がある。

R03-26
H30-24
H20-24
### ② 照明の単位

照明には、次のような単位が存在する。

**【 照明の単位 】**

| 用語 | 内容 | 単位 |
|---|---|---|
| 光束（ルーメン） | 光源から出てくる光の量 | (Lm) |
| 光度（カンデラ） | 光源からある方向へ向かう光の強さ | (Cd) |
| 照度（ルクス） | 照らされている場所の明るさの程度 | (Lx) |
| 輝度（スチルブ） | 物の輝き | (Cd/㎡) |
| 定格ランプ電力（ワット） | 消費電力 | (W) |
| 色温度（ケルビン） | 物体の色に及ぼす光源の性質に影響ある光源の光色を示す尺度 | (K) |
| 演色性（アールエイ） | 光で照らした色彩の再現度 | (Ra) |

JISでは維持照度の推奨値が示されており、スーパーマーケットにおける店内全体は500ルクス、商店（一般共通事項）の重要陳列部は750ルクス、大型店（デパートや量販店など）の重要陳列部は2,000ルクスである。

演色性を客観的に示すために、数値で表した指標を平均演色評価数という。JISでは商店（一般共通事項）および大型店（デパートや量販店など）の重要陳列部の推奨最小値は80としている。

### ③ 店舗での光源の種類

#### (a) 蛍光灯

一般的に使われる照明器具で、ベース照明に用いられる。白熱灯と比べて光熱費が安く、照明効率は良いが、メリハリのある演出には欠ける。

#### (b) 白熱灯

買回り品店や専門品店で使われ、装飾照明にも使用される。蛍光灯と比較して演出性が高い。照明効率は悪いため、光熱費が高くなる。また、温度が上がりやすいため、生鮮食品などの商品が傷むというデメリットがある。

H23-25
#### (c) LED (Light Emitting Diode) 照明

発光ダイオードを用いた照明である。LED照明は、寿命が長く、低消費電力・低発熱性といった特徴を持つ。経済産業省は、ハロゲンランプを含む白熱灯から白色LEDへの切り替えによる、省エネルギー効果を示している。省エネルギーの観点から、LED照明への切替を推進している。

## ④ 照明の分類

照明は、対象や配光によっていくつかに分類することができる。

### 【 照明対象による分類 】

| 全体照明<br>(ベース照明) | 天井に付け、商品の上部から照射し、店内の空間全体を均一的に明るくする。器具デザインに適応した配置計画が重要で、室内に均一的に照明器具を配置する。蛍光灯による直接照明が多い |
|---|---|
| 重点照明 | 周囲よりも強い光を当て、特定の商品の訴求力を高める。スポットライトによる照射が最も多い。ディスプレイやステージなど、商品移動に対応できる器具が必要である |
| 装飾照明 | 光源やガラスの輝きなど、店舗空間のイメージや雰囲気演出のために行う。シャンデリア、ネオンサイン等が使用される |

### 【 配光による分類 】

| 直接照明 | 光源から出た光が、直接被写体を照らす照明方法である。最も一般的で、照明効率がよく、被写体を強く印象づけられる |
|---|---|
| 半直接照明 | 透過性のあるカバーを利用することで、直接被写体を照らす光束を減少させる照明方法である |
| 間接照明 | 天井や壁・梁・幕板の陰などに光源を入れて、その反射光で明るさを採る方法である。光源を完全に隠すので、照明効率は落ちるが、柔和な雰囲気を演出できる |
| 半間接照明 | 透過性のあるカバーを利用して光を演出する方法である |
| 拡散照明 | 全方向に光線を出し、部屋を全体的に明るくし、輝度がある照明である。シャンデリア、蛍光灯、コードペンダントなどがある |

### 【配光による分類のイメージ】

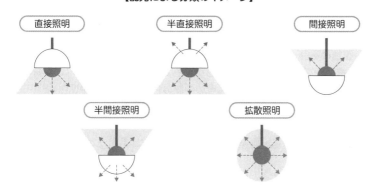

## ⑤ その他の留意点

光源が目に入ると、顧客はまぶしさを感じたり、立ち止まったりする。これは、回遊性にも支障をきたすので、注意が必要である。そのために、グレアカット照明(光源を見せないようにする照明方法)の導入が必要である。

蛍光灯を天井に埋め込み、スポットライトの取付け角度と位置を工夫して、光源が顧客の目に入らないように工夫する方法がとられる。

(2) **色彩**

① **色の3要素**

色には、色相・明度・彩度の3要素がある。有彩色は3つの要素をもつが、無彩色は「明度」のみをもつ。

(a) **色相**

彩り(いろどり)のことで、赤、黄、青など色の種類のことである。色相のある色を有彩色という。

(b) **明度**

すべての色がもつ明るさの度合いのことである。明度は無彩色を基準とする。黒を一番下、白を一番上とし、その間の明るさの段階を等間隔になるよう10段階に分け、明度段階の尺度としたものを無彩色の明度軸という。

(c) **彩度**

色の鮮やかさのことである。彩りが一番鮮やかなものを純色という。純色に無彩色を混ぜると、その分彩度は落ちる。

② **色の調和**

(a) **反対色調和**

色相環で対向色による2色間調和のことである。コントラストの強い調和を示し、お互いの色が競い合い、印象が強くなる。にぎやかさや若々しさを演出することができる。色相環で対向色同士のことを、補色関係ともいう。補色同士を調合すると、灰色(無彩色)になる。

(b) **同系色調和**

同系統の2色の調和のことである。落ち着いた感じや上品さを演出することができる。

③ **色の効果**

(a) **暖色と寒色**

赤、橙、黄など赤みがかかった色が暖色で、青、青緑、青紫など青味がかかった色が寒色である。緑、紫など両者の中間の色は、中間色(中性色)という。

(b) **進出色と後退色**

**進出色**は、近く見えるという前進性を有する色で、暖色で明度の高い色のことである。暖かさと共に、刺激性、膨張性、慎極性、情熱性といったイメージを表現できる。

**後退色**は、遠く見えるという後退性を有する色で、寒色や明度の低い色のことである。冷たさや涼しさと共に、穏やかさ、縮小感、消極的、鎮静作用といったイメージを表現できる。

## 【色の組み合わせ】

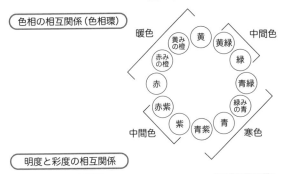

色相の相互関係（色相環）

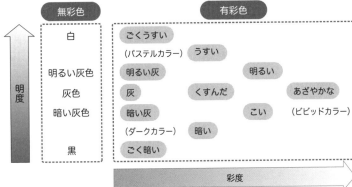

明度と彩度の相互関係

- 明度の離れた色同士の組み合わせは互いに際立たせる。
- 彩度の高い色は攻撃的な印象を与える。
- 彩度の低い色は落ち着いた印象を与えるので内装に使用される。

↓ 青 を例にとると下図の位置づけとなる。

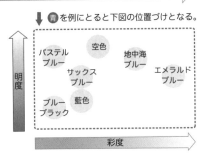

出典：『日本産業規格JIS Z8102 JIS Z8721』を参照

④ 視認性・誘目性・可読性・明視性・識別性

視認性と誘目性は、周囲の環境の中から特に目を引く効果である。視認性は注意をしている場面での発見のしやすさに対し、誘目性は注意を向けていない場面での発見のしやすさという違いがある。可読性とは、文字や数字の理解のしやすさ、明視性とは、図形の細部の知覚しやすさである。識別性とは、複数の対象の区別のしやすさである。店舗施設における注意や禁止、危険なものを伝達しなければならな

第 1 章 店舗・商業集積　　37

い情報の視覚表示においては、視認性と誘目性を高めることが望ましい。案内表示などには、可読性や明視性を高めることが要求される。

# 4 その他店舗施設の知識

H23-25 **(1) 環境配慮型小売（エコストア）**

環境配慮型小売とは、経済産業省が推進する環境に留意した小売店舗である。経済産業省が示す環境配慮型小売の姿は以下のとおりである。
① 環境への取り組みを通して、消費者に「買い物の楽しみ」という価値を提供し続けている
② 小売・店舗の徹底した温室効果ガス排出削減が実現できている
③ 同業他社・取引先・消費者および地域と協働し、サプライチェーン全体の温室効果ガス削減の主体となるとともに、消費者の環境意識・行動の変革に貢献している
④ 温室効果ガスとコストの削減を同時に実現することで新たなビジネスプロセスを構築している

H23-25 **(2) カーボンオフセット**

**カーボンオフセット**とは、日常生活や経済活動を行う上で避けることができない$CO_2$等の温室効果ガスの排出について、できるだけ排出量が減るよう削減努力を行い、どうしても排出される温室効果ガスは、排出量に見合った温室効果ガスの削減活動に投資すること等により、排出される温室効果ガスを埋め合わせるという考え方である。

H22-22 **(3) バリアフリー新法**

バリアフリー法（高齢者、障害者等の移動等の円滑化の促進に関する法律）は、2008年に施行された。バリアフリー法の施行に伴い、「ハートビル法」は廃止された。

R05-24
R03-25
R01-26 **(4) 食品リサイクル法**

食品リサイクル法に基づく新たな基本方針（「食品循環資源の再生利用等の促進に関する基本方針」）が令和元年7月に公表された。主な内容は以下のとおりである。
① 基本理念において、食品ロスを明記し、食品関連事業者及び消費者の食品ロス削減に係る役割が記載された。
② 事業系食品ロスについては、SDGsも踏まえ、2030年度を目標年次として、サプライチェーン全体で2000年度の半減とする目標が新たに設定された。
③ 基本方針では、再生利用等を実施すべき量に関する目標が、業種別（食品製造業、食品小売業、食品卸売業、外食産業）に定められている。2024年度までに達成すべき再生利用等実施率の目標値は、食品製造業（95%）が最も高く、外食産業（50%）が最も低い。

④ 食品廃棄物等多量発生事業者は、国に食品廃棄物等の発生量および食品循環資源の再生利用等の実施量を、都道府県別および市町村別に報告することになった。

## (5) 食品衛生法

R03-40

　食品衛生法等の一部を改正する法律（平成30年法律第46号）により令和3年6月1日から、原則としてすべての食品等事業者はHACCPに沿った衛生管理に取り組むことになり、小規模な営業者であってもHACCPを取り入れた衛生管理が求められている。食品衛生監視員が対象事業者を把握できるよう、営業許可の対象となっていない業種を営む事業者は、管轄の保健所に届出をする必要がある。一方で、公衆衛生に与える影響が少ない（食品衛生上のリスクが低い）営業者については、営業の届出は不要である。営業の届出が不要な営業者は以下のとおりである。
　① 食品又は添加物の輸入業
　② 食品又は添加物の貯蔵又は運搬のみをする営業（ただし、冷凍・冷蔵倉庫業は除く。）
　③ 常温で長期間保存しても腐敗、変敗その他品質の劣化による食品衛生上の危害の発生の恐れがない包装食品の販売業
　④ 合成樹脂以外の器具容器包装の製造業
　⑤ 器具容器包装の輸入又は販売業
　更に、①〜③、及び⑤の営業者については、衛生管理計画および手順書の作成も義務付けられていない。

## (6) 食品表示法および食品表示基準

R05-30

　① 農産物　必要な表示事項は、名称と原産地となる。複数の原産地で同じ種類の農産物を混合している場合は、全体重量に占める割合が多いものから順に記載する。
　② 特定保健用食品　消費者庁長官の許可を受けて、その摂取により当該特定の保健の目的が期待できる旨の表示を行う食品である。
　③ 機能性表示食品　事業者の責任で、科学的根拠を元に商品パッケージに機能性を表示するものとして、消費者庁に届け出られた食品である。
　④ 消費期限または賞味期限　品質の劣化が早い食品（おおむね5日以内に消費すべき食品）には「消費期限」を、それ以外の食品には「賞味期限」を記載する。製造または加工した日から賞味期限までの期間が3ヵ月を超える加工食品は、賞味期限を年月表示とすることができる。

■■■ 問題編 ■■■　　　　Check!!

**問1 (R02-24)**　　　　　　　　　　　　　　　　　　　　［○・×］

　国土交通省公表の平成28年「都市計画運用指針における立地適正化計画に係る概要」において、居住調整地域とは、住宅地化を抑制するために定める地域地区であり、市街化調整区域に定める必要がある地域である。

**問2 (H25-23)**　　　　　　　　　　　　　　　　　　　　［○・×］

　建物の設置者が配慮すべき駐車場の収容台数や荷捌き施設の位置などの具体的な事項は、大規模小売店舗立地法に基づく指針で定められている。

**問3 (R05-26)**　　　　　　　　　　　　　　　　　　　　［○・×］

　店舗に設置されている消火器具や火災報知設備などの機器点検は、毎月行わなければならない。

**問4 (H23-36)**　　　　　　　　　　　　　　　　　　　　［○・×］

　小売チェーンのドミナント出店戦略は、物流センターから店舗への商品配送効率の向上に有効である。

**問5 (H25-25)**　　　　　　　　　　　　　　　　　　　　［○・×］

　ショッピングセンターにおける賃料の徴収として、歩合型家賃は、ディベロッパーが安定した収入を見込めるという利点がある。

**問6 (H28-26)**　　　　　　　　　　　　　　　　　　　　［○・×］

　「買物弱者」に対する流通業者やサービス業者の取り組みとして、郊外での大型店の出店・開発がある。

**問7 (H29-30)**　　　　　　　　　　　　　　　　　　　　［○・×］

　注意を向けている人に速くかつ探しつつ見つけやすく、周囲から際立って見えるような色や配色を「誘目性が高い」という。

**問8 (H22-23)**　　　　　　　　　　　　　　　　　　　　［○・×］

　間接照明は、光源を直接見えにくくして、柔らかな雰囲気を演出するものである。

問9 (R01-22)　　　　　　　　　　　　　　　　　　　　　　　　　　　　［○・×］
　ディベロッパー業種・業態別SC数において、小売業で最も多いものは、百貨店
である。

問10 (R03-25)　　　　　　　　　　　　　　　　　　　　　　　　　　　　［○・×］
　食品リサイクル法に基づく新たな基本方針において、事業系食品ロスについては、
2050年度を目標年次として、サプライチェーン全体で2000年度の半減とする目
標が新たに設定された。


■■■ 解答・解説編 ■■■

問1　×：居住調整地域とは、住宅地化を抑制するために定める地域地区であるが、
　　　　　市街化調整区域には定めることができない区域である。
問2　○：配置及び運営方法に関する事項は、大規模小売店舗立地法に基づく指針
　　　　　で定められている。
問3　×：特定防火対象物である小売店舗は、消火器具や火災報知設備などの機器
　　　　　点検を6か月に1回、総合点検を1年に1回行い、1年に1回点検結果を
　　　　　報告しなければならない。
問4　○：ドミナント出店によって、商品の配送効率を高めることができる。
問5　×：ディベロッパーが安定した収入を見込める利点があるのは、固定家賃で
　　　　　ある。
問6　×：居住地域での出店や宅配などが「買物弱者」に対する取り組みである。
問7　×：注意を向けている人に遠くからでも見つけやすく、周囲から際立ってみ
　　　　　えるような色や配色は「視認性が高い」という。
問8　○：天井などの反射光で明るさを採る方法である。
問9　×：ディベロッパー業種・業態別SC数において、小売業で最も多いものは、
　　　　　総合スーパーである。
問10　×：事業系食品ロス半減の目標年次は、2030年度である。

■■■ **問題編** ■■■

売場や商品を演出する色彩に関する説明として、<u>最も不適切なもの</u>はどれか。

ア　オクラを緑色のネットに入れることで、対比現象により商品の色を鮮やかに
　　見せることができる。

イ　色相が連続する虹色の順に商品を陳列すると、売場に連続性が形成される。

ウ　フェイスアウトの陳列をする場合、明度のグラデーションで高明度の色を手
　　前に、暗い色を奥に置くのが一般的である。

エ　ベビー用品は、優しい印象を与えるために、明度が高く、やわらかく見える
　　色が多く使われている。

## 解答：ア

色彩に関する出題である。

ア：不適切である。オクラを緑色のネットに入れることは、色の対比現象ではなく
同化現象である。
イ：適切である。色相とは、赤、黄、青など色の種類（彩り）のことである。虹色
の順（色相環の順）に陳列することで、売場に連続性を表現できる。
ウ：適切である。高明度の色は進出色で、暗い色は後退色のため、高明度の色を手
前に置き、暗い色を奥に置くことで、立体感を演出できる。
エ：適切である。彩度の低い色は落ち着いた印象を与え、やわらかく見える。明度
が高く、彩度の低い色は、優しい印象となる。

| 過去23年分<br>平成13年（2001年）〜令和5年（2023年） | |
|---|---|
| 1位 | 値入高予算 |
| 1位 | 商品陳列 |
| 2位 | GMROI |
| 2位 | 価格政策 |
| 3位 | 店内プロモーション |

| 直近10年分<br>平成26年（2014年）〜令和5年（2023年） | |
|---|---|
| 1位 | 商品構成・品揃え |
| 1位 | 値入高予算 |
| 1位 | 商品陳列 |
| 1位 | 価格政策 |
| 2位 | 売場配賦の検討 |
| 2位 | 商品配置の検討 |
| 3位 | 相乗積 |
| 3位 | 店内プロモーション |

## 過去23年間の出題傾向

　値入高予算は23年間で15回出題されている。計算問題に慣れておこう。商品陳列も15回出題されている。実際の店舗での商品陳列をイメージしながら覚えてほしい。商品構成・品揃えは直近10年間で6回と出題が増えているため、重要用語を押さえておこう。

# 第2章

# 商品仕入・販売 （マーチャンダイジング）

# I マーチャンダイジングの基礎

## 1 マーチャンダイジングと経営戦略

　商品の流通を担う流通業には卸売業や物流を専門に行う企業、コンビニエンスストアやスーパーマーケットなどの小売業が含まれる。それぞれの企業は商品の流通において、様々な機能を担い、商品の付加価値を高めるための活動をしている。

### (1) マーチャンダイジングと経営戦略

　小売業が、標的顧客の求める商品を品揃えして販売する一連の業務活動を**マーチャンダイジング（MD）**という。マーチャンダイジングでは、図表の経営戦略の策定から実行までの3段階のステップを経て、適正な数量の商品を、適正な価格で、適正な時期に適正な場所で提供することが求められる。

#### ① ドメインとの全体戦略

　企業がマーチャンダイジングを実践する際には、図表にある企業経営理論で学習するドメインと全体戦略に基づき、標的顧客のニーズに合わせた商品を適正な価格で提供するとともに、必要な利益の獲得を目標とする。店舗を運営している場合には、ストアコンセプトも企業の全体戦略に従う。

#### ② 必要利益を確保するためのMD予算サイクル

　企業は必要な利益を獲得するために、図表にあるMD予算サイクルの5つの項目を決定する。

　　(a) 将来の売上高を予測した売上高（販売）予算の決定
　　(b) 販売に必要な商品在庫金額である在庫高予算の決定
　　(c) 商品のロスを加味した減価予算の決定
　　(d) 計画的な値下げを考慮した値入高予算の決定
　　(e) 在庫量を適正に保つために必要な仕入高予算の決定

#### ③ 日々の売上と利益を確保するMD実行サイクル

　売上高や在庫高、仕入高の予算などが決定したら、店舗において予算に合わせたマーチャンダイジングが実行される。図表のMD実行サイクルでは、品揃計画に基づき、商品を発注し、納品された商品を補充する。売場で、見やすく、手に取りやすく、買いやすく陳列された商品に、店内放送やPOPなどで販売促進（販促）をして販売をする。納品された商品と商品在庫を分析し、次回の品揃計画の修正に活用する。

【 経営戦略の策定から実行までのステップ 】

① ドメインと全体戦略

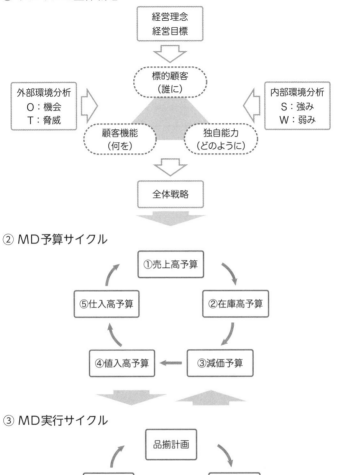

② MD予算サイクル

③ MD実行サイクル

R02-32
H27-32
H24-26
H23-32
H21-24
H19-29

# 2 GMROI

## (1) GMROIの概要と算出

企業のマーチャンダイジング目標の達成度合いを測定する指標の一つに、GMROI

（**商品投下資本粗利益率**）がある。GMROIは、企業が調達した資金を在庫として投資した商品が、どれだけの粗利益高を生みだしたかを測定し、高ければ高いほど良いといわれ、次の公式で表される。

**【 GMROIの公式 】**

$$\text{GMROI}(\%) = \frac{\text{粗利益高}}{\text{平均在庫高（原価）}} \times 100$$

《例題：GMROI》

　小売業を営むA店の数値が下記のとき、A店の数値に基づきGMROIを求めてみよう。

| | |
|---|---|
| 売上高 1,000万円 | 期中仕入高　550万円 |
| 期首在庫高（原価）100万円 | 期末在庫高（原価）150万円 |

　GMROIを求めるときには、まず、公式の分母の平均在庫高（原価）を求める。平均在庫高（原価）は、A店の与えられた数値を見ると、年間の平均在庫を求めれば良いことがわかる。A店の年間平均在庫は「（期首在庫高＋期末在庫高）÷2」で求める。

　年間平均在庫高（原価）＝（100万円＋150万円）÷2＝125万円

　次に、分子の粗利益高を求める。売上高はわかっているが、粗利益高を求めるのに必要な売上原価がわからないため、売上原価を求める。売上原価は「期首在庫高（期首棚卸高）＋期中仕入高－期末在庫高（期末棚卸高）」で求める。

　売上原価＝100万円＋550万円－150万円＝500万円

　最後に、粗利益高を「売上高－売上原価」で求め、粗利益高と年間平均在庫高（原価）を、GMROIの公式に当てはめる。

　粗利益高＝1,000万円－500万円＝500万円

$$\text{GMROI}(\%) = \frac{\text{粗利益高}}{\text{平均在庫高（原価）}} \times 100 = \frac{500万円}{125万円} \times 100 = 400\%$$

## (2) GMROIの分解

　小売業では、求めたGMROIを粗利益率と商品回転率に分解して、マーチャンダイジング戦略の方向性を検討する。A店のGMROIを粗利益率（売上高粗利益率）と商品回転率に分解すると次のようになる。

## 【 GMROIの分解 】

$$\text{GMROI} (\%) = \frac{\text{粗利益高}}{\text{平均在庫高（原価）}} \times 100$$

$$\text{GMROI} (\%) = \frac{\text{粗利益高}}{\text{売上高}} \times \frac{\text{売上高}}{\text{平均在庫高（原価）}} \times 100$$

$$= \text{粗利益率} \times \text{商品回転率（商品投下資本回転率）}$$

粗利益率は「粗利益高÷売上高×100」で求める。A店の粗利益率は、500万円÷1000万円×100＝50％となる。主な商品回転率の公式は、次の3種類である。

H28-28

## 【 商品回転率の公式 】

$$\text{商品回転率（商品投下資本回転率）} = \frac{\text{売上高}}{\text{平均在庫高（原価）}}$$

$$\text{商品回転率（売価）} = \frac{\text{売上高}}{\text{平均在庫高（売価）}}$$

$$\text{商品回転率（原価）} = \frac{\text{売上原価}}{\text{平均在庫高（原価）}}$$

上記のうちGMROIの算出では商品投下資本回転率を活用するため、「売上高÷平均在庫高（原価）＝1,000万円÷125万円＝8回転」となる。求めた数値から、A店のGMROIは400％、粗利益率は50％、商品回転率は8回であることがわかる。

図表を見ると、B店のGMROIもA店と同じ400％であるが、粗利益率は25％、商品回転率は16回である。粗利益率はA店の半分であるが、商品回転率は2倍となっている。

B店のGMROIを分解して、粗利益率と商品回転率の数値を見ると、A店と比べて粗利益率よりも商品回転率を重視していることがわかる。

## 【 A店とB店のGMROIの比較 】

| | 粗利益率 | 商品回転率<br>（商品投下資本回転率） | GMROI |
|---|---|---|---|
| A店 | 50％ | 8回 | 400％ |
| B店 | 25％ | 16回 | 400％ |

企業がGMROIを、粗利益率と商品回転率に分解して、マーチャンダイジング戦略の方向性を検討し、少ない在庫投資で、高い粗利益を確保できれば高い数値となる。GMROIの改善方法には、①商品回転率を高める方向、②粗利益率を高める方向がある。

H27-32
H23-32
H22-27
H21-24

## (3) 交差主義比率（交差比率）

先ほど紹介した、GMROIは、平均在庫高を原価基準で算出している。平均在庫

第2章　商品仕入・販売（マーチャンダイジング）　**49**

高を売価基準で算出した指標は**交差主義比率**といわれている。高ければ高いほど良いといわれ、次の公式で表される。

**【 交差主義比率の公式 】**

$$交差主義比率(\%) = \frac{粗利益高}{平均在庫高(売価)} \times 100$$

$$= \frac{粗利益高}{売上高} \times \frac{売上高}{平均在庫高(売価)} \times 100$$

$$= 粗利益率 \times 商品回転率(売価)$$

　ある商品の粗利益率が30％で、商品回転率が6回転である場合の交差主義比率は、「粗利益率×商品回転率＝30％×6回転＝180％」となる。

R05-28
R01-28
H29-27
H25-31
H24-27

# 3　相乗積

## (1) 相乗積の概要

　相乗積(利益相乗積係数)の公式は「粗利益率×売上高構成比」である。たくさん売れる商品ほど、店全体の粗利益率に大きく影響するため、相乗積では粗利益率への影響度合いの大きさを売上高構成比によって調整する。

　相乗積は、店舗全体の粗利益率を改善する際に、売上高構成比を高める部門や商品群(カテゴリー)や商品品目(アイテム)、粗利益率を高める部門やカテゴリーやアイテムを決めるために用いる。

## (2) 相乗積の計算

　次の図表を見ながら、粗利益率と売上高構成比、相乗積の関係を理解しよう。

　図表の商品(アイテム)ごとの売上高構成比を見ると、ロールケーキの売上高構成比は「4,000円÷10,000円×100＝40％」となる。同様にパフェの売上高構成比は30％、シュークリームは20％、エクレアは10％となっている。

　アイテムごとの相乗積を計算すると、ロールケーキは「売上高構成比×粗利益率＝40％×25％＝10％」となる。同様に、パフェは6％、シュークリームは8％、エクレアは4％となっている。

　それぞれのアイテムの相乗積を合計して、具ケーツというカテゴリー全体の粗利益率を求めると28％となる。

**【 アイテムの相乗積と粗利益率 】**

| アイテム名 | 売上高 | 売上高構成比 | 粗利益率 | 相乗積 |
|---|---|---|---|---|
| ロールケーキ | 4,000円 | 40.0% | 25.0% | 10.0% |
| パフェ | 3,000円 | 30.0% | 20.0% | 6.0% |
| シュークリーム | 2,000円 | 20.0% | 40.0% | 8.0% |
| エクレア | 1,000円 | 10.0% | 40.0% | 4.0% |
| 合計 | 10,000円 | 100.0% | － | 28.0% |

　相乗積の計算により、ロールケーキのように売上高構成比の高いアイテムほど、そのアイテムの粗利益率が、カテゴリー全体の粗利益率に大きく影響していることがわかる。

　粗利益率が高いアイテムの売上高構成比が高くなれば、カテゴリー全体の粗利益率が高くなるため、カテゴリー全体の粗利益率を増加させるためには次の2つの方向性を検討する。

　① 粗利益率の高いアイテムの売上高構成比を高める方向
　② 売上高構成比が高いアイテムの粗利益率を高める方向

# II 商品予算計画

## 1 商品予算計画

**商品予算計画**とは、今期の売上利益を決める小売業の最も重要なマーチャンダイジング活動の計画である。今期の販売（売上高）予算をいくらにするか、そのために商品構成をどのように決定し、在庫投資の規模をどの程度にするか、期中の商品減耗を加味した上で、最終的に仕入量を決定する。これらを金額ベースで計画するのが、商品予算計画である。このため、**商品予算**は、①販売（売上高）予算、②在庫高予算、③減価予算、④値入高予算、⑤仕入高予算の順に作成する。

R02-35
H29-34
H25-37
H20-29

## 2 販売（売上高）予算

　　商品予算計画の第1段階は、販売（売上高）予算の作成である。小売業経営では、すべての商品予算は販売（売上高）予算を基礎として作成される。販売（売上高）予算は、過去の販売実績に基づき将来の売上高を予測した上で、消費者動向や競争状況などの環境変化や商品特性などを考慮し、販売（売上高）の予測に修正を加え、算出する。販売（売上高）予測は、年間と月間に分けて考える。

### (1) 年間販売 (売上高) 予測

　　年間販売（売上高）予測では、過去数年分の販売（売上高）実績を分析し、その結果を次年度以降に反映させる。

#### ① 目安法 (フリーハンド法、目測法、手描法)

　　グラフの縦軸を売上高、横軸を期間として、過去の販売実績をプロットし、目分量で売上高の傾向線を引く方法である。

#### ② 両分平均法 (折半平均法)

　　過去の販売期間を半分に分け、それぞれの平均値を算出し、その平均値を結ぶ直線を引く方法である。

#### ③ 移動平均法

　　過去の販売実績を一定期間ごとにずらした平均値を求め、その平均値を結ぶことで売上高の傾向線を導出する方法である。

#### ④ 最小二乗法 (最小自乗法)

　　販売の傾向線を計算で求める手法である。過去の販売実績値と計算値の誤差の二乗（自乗）が最小となる線を方程式で求め、売上高を予測する。

#### ⑤ 指数平滑法

　　当期の実績値が予測値からどれほど外れたかを算出し、それに一定の係数を掛けた修正値を当期の予測値に加減して次期の予測値を導き出す方法である。

## ⑥ 回帰分析

（y=a+bx）など、売上高や販売数、需要などの目的変数（y）について、説明変数（x）を使った式で表す。説明変数が1つの単回帰分析や複数の重回帰分析がある。目的変数と高い相関がある適切な説明変数を選択すれば、目的変数に影響を与える各説明変数の影響度合いを回帰係数として推定できる。

## ⑵ 月間販売（売上高）予測

月間販売（売上高）予測では、季節別や月別の売上高の変動を考慮し、予測に反映させる。

### ① 月別平均法（単純平均法）

過去の販売実績をもとに季節指数を算出し、季節指数を重み付け係数として「年間売上高予算÷12」の数値に掛けて月別の売上高予算を編成する方法である。売上高の趨勢変動が著しい場合や物価変動が激しい場合には、必ずしも適切な結果を示さない。

《例題：月別平均法》

ある小売店の2018年の月次売上高と月別平均指数が、以下の表のとおりとする。

| 月 | 月次売上高（万円） | 月別平均指数 |
|---|---|---|
| 1 | 120 | 60 |
| 2 | 160 | 80 |
| 3 | 160 | 80 |
| 4 | 160 | 80 |
| 5 | 160 | 80 |
| 6 | 200 | 100 |
| 7 | 240 | 120 |
| 8 | 320 | 160 |
| 9 | 320 | 160 |
| 10 | 240 | 120 |
| 11 | 200 | 100 |
| 12 | 120 | 60 |

2019年の年間売上高予算が3,000万円のとき、2019年10月の月次売上高予算を月別平均法で求める場合、2019年売上高予算を月平均して、2018年10月の月別平均指数を掛けて計算する。

2019年月別平均売上高予算＝3,000万円÷12ヶ月＝250万円
2019年10月次売上高予算＝250万円×120÷100＝300万円
よって、2019年10月次売上高予算は、300万円となる。

H25-28
H24-26
H23-22
H23-29
H23-32
H22-27
H21-24
H20-36
H19-29

## 3 在庫高予算

　販売（売上高）予算が決定された後は、第2段階として売上高を達成するための在庫高予算を策定する。**在庫高予算**は、販売（売上高）予算や商品回転率を考慮しながら、月別に算出する。月別在庫高は、月初在庫高と月末在庫高に分類することができるが、月初在庫高で算出するのが一般的である。在庫高予算の策定にあたっては、小売業経営の財務的観点から、GMROIや交差主義比率といった指標で投資収益率を把握し、効果的な投資計画を策定する必要がある。

## 4 月初適正在庫高の設定

　期首在庫高や期末在庫高は、期中の月別の在庫高に影響される。そのため、毎月の適正な在庫高を把握し、適正な月初の在庫高予算を設定することが大切である。

### ⑴ 月初適正在庫高予算の算出

　月初の適正な在庫高予算の決定方法には、①計画した各月の売上高予算（各月計画売上高）に、基準在庫高（安全在庫）を加えて算出する基準在庫法と、②各月在庫高と期間平均在庫高の変動率が、各月計画売上高と月平均売上高の変動率の半分であるという前提に立って算出する百分率変異法などがある。

### ① 基準在庫法

　**基準在庫高**とは、陳列商品が不足して顧客が商品を購入できなくなる状態である欠品を防ぐために、用意すべき在庫量の目安となる金額である。

　基準在庫高は、年間平均在庫高から月平均売上高を差し引いて算出する。基準在庫法では、基準在庫高は常に一定で計算するため、需要変動が小さい恒常商品の月初在庫高の予測に適している。

【 基準在庫法の公式 】

> 月初適正在庫高予算 ＝ 当月計画売上高 ＋ 基準在庫高
>
> 　　　　　　　　　 ＝ 当月計画売上高＋（年間平均在庫高−月平均売上高）
>
> 　　　　　　　　　 ＝ 当月計画売上高 ＋ $\dfrac{年間計画売上高}{年間予定商品回転率}$ − 月平均売上高

《例題：基準在庫法》

　小売業を営むA店の数値が下記のとき、基準在庫法によって月初適正在庫高予算を求めてみよう。

> 当月売上高予算　25万円　　　年間売上高予算　240万円
> 年間予定商品回転率　6回転

まず、年間平均在庫高を「年間計画売上高÷年間予定商品回転率」で求める。

年間平均在庫高＝240万円÷6回＝40万円

次に、月平均売上高を「年間売上高予算÷12」で求めると、240万円÷12＝20万円となる。

最後に、基準在庫法の公式に当てはめると、月初適正在庫高予算は45万円となる。

月初適正在庫高予算＝当月計画売上高＋（年間平均在庫高－月平均売上高）
＝25万円＋（40万円－20万円）＝45万円

## ② 百分率変異法

H25-28

**百分率変異法**とは、各月在庫高と期間平均在庫高の変動率が、各月計画売上高と月平均売上高の変動率の半分であるという前提に立って算出する。

### 【 百分率変異法の公式 】

$$月初適正在庫高予算＝期間平均在庫高 \times \frac{1}{2}\left(1+\frac{当月売上高予算}{月平均売上高予算}\right)$$

《例題：百分率変異法》

小売業を営むC店の数値が下記のとき、百分率変異法によって月初適正在庫高予算を求めてみよう。

| | | |
|---|---|---|
| 8月の売上高予算　300万円 | | 年間売上高予算　3,000万円 |
| 期間平均在庫高　400万円 | | |

まず、月平均売上高予算を「年間売上高予算÷12」で求める。
月平均売上高予算＝3,000万円÷12＝250万円
次に、百分率変異法の公式に当てはめると、月初適正在庫高予算は440万円になる。

$$月初適正在庫高予算＝期間平均在庫高 \times \frac{1}{2}\left(1+\frac{当月売上高予算}{月平均売上高予算}\right)$$
$$＝400万円 \times \frac{1}{2}\left(1+\frac{300万円}{250万円}\right)＝400万円 \times \frac{1}{2}(1+1.2)$$
$$＝400万円 \times 1.1＝440万円$$

# 5 減価予算

　商品予算作成の第3段階は、減価予算の策定である。**減価**とは、値下げ（マークダウン）や値引き（顧客割引、従業員割引）、商品減耗（商品在庫減耗、棚商品不足）のことであり、実際の店舗運営では必ず発生する要素である。これをある程度予測し、減価予算として計上する必要がある。

# 6 値入高予算

　商品予算作成の第4段階は、値入高予算の策定である。

## (1) 値入高

　**値入高**は、商品を仕入れた時点で小売業が粗利益として稼ぎたいと考えている金額であり、仕入れた時点の売価（初回売価）から、仕入れた時点の原価（仕入原価）を差引いて算出する。

R02-30
H30-28
H28-31
H25-27
H23-32
H22-27
H22-28
H22-29
H20-36

　値入高＝初回売価（予定売上高）－仕入原価

## (2) 売価値入率と原価値入率の公式

　**値入率**には、売価値入率と原価値入率がある。値入率を求めてみよう。

> 800円で仕入れた商品Bを1,000円で販売する。

　売価に対する値入高の割合を**売価値入率**といい、原価に対する値入高の割合を**原価値入率**という。次の公式で求められる。

$$売価値入率 = \frac{値入高}{売価} \times 100 (\%)$$

　商品Bの売価値入率を求めると「200円÷1,000円×100＝20%」となる。

$$原価値入率 = \frac{値入高}{原価} \times 100 (\%)$$

　商品Bの原価値入率を求めると「200円÷800円×100＝25%」となる。
　複数商品の合計の値入率を計算する場合は、商品ごとに仕入単価と販売単価に仕入数量を掛けて仕入原価および予定販売金額を算出し、それらを合計して値入率を算出する。

| | 仕入単価 (円) | 販売単価 (円) | 仕入数量 (個) |
|---|---|---|---|
| 商品 X | 60 | 100 | 300 |
| 商品 Y | 70 | 140 | 100 |
| 商品 Z | 90 | 120 | 200 |

仕入原価：商品 X　60円×300個＝18,000円
　　　　　商品 Y　70円×100個＝7,000円
　　　　　商品 Z　90円×200個＝18,000円
　　　　　3商品合計　18,000円＋7,000円＋18,000円＝43,000円
予定販売金額：商品 X　100円×300個＝30,000円
　　　　　　　商品 Y　140円×100個＝14,000円
　　　　　　　商品 Z　120円×200個＝24,000円
　　　　　　　3商品合計　30,000円＋14,000円＋24,000円＝68,000円
売価値入率は、（68,000円－43,000円）÷68,000円＝36.76％となる。

## (3) 売上高対売上原価率 (原価率) の算出

仕入原価の売価に対する割合は**原価率**といい、次の公式で求められる。

$$原価率 = \frac{仕入原価}{売価} \times 100 (\%)$$

先ほどの商品Bの原価率を求めると「800円÷1,000円×100＝80％」となる。
売価値入率と原価率の関係を見ると、売価が一定の場合に原価率が高くなると売価値入率が低くなり、原価率が低くなると売価値入率が高くなることがわかる。

**【 売価値入率と原価率との関係 】**

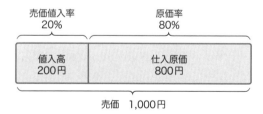

## (4) 売価値入率と原価値入率の相互変換式

売価値入率から原価値入率を求める場合や原価値入率から売価値入率を求める場合には、次の変換式を用いる。

$$売価値入率 = \frac{原価値入率}{1+原価値入率} \times 100 (\%)$$

$$原価値入率 = \frac{売価値入率}{1- 売価値入率} \times 100 (\%)$$

　先ほどの商品Bの原価値入率を売価値入率に変換すると「0.25÷(1＋0.25)×100＝20%」となる。

　また、商品Bの売価値入率を原価値入率に変換すると「0.2÷(1―0.2)×100＝25%」となる。

### (5) 値入と粗利益

　**粗利益**は、売上高から売上原価を差し引いた最も基礎的な小売業の儲けである。**値入**が仕入時に計画する利益を指すのに対して、**粗利益**は販売時に実現した利益を指す。

# 7 仕入高予算

　商品予算作成の第5段階は、仕入高予算の編成である。**仕入高予算**は、売価で算出した上で、原価に変換して算出する。

仕入高予算 (売価) ＝ 販売 (売上高) 予算＋減価予算 (売価)＋
　　　　期末在庫高予算 (売価)－期首在庫高予算 (売価)

仕入高予算 (原価) ＝ 仕入高予算 (売価)×(1－売価値入率)

# III 商品計画・仕入方法・取引条件

## 1 業種・業態

### (1) 業種・業態とは

　**業種**とは、小売業を取扱商品の種類によって分類した総称である。魚屋、八百屋、酒屋など、「何の商品を売るか」により、小売業を分類した名称である。

　一方、**業態**とは、小売業を販売方法や経営方法などの営業形態によって分類した名称である。百貨店、コンビニエンスストア、スーパーマーケットなどは、業態分類である。商品を「どのように売るか」により小売業を分類したのが業態である。

### (2) 業種から業態へ

　日本では、かつては業種小売業が発達してきたが、消費者ニーズが単に「何を買うか」ではなく、「何を」「いつ」「いくら」で買うかを通じ、生活における問題解決を求めるようになってきたため、単一の商品カテゴリーを取扱う伝統的な業種店は、消費者ニーズを満たすことが難しくなり大幅に減少している。

　一方、百貨店・スーパーマーケット・コンビニエンスストアは、業種店の取扱商品を組み合わせて品揃えを広げることにより、お客様が個別の業種店を1軒ずつ回る手間を省くとともに、生活における問題解決を提供している。近年では、業態店のチェーン化が進み、広域に店舗を展開するようになっている。

## 2 チェーン形態

　業種から業態への移行の背景には、共通のオペレーションを複数の店舗に適用し、店舗数を拡大することで規模のメリットを追求するチェーン形態をとる業態小売業の存在がある。

### (1) レギュラー・チェーン

　単一資本により所有され、管理された複数店舗の小売業・サービス業のチェーン形態である。

### (2) フランチャイズ・チェーン

　メーカーや卸売業者あるいはサービス組織（本部：**フランチャイザー**）と独立事業者（加盟店：**フランチャイジー**）とが契約により結合したチェーン形態である。加盟店は本部から店舗経営ノウハウなどを得られる代わりに、経営指導料としてのロイヤルティを支払う。ロイヤルティの仕組みには、粗利益をベースに一定割合を支払う粗利益分配方式、売上高をベースに一定割合を支払う売上高比例方式、売上

高や粗利益にかかわらず一定額を支払う定額方式などがある。

## (3) ボランタリー・チェーン

共同仕入や販売促進・教育研修の共同化などの推進を目的に、自発的に複数の小売店が集まった任意連鎖組織である。

# 3 商品構成・品揃え

## (1) 商品構成計画

**商品構成計画**とは、取り扱う商品のカテゴリーを計画することである。小売業は、取扱う商品によって店の個性を出す。他店との差別化を図る上でも、商品構成は重要なポイントである。商品構成計画では、商品ラインと商品アイテムが重要である。

### ① 商品ライン

**商品ライン**とは、商品系列とも呼ばれ、同じような商品グループを意味する。紳士服、婦人服、子供・ベビー服などが商品ラインの例である。

### ② 商品アイテム

**商品アイテム**とは、商品品目とも呼ばれ、一つの商品ラインを構成する数多い商品の一つひとつを意味する。価格、サイズ、色、デザインなどが商品アイテムにあたる。

## (2) 総合化と専門化

限られた商品投下資本の中で商品構成を考える場合、大きく2つの方向が考えられる。1つは商品ラインの幅を重視する「**総合化**」であり、もう1つは商品アイテムの奥行きを重視する「**専門化**」である。商品構成計画では、商品ラインの幅の広さと商品アイテムの奥行きのバランスを検討する。

**商品構成**は、「狭くて浅い」「広くて浅い」「狭くて深い」「広くて深い」品揃えの4つに分類される。

**【 商品構成の基本4パターン 】**

|  | ライン (狭い) | ライン (広い) |
|---|---|---|
| **アイテム (浅い)** | ①狭くて浅い商品構成 | ②広くて浅い商品構成 |
| アイテム (深い) | ③狭くて深い商品構成 | ④広くて深い商品構成 |

## (3) 商品特性

商品構成を決定したら、商品特性を考慮しながら品揃えを検討する。

### ① 主力商品・補助商品

どのような業種・業態においても、仕入や販売、在庫管理等の面で特に重点を置いて管理している商品がある。この商品を他の商品と適切に組み合わせ、品揃えする。**主力商品**とは、このように量・金額のうえからストアコンセプトを決定付ける

ような主軸となる商品のことである。

**補助商品**とは、主力商品の品揃え、品質、価格、その他の面でのデメリットを補って、主力商品の販売を側面的に支援する商品である。

### ② 恒常商品・流行商品

恒常商品は、年間を通して安定して需要がある商品である。流行商品は、流行や季節性に応じて、需要が変動する商品である。

### ③ 売れ筋商品・死に筋商品

R03-30

**売れ筋商品**とは、顧客からの評判がよく売れ行きの良い商品であり、**死に筋商品**とは、売れ行きの思わしくない商品である。品揃えを検討する上では、いかに売れ筋商品を確保し、死に筋商品を排除するかが重要である。また、売れ筋商品が品切れしないように陳列量を増やすことで、機会ロスを減らして売上増加が見込める。このように単品単位で商品情報を把握し、販売管理や在庫管理を行うことを**単品管理**という。

## (4) 最寄り品・買回り品・専門品

H28-30

消費者の購買行動から、商品を最寄り品、買回り品、専門品に分けることができる。それぞれの商品の特徴は次のとおりである。

### ① 最寄り品

H19-30

最寄りの店舗で購入する商品をいい、主に食品、日用雑貨品、家庭用品などの多くの商品が該当する。最寄り品は、毎日のように購入されるため、身近な情報で判断され、値ごろ感が重要となる。購買率が高いカテゴリーほど、売場内滞在時間は短くなる傾向にある。

### ② 買回り品

生活者がいくつかの店舗を訪れて、ニーズにより近いものを買い求める商品である。カテゴリーキラー、専門量販店などにおける、背広、カジュアル衣料品、紳士靴、家電品などが該当する。買回り品は、機能、性能、使い勝手、耐久性、アフターサービスなどの比較性、優位性が重要な要素となる。

### ③ 専門品

生活者が特別の魅力を感じ、購買に時間をかけることを惜しまない商品である。どこでも販売している商品ではなく、高額商品を専門に扱う店、有名ブランドショップ、感性や専門性を重視した店でしか販売していない商品である。専門品は目的購買が重要な要素となる。

## (5) 販売計画

R04-27

最寄品を取り扱う小売店は商品計画に基づいて、週間単位の販売計画を立案する。まず、自店舗の過去の販売データや新年度の市場動向などを考慮に入れて、年間の販売計画を作成する。そして順次、前期・後期、四半期、月間、週間という単位での販売計画を立案する。販売計画立案時には、祝日のイベントや地域行事などの影響を考慮することが重要である。販売計画とは、何を重点的にどう売るかという計画であり、四季や商圏特性などに合わせたプロモーション・テーマ、重点商品の構

成、販売方法の提示、価格設定、POP広告などの媒体計画、売場のパターン展開などを盛り込む。

R04-28 **(6) ラインロビング**

ラインロビングとは、今まで販売していない商品カテゴリーや品種の品揃えをすることで競合店や他の業態から売上を奪うことである。例えば、文房具店が顧客の来店頻度を増やす目的で、菓子や飲み物の品揃えをすることなどが挙げられる。

H24-39

# 4 仕入方法

## (1) 所有権・契約による分類

H28-27 **① 買取仕入**

買取仕入は、仕入先から商品を買い取り、原則返品しない。価格設定など自主的なマーチャンダイジングが行える一方、在庫リスクや保管責任を負う。

**② 消化仕入**

商品が店頭で売れた後に、仕入を計上し、小売業は在庫をリスクや保管責任を負わない。メーカーや卸売業の派遣社員が、販売を行うケースもあり、小売業は人件費を抑制できる。日次などの締め処理の中で、売上計上分だけを仕入として処理する。

R01-30 **③ 委託仕入**

メーカーから商品を委託されて展開し、販売後に販売手数料を受け取る。小売業は、在庫リスクを負わないが、商品の保管責任を負う。委託契約期間終了後は、在庫商品は基本的に返品される。

## (2) 仕入数量による分類

**① 大量仕入**

一度に大量の仕入れを行うことである。数量割引を期待する方法であり、発注費用を軽減できる。一方、保管コストが増加し、廃棄ロスにより減価の可能性が高くなる。需要の変化への対応が困難となる。

**② 随時仕入**

必要に応じてその都度発注する仕入方法である。時期に応じた仕入れが可能となり、保管コストを低減できる。新たな需要に柔軟に対応できるが、発注に手間がかかり、品切れ・欠品のリスクが高まる。

## (3) 仕入体制による分類

**① 集中仕入**

仕入本部や仕入専門部署を設置し、各店からの発注情報を一括して仕入先に注文する。数量割引を亨受でき、経営コスト（仕入コスト、人件費）を軽減できる。販売部門は販売に集中できるが、個別店舗の特性に対応できず、事務管理負担が増大

する。

## ② 共同仕入

同業者や地域的に共同が可能な事業者が、仕入機関を設立し、共同で仕入れを行う。数量割引を享受でき、仕入コストの削減につながる。多くの事業者から仕入情報を収集できるが、規模間格差等により、個別事業者の事情に合わない場合がある。

# IV 売場構成・陳列

H19-22

## 1 売場レイアウト Ⓑ

　**売場レイアウト**は、顧客の購買行動に影響を与えるので、ストアコンセプトに基づいて、顧客の立場で設計する。ここでは、商品配置と売場配賦が課題となる。

　商品配置と売場配賦では、顧客にとって商品を買いやすい売場の構築と、企業が収益を獲得するために、生産性を最大化する売場の構築を検討する。売場の生産性は、スペース収益性によって評価することができる。

R05-29

### (1) 顧客の買いやすさ向上

#### ① 店内通路の設計

　顧客にとって商品が見やすく、さわりやすいように、通路の幅や長さを適切に設計し、店内の回遊性を高める。

#### ② 顧客の購買行動に合わせた関連陳列

　顧客が必要としている商品（ニーズ商品）を陳列している売場の距離を最小化することが必要である。具体的には、顧客の関連購入の割合の高い商品を近接して配置することで、関連購入の促進を促す。

#### ③ 売場における視認性の最大化

　商品の陳列そのものが有するストーリー性やカラー・コンディショニングなどを有効に訴求するとともに、顧客が商品を購入する際に、陳列棚全体を見渡せるようにする。

R04-29
H30-29
H29-29
H22-25
H20-33
H19-35

### (2) 売場の生産性の向上

#### ① 客動線を考慮したレイアウト設定

　顧客にできる限り長い距離を歩いてもらえるよう、一般的に通路は売場の隅から隅へと、最初に売場全体を大回りしてもらえるように設計する。1つの入り口からレジまでの客動線を一筆書きのようにコントロールすることをワンウェイコントロールという。

#### ② 商品力と販売力の結合

　商品力・販売力を結合し、良い売場（販売力の強い売場）に強い商品（高い商品力がある商品）を配置することを目指す。

#### ③ シェルフ（棚）ごとのROI（投資純利益率）の均衡化

　「品目（アイテム）別純利益÷単位面積当たりの投資額」が、すべての売場で均衡するように、品目別の面積配賦を目指す。具体的には、単位売場面積当たりの投資額と、品目別の純利益をそれぞれ算定し、投資純利益率がすべての売場において均等になるように検討する。

#### ④ 単位売上高の均等化

品目（アイテム）別の陳列量について、単位面積当たりの売上高がすべての売場で均等になるように決定することを目指す。

### ⑤ フェイシングの工夫

フェイシングの工夫によって、売上高や商品回転率を上げることができる。的確なフェイシングを実現するためには、仮説と検証を繰り返しながら商品アイテムごとにフェイス数を調整することが重要である。

### ⑥ 作業効率を考えた陳列

商品の販売量に比例させて陳列量を決定すると、発注や陳列、補充などの作業や商品管理が効率的になる。

## (3) スペース収益性 H20-32

**スペース収益性**とは、売場の単位スペース当たりの収益性であり、単位スペース当たりの粗利益の大きさである。スペースの範囲を店舗、商品カテゴリーなどとすることで、各段階での生産性を算出できる。

**【スペース収益性の計算式】**

$$\text{スペース収益性} = \underbrace{\frac{\text{粗利益}}{\text{売場スペース}}}_{} = \underbrace{\frac{\text{粗利益}}{\text{売上高}}}_{\langle \text{粗利益率} \rangle} \times \underbrace{\frac{\text{売上高}}{\text{平均在庫高}}}_{\langle \text{商品回転率} \rangle} \times \underbrace{\frac{\text{平均在庫高}}{\text{売場スペース}}}_{\langle \text{スペース効率} \rangle}$$

出典：『インストアマーチャンダイジングがわかる→できる』田島義博編著　ビジネス社を一部修正

# 2 売場配賦の検討

売場配賦では、まずは各カテゴリーの特徴を整理・分析し、カテゴリーの特性に合わせて、店舗のどの位置で展開するかを決定する。

## (1) カテゴリーマネジメント R04-27

**カテゴリーマネジメント**とは、消費者価値の提供を通じて経営効率を高めるために、カテゴリーを戦略的ビジネスユニットとして捉え、小売業とサプライヤーが共同で管理していくプロセスである。

### ① 推進ステップ

カテゴリーマネジメントは、「カテゴリーの定義」「カテゴリーの役割」「カテゴリーの分析評価」「カテゴリーの業績指標」「カテゴリー戦略」「カテゴリー戦術」「計画の導入実施」「カテゴリーの実績評価」の8段階で推進する。

### ② カテゴリー戦略 H20-34

**カテゴリー戦略**とは、各カテゴリーの戦略に適した商品をリンクさせることである。カテゴリー戦略と商品の特徴は次のとおりである。

(a) 客数増大戦略…市場占拠率及び世帯浸透率が高く、購入頻度が高い商品

(b) 客単価増大戦略…単品価格が高く、購入量が多い商品

(c) 利益貢献戦略…単品価格、値入率及びロイヤルティが総じて高いものの、価格弾力性が総じて低い商品

　　(d) 興奮増大戦略…新商品、季節性の高い商品及び急成長の商品

　　(e) イメージ向上戦略…店舗テーマを強化し、話題を提供する商品

R05-29
R04-29
H27-30
H21-28
## (2) 店舗内の位置とカテゴリーの関係

① 店舗入口周辺に、比較的低価格なカテゴリーを配置すると、顧客の心理的抵抗を和らげることができる

② 店舗入口周辺に、購買頻度や使用頻度の高いカテゴリーを配置すると、来店客数を増やすことができる

③ 店奥に、計画的に購買される傾向が強いカテゴリーを配置すると、店奥まで顧客を誘導することができる

④ 計画的に購買される傾向が強いカテゴリーを売場に分散配置すると、顧客の売場回遊を促すことができる

⑤ レジ前売場に比較的低価格なカテゴリーを配置すると、非計画購買を誘発して買上点数を増やすことができる

H27-30
## (3) パワーカテゴリー

**パワーカテゴリー**とは、顧客の目を惹きつけ、購買意欲を高めるための商品群であり、マグネット・ポイントと同義で捉える小売業もある。

H30-29
H27-35
# 3　商品配置の検討　

商品配置では、各棚やゴンドラの構成を検討し棚割（プラノグラム）を決定する。その上で、各品目のフェイシングを実施する。

H24-31
## (1) 棚割（プラノグラム）

**棚割（プラノグラム）**とは、陳列棚の中にどの商品をどの位置に、どれくらいのフェイス数を確保して並べるかを決める計画のことである。商品に応じて計画的にフェイスを割り当てることで、販売効果をコントロールする必要がある。商品ごとの売上に応じてスペース配分を決め、陳列方法やゴールデンゾーンなどを考慮し、計画する。

H28-29
H22-25
## (1) フェイシング

**フェイシング**とは、棚内において商品のフェイス数を決めることである。フェイスとは、消費者からみた商品の顔のことであり、パッケージの商品名などが印刷された面を指す。一般的に、一つの商品のフェイス数が多いほど、その商品の視認性が高まり売上も上昇する。但し、フェイス数の増加率に比べて売上の増加率は逓減する傾向にあるため、比例して売上が上昇するわけではない。

《**例題：フェイス数と売上数量**》

　次表は、商品Aから商品Eの商品の販売棚における陳列数と1か月の売上数量を示したものである。

| | 商品A | 商品B | 商品C | 商品D | 商品E |
|---|---|---|---|---|---|
| 販売棚のフェイス数 | 8 | 6 | 2 | 3 | 1 |
| 売上数量 | 120 | 50 | 50 | 60 | 20 |

　これらの商品の商品単価と商品パッケージのサイズは同じで商品棚に陳列できる最大フェイス数は20とした場合、棚全体の売上数量を増やすために商品棚割を改善する考え方として、1フェイスあたりの売上数量がある。

　各商品の1フェイスあたりの売上数量を計算すると最も高いのは商品C、2番目に高いのは商品DとE、次いで商品A、商品Bの順番となる。

商品A　120÷8＝15
商品B　50÷6＝8.33
商品C　50÷2＝25
商品D　60÷3＝20
商品E　20÷1＝20

　よって、商品Bのフェイス数を減らして、商品Cのフェイス数を増やすことが売上数量増加に効果的である。

R04-29
H27-30
H20-23
H19-34

## (3) ゴールデンゾーン

　ゴールデンゾーンとは、人が陳列棚の前に立ち、最も手に取りやすい高さのことである。一般的に、男性は床より80cm～140cm、女性は床より70cm～130cm程度の範囲であると言われている。商品棚前の通路幅を広くすると、当該商品棚のゴールデンゾーンの範囲が広がる。棚割の際には、ゴールデンゾーンに売りたい商品、主力商品、利益率の高い商品などを配置するよう計画する。

# 4 商品陳列

## (1) 陳列の目的

H20-31

　商品を陳列する際には次の点に留意する必要がある。
① 消費者の手に届きやすく、崩れないように安定した陳列をする
② 商品の大きさ、形態、色などによって陳列の高さを決定する
③ 商品の分類やレイアウトなどにより、消費者の立場から商品の陳列位置を決定する
④ 用途の類似する商品を比較できるように分類した上で、それらを一定の幅にまとめて陳列する

## (2) 陳列手法

### ① 基本的な陳列

基本的な陳列は、売場で恒常的に展開される陳列である。

**【 主な基本的な陳列 】**

| 陳列の名称 | 陳列方法 |
|---|---|
| 平台陳列 | 平台と呼ばれる平らな台や机の上に商品を展開する陳列方法。衣食住で幅広く利用されることが多い。高さが低く、店内を奥まで見通せるというメリットがある |
| ハンガー陳列 | ハンガーに衣料品を吊るして展開する陳列方法。衣料品に対して最も利用される。商品が選びやすいほか、商品の型崩れを防止できるというメリットがある |
| ゴンドラ陳列<br>(棚陳列) | ゴンドラと呼ばれる棚に商品を展開する陳列方法。最寄り品を中心とした定番商品に活用されることが多い。ゴンドラ陳列には、フェイスを揃えやすいというメリットがある |
| フック陳列 | フックバーに商品をかけて展開する陳列方法。小型の文具などで使われることが多い。フック陳列には、陳列されている商品の在庫量が分かりやすいというメリットがある |
| ボックス陳列 | 棚を仕切り、箱状の陳列スペースをつくり、商品を展開する陳列方法。セーターなどの衣料品の陳列に利用されることが多い。商品を型・色・サイズで区分しやすいというメリットがある |
| ショーケース陳列 | ショーケースの中に商品を展開する陳列方法。時計や宝飾などの貴金属、衣料品、生菓子などで活用されることが多い。ショーケース陳列には、商品が汚れにくいというメリットがある |
| レジ前陳列 | レジの周辺に商品を展開する陳列方法。レジ待ちの時に商品を目にした顧客の非計画購買を誘発しやすく、少額商品の販売に適している。 |
| ジャンブル陳列 | カゴやバケツ状の容器に、わざと商品をバラバラに投げ込んで陳列する方法。陳列が容易で、低価格のイメージを演出できる。 |

## ② 変化陳列

変化陳列は、売場に変化を持たせるために行われる陳列である。

**【 主な変化陳列 】**

| 陳列の名称 | 陳列方法 |
|---|---|
| 飛び出し陳列 | フェイスの一部を前に飛び出させた陳列方法。ゴンドラ陳列に変化を持たせる |
| エンド陳列 | ゴンドラの先端（ゴンドラエンド）やハンガー陳列での先端の陳列方法。レジ前や主通路に面したエンドは、特に商品訴求に効果的である。エンドの販売力は、レジ前よりも主通路に面するエンドの方が高い。エンド陳列は、店内回遊性を高め、定番陳列通路への誘導を図り、非計画購買の促進の目的で行われる |
| アイランド陳列（島陳列） | 特売商品などをダンボールごと通路にはみ出して配置する陳列方法 |
| ジャンブル陳列 | 投げ込み陳列ともいう。カゴに量感を出して陳列する。割安感を出したい場合に用いる |
| カットケース陳列 | 商品をダンボールごと積み重ねて1つの島を作り、最上部のダンボールを斜めにカットして商品を見せる陳列方法 |
| スロット陳列 | 定番陳列のゴンドラの棚板を外して、商品をはみ出すようにはめ込む陳列方法 |

**【変化陳列の種類（陳列イメージ）】**

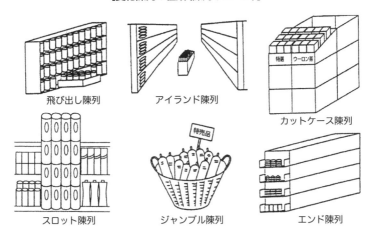

飛び出し陳列　　アイランド陳列　　カットケース陳列

スロット陳列　　ジャンブル陳列　　エンド陳列

## ③ 補充型陳列（オープンストック）と展示型陳列（ショーディスプレイ）

コンビニエンスストアやスーパーマーケットで採用されているゴンドラなどを使用した陳列方法を**補充型陳列**という。購買頻度が高い定番的な商品を効率的に補充し、継続的に販売するためのディスプレイである。一方、百貨店や専門店などで採用されている、重点商品を効果的に販売するために什器や備品などを利用し演出性をもたせる陳列方法を**展示型陳列**という。

補充型陳列の留意点として前進立体陳列にすることが挙げられる。前進立体陳列は商品のフェイスを手前へ揃えて立体的に見せる陳列手法である。商品の陳列面が後退すると迫力がなくなるため、前出し作業が必要となる。

**【 主な展示型陳列 】**

| 陳列の名称 | 陳列方法 |
|---|---|
| マネキン陳列 | 衣料品で採用される、マネキン人形を活用した陳列方法 |
| 吊り下げ陳列 | ハンガーなどを使って、天井に商品を吊り下げる陳列方法 |
| 掛け陳列 | 什器に商品を掛けて陳列する方法 |
| 貼りつけ陳列 | 店内の壁面やボードを活用し、商品を貼りつけて陳列する方法 |
| スタンド陳列 | 衣料品で採用される、スタンド・ハンガーと呼ばれる什器を活用した陳列方法 |
| ステージ陳列 | 店内にステージを設け、ステージ上に商品をディスプレイする陳列方法 |

出典:『販売士検定試験2級ハンドブック　ストアオペレーション』
日本商工会議所・全国商工会連合会編　カリアックを基に作成

H19-34　**④ 量感陳列と展示陳列**

**量感陳列**は、商品を大量に陳列し、迫力を演出する陳列方法である。**展示陳列**は、特定の商品の集視度を高めるため、さまざまな小道具を使い雰囲気を演出する陳列方法である。陳列のテーマを明確にして、美しさや、訴求力、商品の特徴等を最大限に表現する陳列方法である。

H20-23　**⑤ 集視陳列**

**集視陳列**とは、量感陳列をしたゴンドラやショーケースの一部分だけを展示陳列とし、陳列にメリハリをつけて目立たせる方法である。

R04-28　**⑥ 関連陳列**

鉛筆と鉛筆削りと消しゴムなど同じ種類の商品や関連する商品を、顧客が探しやすくするために近づけて陳列する方法である。買上点数を増加させることが目的である。主な関連陳列方法として、対面関連と直線関連がある。

　　(a) 対面関連…通路を挟んで向かい合った陳列棚に関連した商品を並べる手法

H30-29　　　(b) 直線関連…直線で並んだ陳列棚に隣同士で関連した商品を並べる手法
H24-31
H22-25　**⑦ 縦割り陳列と横割り陳列**
H19-34

商品を種類ごとに縦割りにして、横方向に展開することを**縦割り陳列（バーチカル・ディスプレイ）**という。商品グループ間で比較しやすく、同じグループ内の商品は比較しにくい。一方、商品を種類ごとに横割りにして、縦方向に展開することを**横割り陳列（ホリゾンタル・ディスプレイ）**という。同じグループ内の商品は比較しやすく、商品グループ間の比較はしにくい。一般的には、人間の目線との関連で、縦割り陳列が効果的といわれている。しかし、機能や品質に差がある場合は、横割り陳列の方が効果的であるとされている。商品特性や購買行動に配慮しながら商品を陳列することが重要である。

# V 価格設定・販売促進

## 1 価格政策

### (1) 価格政策

価格政策とは、小売業が商品やサービスを販売する価格を決定することである。価格は、何を目的として販売するのかによって総合的に決定され、そのための一連の政策を価格政策と呼ぶ。

### (2) プライスゾーン、プライスライン、プライスポイント

R04-30
R02-33
H23-30

価格政策では、品揃え計画とともに、以下の3点に留意する必要がある。

#### ① プライスゾーン

店舗で取扱いがある商品売価の上限と下限の幅のことである。例えば、最も安い売価を100円、最も高い売価を500円とした場合、プライスゾーンは100円〜500円となる。

#### ② プライスライン

店舗で取扱いがある商品売価の種類である。例えば、売価を100円、200円、300円、400円、500円とした場合、プライスラインは5つとなる。

#### ③ プライスポイント

店舗で最も販売数量が多いプライスラインである。例えば、売価300円の商品が最も売れている場合、プライスポイントは300円となる。

### (3) 価格決定方法

R04-30
R03-27
H27-29
H25-30
H20-35

主な価格決定の方法には、コスト志向型価格設定、需要志向型価格設定、競争志向型価格設定、心理面を考慮した価格設定などがある。

**【 主な価格設定の方法 】**

| 価格設定のタイプ | 具体的な価格設定方法 |
|---|---|
| コスト志向型価格設定 | 原価加算法（コストプラス法）<br>マークアップ法 |
| 需要志向型価格設定 | 市場価格法 |
| 競争志向型価格設定 | 攻撃的価格決定法<br>模倣的（追随的）価格決定法<br>実勢価格 |
| 心理面を考慮した価格設定 | 威光価格（名声価格）<br>端数価格<br>慣習価格 |

| 原価加算法<br>（コストプラス法） | 一定の利益幅を製造原価に上乗せして販売価格を設定する方法 |
|---|---|
| マークアップ法 | 一定の利益幅を仕入原価に上乗せして販売価格を設定する方法 |
| 市場価格法 | 先に小売価格を決めて、仕入原価やその他諸経費を事後的に割り当てる方法 |
| 攻撃的価格決定法 | 商圏内の競争価格の主導権を確保する水準で決定する方法 |
| 模倣的（追随的）<br>価格決定法 | 業界内のプライスリーダーが設定する価格に沿って、プライスフォロワーが設定する価格方法 |
| 実勢価格 | 競争企業の設定価格に対して競争水準的に決定する方法 |
| 威光価格<br>（名声価格） | 小売業の名声や有名ブランド商品のイメージを積極的に活用・維持するために相対的に高くする方法 |
| 端数価格 | 500円ではなく498円など、あえて端数を付けて消費者に安さを印象づける方法 |
| 慣習価格 | 単品別に成立していると考えられる慣習的小売価格によって決定する方法 |

## ⑷ 価格設定に関する重要用語

H30-30　① 特売・値下げ

　値下げとは、売価を引き下げることである。特売とは、通常の表示価格を一時的に値下げし、特売価格として顧客へ「安さ」「お買い得感」を訴求し、需要の拡大を図るものである。セールとして多くの小売業で実施している。

R04-30
H30-30　② 価格弾力性
H19-32

　価格弾力性とは、売価を一定割合変化させたときの販売数量の変化の割合を指す。価格弾力性は、カテゴリーの特性やアイテムの商品力によって異なる。非必需的なアイテムは、価格弾力性が高くなりやすい。価格弾力性の低い商品は、特売が売上金額の増加につながりにくいため、プロモーション手段には適さない。

R04-30
H29-31　③ Hi&Lo（ハイ・アンド・ロー）政策

　期間によって、価格を上下させる価格政策である。一時的な値下げを効果的に活用して集客する。特売も Hi&Lo 政策の１つである。来店促進のために、利益が出ないほど安く販売する目玉商品をロスリーダーという。

R04-30
H29-31　④ EDLP（エブリディ・ロープライス）政策

　恒常的に低い価格を設定し、顧客を集客する価格政策である。特売を実施しない代わりに、そのコストを価格に反映して恒常的低価格を実現する。基本的に、競合の特売価格よりも安い価格を設定する。

H27-29　⑤ 二重価格表示

　販売価格の有利性を消費者に認識してもらうために、比較対照できる価格を同時に掲げている状態を指す。比較対照する価格には、市価や値引き前の通常販売価格がある。

### (5) 内的参照価格と外的参照価格

　**内的参照価格**とは、消費者の過去の購入経験による参照価格のことである。価格を下げると消費者の内的参照価格は低下し、以前の価格では割安と感じなくなる。クーポン発行によるレジでの割引やキャッシュバックは単なる割引より内的参照価格の低下を和らげる。

　一方、**外的参照価格**とは、値札など実際の買い物場面で提示される価格をいう。

## 2　ISM

### (1) インストア・マーチャンダイジング (ISM) の概要

　**インストア・マーチャンダイジング**とは、客単価に着目して、入店している顧客に働きかけ、いかに多くの商品を買い上げてもらうかをコントロールする小売マネジメント手法である。ISMは、顧客の非計画購買の増加を主眼としている。

### (2) ISMにおける客単価の規定要因

　ISMにおける来店客1人当たりの買上金額（客単価）を増やす要因は、以下のとおりである。

　ISMにおける客単価＝動線長×立寄率×視認率×買上率×買上個数×商品単価
　① 動線長…店内をどれだけ歩いてもらえるか
　② 立寄率…歩く過程で、個々の売場にどれだけ立ち寄ってもらえるか
　③ 視認率…立ち寄った先で、どれだけ多くの商品を視認してもらえるか
　④ 買上率…視認した中で、どれだけ買い上げてもらえるか
　⑤ 買上個数…1つだけでなく、より多くの商品を買ってもらえるか
　⑥ 商品単価…商品単価のより高い商品を買ってもらえるか

### (3) ISMの体系

　ISMは、次の2つに分けられる。
　① スペース・マネジメント
　② インストア・プロモーション (ISP)

## 3　店内プロモーション Ⓑ

H28-32
H27-31
H25-29
H24-28
H22-26
H21-27
H19-31

### (1) ISP

　ISMの構成要素である**ISP（インストア・プロモーション）**は、顧客の非計画購買に主眼を置き、来店客の購買単価の増加や、1人当たりの買上げ個数の増加を促進するために行う活動である。ISPは、価格で訴求する価格主導型ISPと、価格以外の要素で訴求する非価格主導型ISPに分けることができる。

① **価格主導型ISP**

 (a) クーポン  (b) チラシ  (c) 特売・値下げ

 (d) 値引き  (e) 増量パック  (f) バンドル販売

② **非価格主導型ISP**

 (a) ノベルティ（販促品・粗品等）  (b) サンプリング

 (c) クロス・マーチャンダイジング  (d) デモンストレーション販売

 (e) フリークエント・ショッパーズ・プログラム（FSP）

③ **ISPにおける対象商品選定の留意点**

 (a) 消費者の購買行動分析を行う

 (b) 消費者の購買履歴から購入金額、購入数量、購入間隔などを分析する

 (c) 製品ライフサイクルを考慮する

④ **ISP計画における留意点**

 (a) ISP計画の立案にあたっては、カテゴリーとブランドの現状分析を実施する

 (b) 複数の実施策を適切に組み合わせることで、相乗効果を狙う

 (c) POPの効果的な活用、カラーコーディネート技術の活用などに留意する

## (2) VMD（ビジュアルマーチャンダイジング）

**VMD**（ビジュアルマーチャンダイジング）とは、視覚表現を第一に考えたマーチャンダイジング活動である。店舗の独自性を表現し、販売につなげるために、ストアコンセプトに基づいて、視覚に訴えた商品構成、商品陳列などにより販売促進を図ることである。

### ① VMDの主な目的

 (a) 商品価値を最大限に表現すること

 (b) 陳列商品における販売促進の有効性を高めること

 (c) 店舗における重点商品を、消費者に明確に伝達すること

 (d) 有効なインストア・プロモーションを推進すること

### ② VMD導入の留意点

 VMDの要素を効果的に組み合わせることで、顧客の注意（Attention）を促し、商品に興味（Interest）を持ってもらい、購買欲求（Desire）へと発展させ、印象づけ（Memory）、実際の購買行動（Action）につなげる、**AIDMAの法則**に沿った売場づくりを行う必要がある。

### ③ 3つの表現区分（VP、PP、IP）

 ビジュアルマーチャンダイジングには、3つの表現区分（VP、PP、IP）がある。

 • VP（Visual Presentation）：ショーウィンドーやステージなど特定の場所で行い、顧客の目をひきつけ誘導する。

 • PP（Point of Sales Presentation）：商品の特徴や機能を明示し、選択のヒントを示して顧客の判断を手助けする。

 • IP（Item Presentation）：単品商品を分類・整理し、見やすく、分かりやすく、選びやすく陳列し、購買欲求を高める。

## 4 店外プロモーション

**店外プロモーション**とは、顧客が店舗へ来店してもらうためのプロモーションである。主に、新聞の折り込みチラシやテレビ、新聞、雑誌などのマスメディア広告やホームページ、メール、DMで、クーポンやイベント・特売情報を発信する方法がある。

### (1) CVR

CVR（Conversion Rate）とは、全体のアクセス数のうち何割が商品購入や資料請求をしたかを示すインターネット広告効果評価指標である。CVRは、次の公式で算出する。

> CVR ＝ 購入者÷クリック数×100

## 5 価格・プロモーションに関連する法律

### (1) 不当景品類及び不当表示防止法（景品表示法）

不当景品類及び不当表示防止法（景品表示法）では、一般消費者の利益を保護するために、店舗で販売促進を実施する際に遵守しなければならない事項が定められている。

景品表示法に基づく景品規制は、一般懸賞、共同懸賞、総付景品の3つに分類される。

**一般懸賞**は、商品・サービスの利用者に対し、くじ等の偶然性、特定行為の優劣等によって景品類を提供することであり、商店街等の複数の事業者が参加して行う懸賞の場合は**共同懸賞**という。**総付景品**とは、商品・サービスの利用者や来店者に、もれなく提供される景品類のことである。

**【 一般懸賞における景品類の限度額 】**

| 懸賞による取引価額 | 景品類限度額 | |
|---|---|---|
| | 最高額 | 総額 |
| 5,000円未満 | 取引価額の20倍 | 懸賞に係る売上予定総額の2% |
| 5,000円以上 | 10万円 | |

**【 共同懸賞における景品類の限度額 】**

| 景品類限度額 | |
|---|---|
| 最高額 | 総額 |
| 取引価額にかかわらず30万円 | 懸賞に係る売上予定総額の3% |

**【 総付景品の限度額 】**

| 取引価額 | 景品類の最高額 |
|---|---|
| 1,000円未満 | 200円 |
| 1,000円以上 | 取引価額の10分の2 |

また、景品表示法では、次のような一般消費者に誤認される不当な表示を禁止している。

① 優良誤認表示：商品・サービスの品質、規格その他の内容についての不当表示

② 有利誤認表示：商品・サービスの価格その他の取引条件についての不当表示

③ 商品・サービスの取引に関する事項について一般消費者に誤認させるおそれがあると認められ、内閣総理大臣が指定する表示

- 無果汁の清涼飲料水等についての表示
- 商品の原産国に関する不当な表示
- 消費者信用の融資費用に関する不当な表示
- 不動産のおとり広告に関する表示
- おとり広告に関する表示
- 有料老人ホームに関する不当な表示

例えば、POP広告に通常価格と併記して「価格は店員にご相談ください」と価格交渉に応じる旨の表示をしても不当表示に該当しない。一方、仕入先からの誤った情報に基づいて小売店が景品表示法に抵触する不当表示をした場合、小売店は表示規制の対象になる。

R03-31 **(2) 消費税転嫁対策特別措置法**

令和3年4月1日以降、消費税転嫁対策特別措置法（平成25年10月1日施行）の特例の適用がなくなった後の商品の価格表示は、商品の本体価格と消費税額を合わせた総額を表示しなければならない。

**《例：税込価格10,780円（税率10％）の商品の価格表示》**

10,780円、10,780円（税込）、10,780円（うち税980円）、10,780円（税抜価格9,800円）、10,780円（税抜価格9,800円、税980円）、9,800円（税込10,780円）

■■■ 問題編 ■■■　　　　Check!!

**問1** (H27-32)　　　　　　　　　　　　　　　　　　　　　　［○・×］
　GMROIの公式は、粗利益÷平均商品在庫高（売価）である。

**問2** (H28-28)　　　　　　　　　　　　　　　　　　　　　　［○・×］
　売れ筋商品の品ぞろえを増やして売上高が増加すれば、平均在庫高が増えたとしても必ず商品回転率が高まる。

**問3** (H27-28)　　　　　　　　　　　　　　　　　　　　　　［○・×］
　仕入単価700円の商品Xを売価値入率30%で価格設定した。このときの商品Xの販売価格は1,000円である。

**問4** (R02-35)　　　　　　　　　　　　　　　　　　　　　　［○・×］
　指数平滑法を用いた需要予測は、当期の実績値と前期の実績値を加重平均して、次期の予測値を算出するものである。

**問5** (H25-28)　　　　　　　　　　　　　　　　　　　　　　［○・×］
　当月売上高予算600万円、年間売上高予算6,000万円、年間予定商品回転率が8回転である場合、百分率変異法による月初適正在庫高は、850万円である。

**問6** (R04-29)　　　　　　　　　　　　　　　　　　　　　　［○・×］
　販売促進を行うエンドの販売力は、主通路に面するよりもレジ前の方が高い。

**問7** (H27-30)　　　　　　　　　　　　　　　　　　　　　　［○・×］
　小売店舗において客の動線長をのばすための施策として、計画購買率の高い商品を店舗の奥に配置することがある。

**問8** (H24-31)　　　　　　　　　　　　　　　　　　　　　　［○・×］
　フェイシングの工夫によって売上高や商品回転率を上げることができる。

**問9** (H28-32)　　　　　　　　　　　　　　　　　　　　　　［○・×］
　売り場におけるクロスマーチャンダイジングは、関連する商品同士を並べて陳列することで、計画購買を促進する狙いがある。

問10 (H27-31)                                                    [○・×]
　売れ筋商品の利益率を向上させるために、価格プロモーションを実施する。

問11 (R01-31)                                                    [○・×]
　ビジュアルマーチャンダイジング (VMD) でフェイスアウトとは商品や演出小物を吊り下げて展示する手法である。

問12 (R03-29)                                                    [○・×]
　IP (Item Presentation) は、ショーウインドーやステージなど特定の場所で行い、客の目をひきつけ誘導する。


■■■ **解答・解説編** ■■■

問1　×：GMROIの公式は、粗利益÷平均商品在庫高 (原価) である。
問2　×：商品回転率の公式は、売上高÷平均在庫高であるため、売上高と比較して平均在庫高が大きく増加した場合、商品回転率が低くなることがある。
問3　○：700円÷ (1 − 0.3) = 1,000円
問4　×：指数平滑法は、当期の予測値と前期の実績値を加重平均して、次期の予測値を算出する方法である。
問5　×：期間平均在庫高＝6,000万円÷8回転＝750万円

$$月初適正在庫高予算 = 750万円 \times \frac{1}{2}(1 + \frac{600万円}{6,000万円 \div 12})$$

$$= 825万円$$

問6　×：エンドの販売力は、エンドの前の買物客の通過率に比例する。また、店内の主動線の中でも終点に位置する売場ほど販売力は低くなる傾向にある。
問7　○：計画購買率の高い商品を店舗の奥に配置することで、来店客を店奥まで誘引し、動線長がのびる。
問8　○：売れ筋商品のフェイス数を増やし、死筋商品のフェイス数を減らすことで、売上高や商品回転率を上げることができる。
問9　×：クロスマーチャンダイジングは、非計画購買を促進する狙いがある。
問10　×：利益率を向上させるために、非価格プロモーションが有効である。
問11　×：ハンガーに掛けて商品の正面を見せる陳列手法である。
問12　×：IP (Item Presentation) は、単品商品を分類・整理し、見やすく、分かりやすく、選びやすく陳列し、購買欲求を高める。問題文は、VP (Visual Presentation) の説明である。

■■■■ **問題編** ■■■■

　下表の5種類の商品を仕入れて販売することを計画している。

　商品A～Eの中で、同じ売価に設定される商品が2つある。この2つの商品について、仕入れた数量をすべて設定した売価で販売したときの粗利益額の合計として、最も適切なものを下記の解答群から選べ。なお、それぞれの商品の売価は、売価値入率により設定されるものとする。

|  | 仕入単価 | 仕入数量 | 売価値入率 |
|---|---|---|---|
| 商品A | 480 円 | 50 個 | 20 % |
| 商品B | 300 円 | 60 個 | 40 % |
| 商品C | 300 円 | 100 個 | 50 % |
| 商品D | 800 円 | 30 個 | 20 % |
| 商品E | 600 円 | 40 個 | 50 % |

〔解答群〕

　ア　12,000円

　イ　36,000円

　ウ　42,000円

　エ　60,000円

　オ　90,000円

**解答：イ**

売価値入率に関する問題である。まず商品Aから商品Eのうち同じ売価である商品を確認するためには次のように算出できる。

売価＝（売価－仕入単価）／売価値入率×100%

商品A：売価＝（売価－480円）／20%×100%＝600円

商品B：売価＝（売価－300円）／40%×100%＝500円

商品C：売価＝（売価－300円）／50%×100%＝600円

商品D：売価＝（売価－800円）／20%×100%＝1,000円

商品E：売価＝（売価－600円）／50%×100%＝1,200円

上記により商品AとCがともに売価600円で同じであることがわかる。そのため、2つの商品の粗利益額を次のように算出する。

粗利益額＝（売価－仕入単価）×仕入数量

商品A：粗利益額＝（600円－480円）×50個＝6,000円

商品C：粗利益額＝（600円－300円）×100個＝30,000円

よって、商品AとCの粗利益額の合計は36,000円となり、イが最も適切である。

| 過去23年分<br>平成13年(2001年)～令和5年(2023年) | |
|---|---|
| 1位 | 輸送手段・ネットワーク |
| 2位 | 輸配送管理の近年の動き |
| 3位 | 物流センター機能・設計 |

| 直近10年分<br>平成26年(2014年)～令和5年(2023年) | |
|---|---|
| 1位 | 輸送手段・ネットワーク |
| 2位 | 輸配送管理の近年の動き |
| 3位 | 物流センター機能・設計 |

## 過去23年間の出題傾向

　23年間で輸送手段・ネットワークは32回、輸配送管理の近年の動きは28回と圧倒的に出題回数が多い。また、物流センター機能・設計と合わせると毎年平均6～7問の出題数となる。過去に出題された内容が繰り返し問われることが多いため、確実に覚えよう。

# 第**3**章

# 商品補充・物流

# I 商品在庫管理

H21-30 ## 1 物流サービス

### (1) 物流サービスの基本概念

商品補充・物流では、商品在庫管理、輸配送管理、物流センター管理の３つの分野の管理が重要であり、各分野の管理では、実現すべき物流サービスの内容や水準に留意する。物流サービスの内容や水準は、コストだけではなく、リードタイムや注文充足率など、複数の要素によって総合的に判断して決定すべきであり、物流サービスの実績管理の方法についても複数の管理指標によって測定すべきである。

### (2) 物流サービスの管理指標

物流サービスの向上のための管理指標として、KPI (Key Performance Indicator) が挙げられる。KPIとは、重要業績評価指標と呼ばれ、業務の達成度を定量的に把握するための指標である。KPIは、バランス・スコアカードでも活用されているが、物流においては、物流業務プロセスを監視・改善するための重要業績評価指標のことである。KPIを把握・分析することにより、物流サービスの実績管理を行う。

## 2 発注方法

### (1) 発注に関わる商品のマーケティング的位置付け

商品のマーケティング的な位置づけにより、商品の発注方法は異なる。

【 商品のマーケティング的位置づけ 】

| ① 定番商品 | 常備品として、継続的に取扱う商品。定番商品には、一定の時期だけ取扱う季節商品も含まれる |
|---|---|
| ② 新規取扱商品 | 店として新規に取扱う商品 |
| ③ テスト商品 | 市場性などを調べるために、試験的に導入する商品。一般に、新規取扱商品は、テスト商品としてテストされ、結果によっては定番商品となる |
| ④ 臨時取扱商品 | 特売などを目的として、ある特定期間だけ取扱う商品 |
| ⑤ 廃番商品 | テスト商品や定番商品として取扱っていた商品で、市場性の衰退などの理由で取扱いを中止した商品 |

出典:『EOSのすすめ』(財) 流通システム開発センター　中央経済社

### (2) 初期発注と継続発注 (補充発注)

発注方法は、商品に応じて都度発注するか、継続して発注するかに分類できる。

### ① 初期発注

新規取扱商品や、臨時取扱商品の発注方法で、仕入数量、納期、価格等の条件を打ち合わせて、その都度、契約して注文する発注方法である。

### ② 継続発注（補充発注）

主に定番商品など、継続的に一定の取引先から一定の条件で仕入れる発注方法である。必要な時に商品コードと発注数量を取引先に知らせるだけで発注が行われる。

R04-31
R03-32
R02-34
R01-33
H30-31
H29-33
H28-33
H27-35
H26-37
H25-33
H25-32
H24-36
H19-25

## (3) 定期発注方式と定量発注方式

継続発注は、定期的に発注するか、一定在庫量を下回ったら発注するかによって分類できる。

### ① 定期発注方式

**定期発注方式**とは、あらかじめ定めた一定間隔で、発注量を発注時点ごとに決める発注方式である。発注間隔は一定であるが、発注量はその都度変化する。例えば、販売量を一定とすると、1回当たりの発注量は発注間隔を短くするほど少なくなる。発注量を決めるための需要予測量を計算する期間は調達期間と発注間隔の合計期間にする必要がある。また、発注量は、需要予測量と安全在庫の合計数量から発注時の有効在庫量を減算して求める必要がある。この方式は、手間をかけても在庫を極力削減したい高単価商品や、需要変動が大きい重点管理商品などに適用される。

### ② 定量発注方式

**定量発注方式**とは、在庫量があらかじめ定められた一定量まで減少した時にあらかじめ定められた数量を注文する発注方式である。発注量は一定であるが、発注間隔は変化する。この方式は、比較的単価が安く、安定した需要をもつ標準品、共通品などに適用される。

適切に発注量を設定することにより年間在庫総費用を抑えることができる。

## (4) 定番・特売分離発注方式

H23-34

加工食品などの最寄り品の流通で、定番商品と特売商品を分離し、特売商品を事前に取り決めた販売促進計画に従って発注する方式を、定番・特売分離発注方式という。定番・特売分離発注方式を導入した際に期待できる効果は次のとおりである。
　① 定番商品の小売店頭での欠品率の引き下げ
　② 定番商品の物流センターでの在庫削減
　③ 特売商品の物流センターでの在庫削減
　④ 特売商品のメーカー倉庫での在庫削減

## (5) 発注に関する用語

### ① 入荷日数（リードタイム）

発注日から商品が入荷するまでの日数である。

### ② 発注サイクル

発注から次回発注までの間隔（日数）のことである。

### ③ サイクル在庫

次の納入までの需要に必要な在庫のことである。1回当たりの発注量が一定の場合、サイクル在庫は一定となる。

### ④ 安全在庫

需要変動または補充期間の不確実性を吸収するために必要とされる在庫のことである。

## 3 効率的な商品補充

H22-31 **(1) CAO**

**CAO**（Computer Assisted Ordering）とは、コンピュータによる発注支援のことであり、コンピュータが必要な発注数を計算し、知らせる仕組みのことである。CAOでは基準在庫量（安全在庫）を確認し、納品日までの販売見込み数を検討した上で、発注単位を考慮して発注数を決定するため、適正な在庫水準を維持することができる。

H24-43 **(2) 継続的な商品補充（CRP：Continuous Replenishment Program）**

**継続的な商品補充（CRP）**は、「連続的商品補充方式」または「連続自動補充プログラム」ともいわれる。POSデータを分析して得た販売予測と、EOSを組み合わせて、店頭在庫が基準在庫量を下回ったら、商品を自動的に発注する仕組みである。CRPは、季節変動が少なく、商品回転率の高い商品の発注に適している。

H27-38 **(3) ベンダー主導型在庫管理（VMI：Vendor Managed Inventory）**

メーカーや卸売業者のベンダー（納入業者）が、小売業の店頭発注管理を行う仕組みである。ベンダーの営業担当者が、売場で棚の状況や在庫状況を見て発注する。小売店は発注の手間が省け、ベンダーは帳合を安定できるというメリットがある。

## 4 在庫管理

R05-31
H29-38 **(1) 在庫統制の意義**

在庫には、商品の販売と仕入が合理的に行われる補完機能がある。在庫統制の意義は、商品の売上数量や在庫数量などの資料を基礎として、販売活動や仕入活動を適切にコントロールすることにある。

在庫は実際に手元に存在する手持在庫だけでなく、有効在庫を把握することも重要である。

**有効在庫**とは、実質的に利用可能な在庫のことであり、手持在庫＋発注残－受注残で計算する。

## ⑵ ダラーコントロール

　ダラーコントロールとは、金額による在庫統制のことである。金額による在庫統制は、金額を基準として、「仕入、在庫、販売」の流れを統制する方法である。全体を金額で管理するため、仕入金額と資金計画の連動が図れる、経理の各種の記録制度との連動が図れる、利益計画や商品回転率を設定しやすい、在庫金額と仕入総額を調整しやすいなどの特徴がある。

## ⑶ ユニットコントロール

　ユニットコントロールとは、物量による在庫統制のことである。物量を基準として、「仕入、在庫、販売」の流れを統制する方法である。個々の商品の販売状況を把握するため、市場戦略を推進しやすい、適正な仕入活動や在庫管理ができる、値下げ時期など機会損失を防止できるなどの特徴がある。

## ⑷ 棚卸資産の評価
### ① 棚卸方法
　棚卸方法には、帳簿棚卸と実地棚卸がある。
#### (a) 帳簿棚卸
　商品在庫有高帳など帳簿上で継続的な記録計算を行い、帳簿によって在庫高を把握しようとする方法のことである。
#### (b) 実地棚卸
　一定時点の実際の商品在庫高を調査することで、店頭やバックヤードにある商品数を確認する方法のことである。実地棚卸には、作業を止めて一斉に行う一斉棚卸と、作業を止めずに一部の棚から順番に行う循環棚卸がある。一斉棚卸は年に数回、循環棚卸は年間を通して定期的に行うのが一般的である。

### ② 棚卸資産の評価方法

H28-38

　商品減耗等の理由により、帳簿上の在庫高と実地の残庫高は一致しない場合が多い。帳簿棚卸と実地棚卸の差額を、**棚卸減耗損**という。通常、実地棚卸は売価で行われるため、次のような評価方法を使い、売価金額を原価金額に置き換える。

**【 棚卸資産の評価方法 】**

| 評価方法 | 説　明 |
|---|---|
| 個別法 | 商品個々に単価を確認する方法 |
| 先入先出法 | 先に仕入れた商品から売れていったとみなし、払出単価を計算する方法 |
| 総平均法 | 期首商品在庫高と当期仕入高の合計金額を、期首商品在庫高の数量と当期仕入数量の合計で除した価格を期末商品在庫の単価とする方法 |
| 移動平均法 | 商品を取得するごとに移動平均単価を算出し、これを次の商品の払出しに適用する方法 |
| 最終仕入原価法 | 期末に最も近い最終の仕入原価で計算する方法 |
| 売価還元法 | 売価棚卸法とも呼ばれる。在庫の売価に原価率を乗じて期末棚卸額を推定する方法 |

H22-33 **(5) 投機戦略と延期戦略**

### ① 投機戦略

　**投機戦略**とは、受注が確定する前に、計画的・効率的に生産や物流などの活動をまとめて行い、需要の不安定性による不効率等を回避しようとする戦略である。投機戦略では、見込生産形態を取るため、大量生産による規模の経済性を確保しやすく、顧客に製品を納入するリードタイムを短縮できるというメリットがある。しかし、製品ライフサイクルが短い製品について、予測と実需が乖離した場合に、製品在庫がデッドストックとなる危険性が高い。

### ② 延期戦略

　**延期戦略**とは、受注が確定するまで生産や物流などの活動を起こさず、需要の不確定性にともなうリスクを回避しようとする戦略である。最終製品としての特徴を付加する時期をできる限り遅らせるものであり、基本的に受注生産形態をとる。受注生産では、顧客ニーズに適合した製品を生産するため、売れ残りによるロスや欠品による機会損失は排除されるが、一般的に納入リードタイムは長くなる。

# 5　サプライチェーン・マネジメント(SCM)

H27-13
H22-34 **(1) サプライチェーン・マネジメント (SCM)**

　効率的な発注や在庫管理を実施する手法として、サプライチェーン・マネジメントが挙げられる。製造業から卸売業、小売業、顧客へと通ずるモノ (サービス)、カネ、情報の流通経路をサプライチェーンという。モノ＝製品の場合、材料の調達、製造、加工、販売という経路をたどる。この経路を一元的に管理することを、**サプライチェーン・マネジメント (SCM)** といい、リードタイムの短縮、在庫の削減、業務コストの削減ができる。SCMは業者間の管理手法で、品切れなどの販売機会ロ

スを減らし、コスト削減で商品の低価格化をもたらすため、顧客満足の向上につながり、販売戦略としても有効である。

SCMの基本は、全体効率を引き下げている制約（ボトルネック）を発見し、改善を加え、サプライチェーンが一体となって動けるようなしくみを作ることである。特に、情報の共有化がポイントである。

H27-13
H24-33
H22-34
H20-25

## (2) ブルウィップ効果

**ブルウィップ効果**とは、需要の最終段階における需要変動が、流通経路の上流段階に遡るに従って増幅して伝わり、より大きな需要変動として認識され、サプライチェーンの各段階で在庫が積み増される現象をいう。

**【ブルウィップ効果の概念図】**

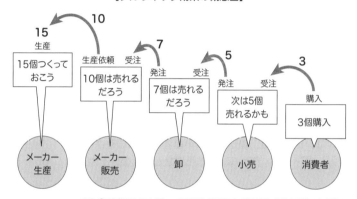

出典：『現代物流システム論』 中田信哉・湯浅和夫・橋本雅隆・長峰太郎著 有斐閣アルマ

### ① ブルウィップ効果の発生原因

(a) サプライチェーンにおいて、小売店の販売実績情報の共有が進んでおらず、メーカーやサプライヤーが見込みで生産計画や在庫管理をした場合

(b) サプライチェーンの各段階の事業者が、顧客への納品頻度を減らした場合（調達リードタイムが長い場合）

(c) 需要変動を見越して増減させた安全在庫を加えて、各事業者が予測に基づいて発注をした場合

(d) メーカーから最終消費者までの流通経路が長い場合

### ② ブルウィップ効果の抑制策

(a) サプライチェーンにおいて小売店の販売実績情報を共有するなど、各事業者が実需に基づいた生産計画や発注計画を立案する

(b) サプライチェーンの各段階の事業者が、顧客への納品頻度を増やす（調達リードタイムを短くする）

(c) VMI (Vendor Managed Inventory) の導入や、サプライヤーが在庫管理をするなど、必要量だけ小売業に補充する仕組みを構築する

(d) メーカーから最終消費者までの流通経路を短くする

# II 輸配送管理

## 1 輸送手段・ネットワーク Ⓐ

### (1) 輸配送ネットワークの考え方

　輸配送ネットワークでは、単に輸送と保管を管理するだけでなく、生産から販売までを視野に入れて、いかに早く効率的に顧客に商品を届けるかがポイントになる。輸配送ネットワークは、物流（在庫）拠点を持つのかどうか、輸送手段はどのようにしたら効率が良いかなど諸条件を勘案して、総合的に決定する。

#### ① 物流拠点

　物流拠点を増やすと輸送のネットワーク効率が上がり、配送コストは低下する。各拠点に在庫を置くと、安全在庫量が増えるため、保管コストは増加する。一方、物流拠点を集約すると、輸送のネットワーク効率は低下するため、配送コストが増加する。拠点を分散した場合と比較し、安全在庫量は減るため、保管コストは減少する。

#### ② 輸送手段

　輸送手段は、輸送距離、輸送量などの基本的な輸送条件に加えて、貨物の特性、運賃負担力、輸送リードタイム、輸送頻度などの諸条件を勘案して決めることが望ましい。

R05-34
R04-35
R03-34
R02-36
H27-36
H23-36

#### ③ 運行効率

　輸配送ネットワークを検討する際には、運行効率を把握し考慮する必要がある。輸送における運行効率は、「実働率×積載効率×実車率」で求められる。

　**実働率**は、車両の運行可能な時間に占める、走行や荷役、手待ちなど実際に稼働した時間の割合である。**積載効率**は、貨物を積載して走行する車両の最大積載量に占める、実際に積載した貨物の量の割合である。**実車率**は、車両の走行距離に占める、実際に貨物を積載して走行した距離の割合である。

#### ④ セービング法

　**セービング法**とは、初めに配送元から全ての配送先へ往復する巡回路を生成し、2つの巡回路を結合することを繰り返して、総移動距離を減少させていく方法である。

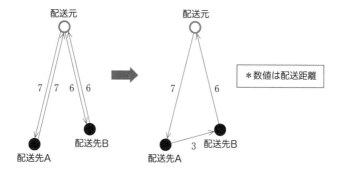

上記の例では、配送元から２つの配送先へ往復する場合、配送距離は７＋７＋６＋６＝26となる。一方、配送先Ａから配送先Ｂへ行き配送元に戻る場合の配送距離は７＋３＋６＝16となり、10配送距離を節約できる。

## ⑵ ハブ・アンド・スポーク・システムとポイント・トゥ・ポイント・システム

R05-33
H21-32

### ① ハブ・アンド・スポーク・システム

ハブ・アンド・スポーク・システムとは、配送拠点同士を長距離便で結び、配送拠点で仕分けをして、そこから配送先まで短距離便で小口配送する方式である。配送拠点をハブ、配送拠点から各配送先（元）までの運送をスポークといい、輸送効率を高めるネットワークとして広く知られている。

### ② ポイント・トゥ・ポイント・システム

ポイント・トゥ・ポイント・システムとは、伝統的な方式で、出荷元（ポイント）から、配送先（ポイント）まで直接一つの便で運ぶことである。全ての取引でその分だけ配送便が必要となり、一般的にハブ・アンド・スポーク・システムよりも輸送効率は低下する。

**【 ハブ・アンド・スポークとポイント・トゥ・ポイントの概念図 】**

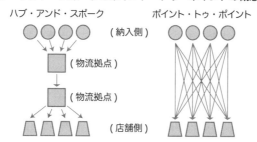

出典：『ハブ・アンド・スポーク・ネットワーク』野本了三著　広島大学年報経済学

## (3) クロスドッキング

### ① 概要

　複数の集荷先から集めた商品を、中間拠点で荷合わせ（クロスドッキング）し、同一納品先ごとに仕分けした後、配送するシステムである。現在の小売マーチャンダイジングの主流である少在庫・リードタイム短縮・小口化に対応するために考えられた物流システムである。効率的にクロスドッキングするためには、受発注データを一括管理し、入念な配送スケジュールを組む必要がある。

**【クロスドッキングの概念図】**

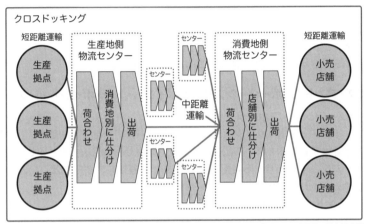

出典：『図解よくわかるこれからの流通』木下安司著　同文舘出版

### ② 設計上の留意点

　(a) 車両の積載効率に問題が発生する場合もあり、全商品を対象にするのは難しい

　(b) 通過型物流センターで多く導入されている

　(c) 通常、サプライチェーン全体で店舗に近い川下の物流センターで行われる

　(d) 事前に荷受けのタイミングを調整しておくことが重要である

　(e) 物流センターに入荷する時点で店舗別に小分けされていることが望ましい

　(f) EDIによる納入先からの事前出荷情報の入手とジャストインタイム入庫という2つの条件が不可欠である

### ③ 事前出荷明細 (ASN：Advanced Ship Notice、Advanced Shipping Notice)

　**事前出荷明細**とは、納入業者が小売店に商品を出荷する前に、出荷明細情報をオンラインで小売店に送信したものである。

### ④ SCMラベル (Shipping Carton Marking Label、Shipping Container Marking Label)

　**SCMラベル**とは、企業間での物流や検品作業を簡素化・効率化するために開発された納品ラベルである。納品用オリコン（折り畳みコンテナの略称）の内容明細を表示したり、統一伝票の伝票番号を表示することにより、箱を開けなくても中身

が確認できる。

### ⑤ 検品作業の簡素化

R01-39

ASN（事前出荷明細情報）を用いた入荷検品は、商品の外箱に印字されたITFシンボルや、混載の場合に外箱に貼付されたSCMラベルを読み取った情報と、ASNとを照合することで完了する。これにより、現場の検品作業を簡素化できる。

### ⑥ ジャストインタイム入庫

R04-33
R03-36
R02-37
R01-34

店舗から発注があった時に、発注があった数量だけを確実に入庫する仕組みである。

## ⑷ ユニットロード

H30-33
H29-36
H29-35
H28-35
H23-37

**ユニットロード**とは、物流の合理化、効率化のために、形や大きさの異なる商品を標準的な大きさ（ユニット）にまとめて、そのままの形態で輸送、保管、荷役を行うことである。ユニットロードの方式で輸送することを**ユニットロードシステム**という。パレット輸送（パレチゼーション）やコンテナ輸送（コンテナリゼーション）が代表的である。一定の企業または事業所などの間で繰り返し使用される輸送用容器のことを通い容器という。パレットは、平パレットやロールボックスパレットなどがある。平パレットの素材はプラスチックや木材など多岐にわたり、パレットごとフォークリフトで持ちあげて積荷が可能である。ロールボックスパレットはカゴ車とも呼ばれ、キャスター付きで台車機能とパレット機能を合わせたものであり、折畳みも可能であるが、開口部以外の3面がパネルで囲まれているため、ロールボックスパレット自体を上方向に積み重ねて使用することはできない。

また、**一貫パレチゼーション**とは、作業効率の向上のため、パレット積みのまま発送から到着の荷卸しまで一貫して輸送する方式をいう。

ユニットロードのメリットは、次のとおりである。
① 荷役の機械化
② 荷役作業の自動化・省力化
③ 棚卸の迅速化
④ 荷姿の維持
⑤ 車両回転率の向上
⑥ 包装費の削減
⑦ 貨物の破損の防止
⑧ 国際複合一貫輸送の実現

また、輸送コンテナを大型化することで、環境負荷の低減につながる。

## ⑸ 静脈物流（回収物流）

H26-36

**静脈物流**とは、産業廃棄物、使用済み包装・容器、生活ゴミなどの物流である。使用者・消費者から排出される物が、回収→再資源化、あるいは最終廃棄へ至る流れである。製品を供給する流れを**動脈物流**という。

## ⑹ RORO船（roll-on roll-off）

R04-32
R03-33
R02-36
R01-34

**RORO船**とは、大型ランプウェイと呼ばれる橋を搭載しており、貨物を積載し

たトラックやトレーラーなどの車両をそのまま船内へ積み込んで輸送できる貨物用の船舶である。従って、車両は自走するため、RORO船は、港湾でのコンテナの積み下ろしのために専用のクレーンを必要としない。

R05-33 **(7) 複合一貫輸送**

複合一貫輸送とは、船舶・鉄道・トラック等の異なる輸送機関を組み合わせ行う輸送である。

# 2 輸配送管理の近年の動き

H27-36 **(1) 多頻度小口配送**

多頻度小口配送とは、**ジャストインタイム物流**ともいわれ、配送頻度を多くし、1回の納品量は少なくする配送方式である。1980年代、消費の成熟化に伴い、コンビニエンスストア業界を中心に広まった。車両積載効率が低下するデメリットがあるため、多頻度小口配送を実現するための一つのシステムとして**共同輸配送**がある。

R01-35
H28-36
H25-34
H23-36 **(2) 共同輸配送**

物流効率化のための投資は、個別企業だけで実施すると負担が大きい。このため、複数企業が共同して物流効率化のための投資を行う必要がある。

共同化は、物流効率化をはじめ、運転手や人材不足などの労務問題、交通渋滞や大気汚染などの社会的問題、経営基盤の脆弱な中小企業にとっての資金負担面の問題を解決するために有効な対策である。物流の共同化には、次の3種類がある。

**① 集荷・配送の共同化**

輸送ロットの大口化、帰り便の活用、交錯輸送の回避などが可能になる。集荷・配送の共同化により、トラックの積載効率が向上する。

**② 共同物流センターの設置**

集荷・配送に加え、保管・流通加工・仕分けなどの共同化が可能になる。

**③ 共同物流情報ネットワークの構築**

受発注・在庫データを統合したネットワークを構築することにより、適正な在庫管理や、的確な配送・納品が可能になる。

R01-35
H26-36
H21-34 **(3) 引取物流**

引取物流とは、荷受け側が納入業者（通常は複数の荷主）を巡回して集荷する仕組みである。牛乳メーカーが原料の生乳を調達するために、各牧場を巡回して集荷することからミルクラン方式とも呼ばれる。引取物流では、小売業などの荷受け側が自ら所有するトラックや、物流専業者のトラックをメーカーや卸売業者に差し向けて仕入商品を引き取り、専用物流センターに集荷するのが一般的である。仕入先から専用物流センターへの1回当たりの納品量が少なく、納品頻度が多い場合に適している。荷受け側の企業にとって望ましい時間帯に効率的に集荷できるというメ

リットがある。引き取りの際のコストは、小売業と納入業者間の契約によって、ど
ちらがどの程度負担するか決められる。

R04-33
R04-32
R03-33
R02-36
R01-34
H29-35
H24-38

## (4) モーダルシフト

　モーダルシフトとは、環境負荷の小さい鉄道・海運利用へと貨物輸送を転換する
ことである。一般的に、トラックから長距離・大量輸送が特徴である鉄道・海運へ
転換するため、配送のリードタイムは長くなり、出荷ロットも大きくなる場合が多
い。モーダルシフトの導入により、環境負荷の軽減や長距離区間の一括大量輸送に
よるコスト削減が期待できる。ユニットロード化を推進することで、積み替え作業
が効率化されるため、モーダルシフトが導入しやすくなる。

## (5) グリーン物流パートナーシップ会議

H25-34

　物流分野の$CO_2$排出削減に向けた自主的な取り組みの拡大に向けて、業種業態の
域を超えて互いに協働していこうとする高い目的意識のもと、荷主企業や物流事業
者が、単独では困難なグリーン物流の実現を目指して両者がパートナーシップを組み、
産業横断的に協働して環境にやさしいグリーン物流を推進しようとするものである。

## (6) トラック輸送の対価

R05-33
R04-32

　トラック輸送の契約に関する「標準貨物自動車運送約款」では、運送の対価である
運賃と、積込料、取卸料、待機時間料など運送以外の役務等の対価である料金を区
別している。

# III 物流センター管理

## 1 物流センター機能・設計 Ⓐ

### (1) 物流センターの分類

#### ① 機能による分類

##### (a) DC (ディストリビューション・センター)

在庫型物流センターともいい、在庫を保有する物流センターである。商品を保管し、受注に応じて取り出して配送する。迅速な調達が難しい商品や、生産と消費のタイムラグが大きい商品など、在庫として保管した方が効率の良い商品に向いている。

##### (b) TC (トランスファー・センター)

通過型物流センターともいい、在庫を保有せず、複数のサプライヤーの商品を受け入れ、納入先ごとに仕分けをして一括配送を行う物流拠点である。発注指示を受けてから納入業者が発送し、物流センターに持ち込むため、在庫型物流センターと比べてリードタイムは長くなりやすい。TCの入荷形態には、事前に商品を店舗別に仕分けて入荷する場合と、事前に仕分けをせずに総量をそのまま入荷する場合がある。

##### (c) PC (プロセスセンター)

商品が流通加工を経て、店舗に配送されるときの、加工処置センターのことである。主としてスーパーマーケットなどの生鮮食品を扱う。

#### ② 保有者による分類

物流センターは、製造業や卸売業などの出荷側の企業が保有するタイプ、小売業が自社で保有するタイプ、外部業者 (3PL事業者) が所有する施設を契約に基づいて使用するタイプに分けることができる。

### (2) 一括物流

#### ① 一括物流

**一括物流**とは、卸売業などがそれぞれ行っていた小売店舗への物流を一括納品管理する、特定小売業用の物流センターを活用した物流システムである。一般的に、小売店頭作業の軽減を目的として導入される。

#### ② 一括物流センター

**一括物流センター**とは、小売店側の専用物流センターに、メーカーや卸売業などの各納入業者が商品を納入し、配送先の店舗ごとに仕分けする拠点をいう。

### (3) チェーン小売業の専用物流センター

近年、チェーン小売業が専用物流センターを設置するケースが増加してきた。

チェーン小売業の専用物流センターの多くは、一括物流センターである。ノウハウやコスト面から小売業が自ら運営することは少なく、卸売業者や3PLにより運営されることが多い。

　専用物流センターの在庫は、形式上、供給業者の在庫とされ、供給業者から物流センター利用料（センターフィー）を徴収するのが一般的である。公正取引委員会は「大規模小売業告示」の中で、センターフィーについて、納入業者が得る利益等を勘案して合理的であると認められる範囲を超えて提供させることを禁止している。

　物流センターを利用した取引では、商品の所有権の移転経路が「製造業→卸売業→小売業」である場合でも、物流経路は卸売業を経由させないことが可能である。

R04-36
H30-35
H29-38
H27-38
H21-29
H21-30

### ⑷ サードパーティ・ロジスティクス（3PL）

　サードパーティ・ロジスティクス（3PL）とは、単に物流の基本機能を代行するのではなく、ロジスティクスを一括で請け負う業態のことである。3PLはシステム構築だけでなく、物流拠点ネットワークの設計や情報管理を含めた物流機能全般、およびロジスティクスを一括で代行するようになった。荷主にとって3PLを活用する利点は、コスト削減のみならず高度な物流サービスを享受できることである。

　一般的に、ロジスティクス・コスト削減の成果は、荷主と3PL事業者で分け合う包括契約を締結する。従って、物流サービスの内容と水準は、荷主と3PL事業者の間で明確にすることが望ましい。

　3PLには、保管施設や輸送手段（倉庫や輸送車など）の物流資産を保有して自ら実務を行う**アセット型**と、物流資産を持たずにマネジメントのみを行う**ノンアセット型**がある。総合商社やIT企業、コンサルティング企業などが、ノンアセット型に参入している。

## 2　物流センター運営

R03-37
R02-38
R01-37
H28-38
R04-36
H26-34

### ⑴ 物流センターの基本業務

　倉庫、物流センター、配送センターなどの物流拠点内で行われる作業のうち、入庫（荷受け、検品）、格納（開梱、小分け）、保管を入荷作業と呼び、ピッキング、流通加工、仕分け、出荷検品、スタッキング（荷積み）、配送を出荷作業と呼ぶ。物流センター内では、段ボール箱、荷袋などの単品をパレット上に自動的に積載する**パレタイザ**と呼ばれる積載用の機器や、**AGV**（Automatic Guided Vehicle）と呼ばれる無人搬送車が用いられている。

#### ① 入庫（荷受け、検品）

　荷受けとは、運送されてきた積荷を受け入れることである。検品とは、仕入れた商品が入荷予定や納品伝票と違いがないか確認する作業である。入荷検品作業の効率化を図るために、バーコード検品が有効である。

#### ② 格納（開梱、小分け）

　開梱とは、積荷のパッケージを開くことである。小分けとは、商品を保管する単

位に分けることである。

### ③ 保管

　商品を保管する状態である。在庫管理やその後の作業である出荷作業を効率化させるためには、ロケーション管理の工夫が必要である。

H30-35

### ④ ピッキング

　ピッキングとは、出荷指示書に合わせて保管場所から在庫商品を集める作業である。ピッキングリストの代わりに、作業エリアに配置した表示器上に表示される作業指示情報を見ながら行うピッキングを、**デジタルピッキング**という。

H29-37

### ⑤ 流通加工

　流通加工とは、センター内で商品を加工し、付加価値をつける作業である。

### ⑥ 仕分け

　物流センター内で、商品を品種別、送り先別、顧客別などに仕分ける作業である。

### ⑦ 出荷検品

　出荷指示と出荷する商品が一致しているか、出荷前に物流センター内で確認する作業である。

### ⑧ スタッキング (荷積み)

　積載効率に留意しながら、出荷する商品を積荷として積み込む作業である。

### ⑨ 配送

R05-35
R04-36

　出荷した商品を店舗に運ぶ作業である。

H29-38
H27-34
H23-35
H20-27

## (2) 基本業務のポイント

### ① ロケーション管理のポイント

　物流センター内の作業効率や保管効率を高めるためには、ロケーション管理が重要となる。一般に、出荷量が多く回転率の高い商品群は、入荷即出荷ができる倉庫の出入り口付近に置くのがよい。出荷件数をABC分析 (パレート分析) し、搬出入頻度が高い商品を、出荷口から近い場所に保管することで、従業員の動線も短くなり作業効率が向上する。ロケーション管理には、固定ロケーションとフリーロケーションがある。

#### (a) 固定ロケーション

　商品と保管場所の関係を固定して管理する手法である。保管場所が決まっていることから、従業員のピッキング作業の効率が向上する。一方、自由に保管場所が変更できないことから柔軟性に乏しく、商品を格納しないスペースが発生するなど、保管効率は低下する。

#### (b) フリーロケーション

　商品と保管場所の関係を固定せずに管理する方法である。保管場所を自由に設定できることから、一時的な出荷増にも対応できるほか、作業者が任意で空いているスペースを選択できるため、保管効率は向上する。一方、誰でも保管場所が分かるように入荷の都度、登録管理を実施する必要があるほか、同じ商品が複数の場所で保管されることでピッキングに手間がかかるなど、作業効率は低下する。

② **ピッキングのポイント**

ピッキングの作業方法には、次の方法がある。

(a) **シングルピッキング (オーダーピッキング)**

出荷指示のあった品物を出荷先別、もしくは伝票別に順番に在庫の格納場所を回り、集品する摘み取り型のピッキング方式である。一般的に取り扱いアイテムが多い場合に適している。

(b) **バッチピッキング (トータルピッキング)**

出荷する物量をまず一度に集品し、次に出荷別に仕分けする種まき型のピッキング方式である。一般的に取り扱いアイテムが少なく、納品対象となる品目が特定品目に集中している場合に適している。

(c) **品種別・オーダー別複合ピッキング**

受注を一定受注先ごとに集約して、品種単位にまとめてピッキングし、その直後に商品を受注先ごとに仕分ける作業を繰り返す方式である。物流センターから店舗へのカテゴリー納品は、商品を売場に補充する作業の時間を短縮する。

H27-37
H26-35
H25-36
H24-37
H22-30
H19-28

## (3) 物流ABC

ABC は、Activity－Based Costing の略で、「活動基準原価計算」と訳され、活動 (アクティビティ) ごとにコストを収集し、活動ごとの原価を計算する原価計算手法である。物流センター内での基本業務にかかるコストを活動別に算定することで、コスト発生のメカニズムをつかむことができ、なぜ物流コストが上昇しているのか、何をすればコストを下げられるのか把握することができる。

### ① 物流ABCの基本公式

> 活動 (アクティビティ) ごとのコスト
> ＝人件費 (人員×所要時間×時給)＋消耗品経費＋機械設備費

### ② 物流ABCの手順

(a) 物流センターにおける活動 (アクティビティ) を定義する

(b) 活動ごとの従事者数や処理量、作業時間を測定する

(c) 活動ごとの人件費と消耗品経費の合計で活動別のコストを算出する

### ③ 物流ABCにおける人件費と消耗品経費

(a) 人件費

活動ごとの「人員×所要時間×時給」で算出する。

(b) 消耗品経費

活動ごとに経費を明確にするのが難しいため、一定の基準で活動ごとに按分し、配賦する。

### ④ 物流ABCの導入により期待される効果

(a) 顧客別の採算分析ができるようになる

(b) 出荷1ケースあたりのコストを算出することができる

(c) 商品別の費用分析ができるようになる

(d) 配送先店舗別の費用分析に利用できる

(e) 物流サービスの内容に応じた価格設定が可能となる

## 【 アクティビティの例 】

| | アクティビティ | 定義 |
|---|---|---|
| 1000 | 入荷 | |
| 1001 | ケース荷受け・検品 | ケース品を取り下し、検品・仮置きする |
| 1002 | ピース荷受け・検品 | ピース品を取り下し、検品・仮置きする |
| 1003 | 大物荷受け・検品 | 大物を取り下して、検品・仮置きする (ケース品、ピース品とも異なる荷受、取扱を必要とする大きな商品があれば区分する) |
| 1004 | コンベア納品 | コンベアにより入荷商品を保管場所へ移動し、格納する |

出典：『物流ABC (Activity-Based Costing) 準拠による物流コスト算定・効率化マニュアル』
中小企業庁編を基に作成

　以下の数値のアクティビティ単価を算出するには、全体の原価を処理量で割ることで、計算できる。

| アクティビティ名 | アクティビティ原価(円) | 月間処理量 数量 | 月間処理量 単位 | 人件費(円) | 機械設備費(円) | 資材消耗品費(円) |
|---|---|---|---|---|---|---|
| ピースピッキング | 150,000 | 5,000 | ピース | 125,000 | 20,000 | 5,000 |

　人件費、機械設備費、資材消耗品費は、アクティビティ原価の内訳を意味しているので、アクティビティ単価の計算には使わない。

　アクティビティ単価は、アクティビティ原価÷月間処理量＝150,000円÷5,000ピース＝30円/ピースとなる。

## 《例題：物流ABC》

　物流センターのコスト削減を目的にアクティビティごとの作業時間分析を行い、下表を作成したとする。

| アクティビティ名 | 標準作業時間(秒) | 1処理当たり作業時間(秒) | 月間作業時間(分) | 月間処理量 数量 | 月間処理量 単位 | 人件費単位(円/時) |
|---|---|---|---|---|---|---|
| フォークリフト格納 | 10 | 12 | 9,000 | 45,000 | ケース | 1,500 |
| ケースピッキング | 15 | 18 | 10,800 | 36,000 | ケース | 1,000 |
| ピースピッキング | 10 | 12 | 10,800 | 54,000 | ピース | 900 |
| 段ボール箱梱包 | 100 | 110 | 13,200 | 7,200 | ケース | 1,000 |
| 行き先別仕分け | 30 | 33 | 23,100 | 42,000 | ケース | 900 |

　上記で削減余地が最も大きいアクティビティを計算する場合、各アクティビティの実際の人件費と標準作業時間で作業した場合の人件費の差を計算することで把

握することができる。

　人件費の差を計算するために、まずは作業時間の差を計算する。作業時間の差を算出するには、「1処理当たり作業時間（秒）」と「標準作業時間（秒）」の差を計算し、月間処理数量を掛けて計算する。

| アクティビティ名 | 標準作業時間（秒）① | 1処理当たり作業時間（秒）② | 1処理作業時間の差③ |
|---|---|---|---|
| 計算式 | | | ②－① |
| フォークリフト格納 | 10 | 12 | 2 |
| ケースピッキング | 15 | 18 | 3 |
| ピースピッキング | 10 | 12 | 2 |
| 段ボール箱梱包 | 100 | 110 | 10 |
| 行き先別仕分け | 30 | 33 | 3 |

| アクティビティ名 | 月間処理数量④ | 月間処理時間差（秒）⑤ |
|---|---|---|
| 計算式 | | ③×④ |
| フォークリフト格納 | 45,000 | 90,000 |
| ケースピッキング | 36,000 | 108,000 |
| ピースピッキング | 54,000 | 108,000 |
| 段ボール箱梱包 | 7,200 | 72,000 |
| 行き先別仕分け | 42,000 | 126,000 |

　計算した「月間処理時間差（秒）」の単位を「時間」に変更し、「人件費単価（円／時）」を掛けることで、人件費差を算出することができる。

| アクティビティ名 | 月間処理時間の差（時）⑥ | 人件費単価（円／時）⑦ | 月間人件費の差⑧ |
|---|---|---|---|
| 計算式 | ⑤÷3,600秒 | | ⑥×⑦ |
| フォークリフト格納 | 25 | 1,500 | 37,500 |
| ケースピッキング | 30 | 1,000 | 30,000 |
| ピースピッキング | 30 | 900 | 27,000 |
| 段ボール箱梱包 | 20 | 1,000 | 20,000 |
| 行き先別仕分け | 35 | 900 | 31,500 |

　よって、物流コスト削減余地が大きいアクティビティは、順番に、「フォークリフト格納」→「行き先別仕分け」→「ケースピッキング」→「ピースピッキング」→「段ボール箱梱包」となる。

R03-28
H30-26
H29-28
H23-38
H19-24

## (4) レイバースケジューリングプログラム (LSP)

　LSPとは、「誰が」「何時から何時まで」「どの作業を」「どの程度」行うかを決める

計画のことであり、作業割り当て計画と表現される。経験や勘ではなく、科学的データに基づいた作業の割り当てを行うことにより、従業員1人の時間あたり粗利益（人時生産性）の向上を図る手法である。人時生産性は、粗利益額÷総労働時間（1人当たり作業時間×作業人数）で求めることができる。人時生産性を高めるには、①分子の粗利益額を高めるか、②分母の総労働時間を削減する必要がある。小売業では主に、店舗内の作業や物流センター内の作業で活用する。店舗内でLSPを導入する場合は、店内作業内容を標準化し、店内作業時間を計測する必要がある。販売・仕入計画と連動させて進めることが重要である。物流センター内でのLSPに必要な情報として、入出庫数量の変動に連動しない固定作業の情報、入出庫予定数量情報、在庫の保管ロケーション情報、物流センター作業の標準時間情報などが挙げられる。LSPの対象は、固定作業と変動作業の両方を含んでいる。

### H27-38 (5) WMS

WMSは「Warehouse Management System」の略で、倉庫管理（在庫管理）のシステムのことである。

■■■ 問題編 ■■■　　　　　　　　　　**Check!!**

**問1** (H28-33)　　　　　　　　　　　　　　　　　　　　　　［○・×］
　あらかじめ設定した発注点に基づいて発注すると、発注間隔は必ず一定になる。

**問2** (H24-33)　　　　　　　　　　　　　　　　　　　　　　［○・×］
　ブルウィップ効果は、サプライチェーンにおいて情報共有が進むと抑制できる。

**問3** (H28-37)　　　　　　　　　　　　　　　　　　　　　　［○・×］
　クロスドッキングとは、物流センターの荷受場で、入荷品を事前出荷通知に基づき保管するか出荷するかを識別して、出荷品を出荷場に通過させることである。

**問4** (H29-35)　　　　　　　　　　　　　　　　　　　　　　［○・×］
　トラック輸送からのモーダルシフトとは、貨物輸送を鉄道や内航海運などへ転換し、トラックと連携して複合一貫輸送を推進することである。

**問5** (R02-38)　　　　　　　　　　　　　　　　　　　　　　［○・×］
　ASN (Advanced Shipping Notice) は、荷受側が商品の入荷前に作成する入荷情報のことである。

**問6** (H28-35)　　　　　　　　　　　　　　　　　　　　　　［○・×］
　ユニットロードとは、複数の物品又は包装貨物を、機械及び器具による取扱いに適するように、パレット、コンテナなどを使って一つの単位にまとめた貨物のことである。

**問7** (R05-33)　　　　　　　　　　　　　　　　　　　　　　［○・×］
　複合一貫輸送の例として、トラックとRORO船を利用して陸路と海路を組み合わせる輸送形態がある。

**問8** (H27-36)　　　　　　　　　　　　　　　　　　　　　　［○・×］
　DC (Distribution Center) では在庫を持たず、複数店舗へ納入する商品を一括して納入業者から受け取り、店舗別に仕分けして出荷する。

**問9** (H26-34)　　　　　　　　　　　　　　　　　　　　　　［○・×］
　小売業が物流センターの運営を卸売業に委託した際に、小売業が卸売業に支払う費用をセンターフィーという。

## 問 10 (H24-37) [○・×]

物流ABCにより、出荷ケースあたりのコストを算出することができるようになる。

## 問 11 (R01-33) [○・×]

定量発注方式を採用した場合、調達期間が長いほど発注点を低く設定した方が、欠品は発生しにくい。

## 問 12 (R05-35) [○・×]

ロールボックスパレットを利用した運搬には、フォークリフトが必要である。

## 問 13 (R01-35) [○・×]

共同輸送は、複数の荷主の商品をトラック1台に混載しているため、複数の荷主にとって納品先が一致している場合に限り行われる。

## 問 14 (R01-37) [○・×]

固定ロケーション管理は、在庫量が減少しても、保管スペースを有効に活用できるため、保管効率が高い。

## 問 15 (R03-32) [○・×]

1回当たりの発注量が一定の場合、サイクル在庫は一定になる。

## 問 16 (R03-37) [○・×]

摘み取り方式ピッキングは、商品ごとの注文総数を一括してピッキングする作業である。

問1　×：需要は変動するため、発注間隔は必ずしも一定にはならない。

問2　○：情報共有により過剰な発注や製造を抑制できる。

問3　○：クロスドッキングは、複数の集荷先から集めた商品を、中間拠点で荷合わせし、同一納品先ごとに仕分けた後、配送するシステムである。

問4　○：モーダルシフトとは、貨物輸送を環境負荷の小さい鉄道や海運の利用に転換することである。

問5　×：ASNは、納入業者が商品の出荷前に作成し送信する事前出荷明細情報のことである。

問6　○：ユニットロードとは、形や大きさの異なる商品を標準的な大きさにまとめて、そのままの形態で輸送、保管、荷役を行うことである。

問7　○：複合一貫輸送とは、船舶・鉄道・トラック等の異なる輸送機関を組み合わせて行う輸送である。

問8　×：DCは在庫を保有する在庫型物流センターである。

問9　×：小売業でなく供給業者からセンターフィーを徴収するのが一般的である。

問10　○：物流ABCは、活動ごとの原価を計算する原価計算手法である。

問11　×：定量発注方式において、調達期間が長くなると発注点を高く設定しないと、欠品は発生しやすくなる。

問12　×：ロールボックスパレットは、カゴ車（しゃ）とも呼ばれる人力運搬機で、キャスターが備わっているためフォークリフトを使用しなくても運搬が可能である。

問13　×：共同輸送では、複数の納品先に配送するため、必ずしも納品先が一致している必要はない。

問14　×：保管場所が固定されていることからピッキング作業の効率は高いが、商品を格納しないスペースが発生すると、保管効率は低下する。

問15　○：1回当たりの発注量が一定の場合、サイクル在庫（次の納入までの需要に必要な在庫）は一定になる。

問16　×：摘み取り方式ピッキングでは、出荷指示のあった品物を出荷先別、もしくは伝票別に順番に在庫の格納場所を回り、集品する。問題文は、種まき型のピッキング方式の説明である。

■■■ 問題編 ■■■

　ユニットロードシステムの導入効果に関する記述として、最も不適切なものはどれか。

　ア　国際複合一貫輸送が可能になる。
　イ　コンテナやパレットの滞留や偏在を防止することが可能になる。
　ウ　出荷地点から着地点まで荷姿を崩すことなく納品することが可能になる。
　エ　荷役機械の活用により荷役作業の自動化・省力化が可能になる。
　オ　包装費の削減や貨物の破損の防止が可能になる。

**解答：イ**

ユニットロードシステムに関する出題である。ユニットロードシステムとは、物流の合理化、効率化のために、形や大きさの異なる商品を標準的な大きさ（ユニット）にまとめて、そのままの形態で輸送、保管、荷役を行う方法のことである。パレット輸送（パレチゼーション）やコンテナ輸送（コンテナリゼーション）が代表的である。

ア：適切である。国際複合一貫輸送とは、同一の運送人が2つ以上の異なる輸送手段を用い、貨物の引受から引渡しまで一貫した国際運送を行うものである。ユニットロードを採用することにより、輸送の簡素化および輸送コストの削減が可能となる。

イ：不適切である。上記の説明のとおり、ユニットロードシステムは標準的な大きさにまとめて輸送することで、物流の合理化を図るものである。コンテナやパレットの滞留や偏在を防止することにはならない。

ウ：適切である。出荷地点から着地点まで荷姿を崩すことなく納品することが、ユニットロードシステムの最大の特徴である。

エ：適切である。標準サイズに合わせて作られた機械を汎用的に活用することができるため、荷役作業の自動化・省力化が可能になる。

オ：適切である。同じサイズにまとめることで、包装費の削減や貨物の破損の防止にもつながる。

| 過去23年分<br>平成13年 (2001年) ～令和5年 (2023年) | |
|---|---|
| 1位 | POSシステム |
| 2位 | バーコード |
| 3位 | EDI |

| 直近10年分<br>平成26年 (2014年) ～令和5年 (2023年) | |
|---|---|
| 1位 | POSシステム |
| 2位 | バーコード |
| 3位 | EDI |

## 過去23年間の出題傾向

POSシステムは23年間で37回出題されており、運営管理の最頻出テーマとなっている。各用語、各分析手法をしっかり理解しておこう。バーコードは23回の出題であり、毎年1～2問出題されている。EDIは19回の出題であり、近年は基本用語とともにEDIに関する法律について出題されることが多いため、注意してほしい。

# 第 **4** 章

## 流通情報システム

# I  店舗システム

## 1  EOS

### (1) EOS

EOS（Electronic Ordering System：電子受発注システム）とは、通信回線を利用して仕入先との間で受発注データをオンラインで交換するシステムである。受発注業務は、発注側が作成した情報を受注側が受け取り、受注情報に基づき商品を出庫、出荷し、発注側が検収して仕入計上する。

### (2) EOSの効果

① 単品発注や在庫管理システムへの応用ができる
② バーコード入力により、入力作業の省力化・迅速化・正確化が期待できる
③ 発注データのターンアラウンド化が可能になり、仕入検収が合理化できる
④ 一度作成したデータを双方で利用することにより、情報伝達時の誤りを極小化できる
⑤ 一度作成したデータをピッキング、検品などの一連の作業に利用することにより、関連する事務処理（伝票作成、請求など）を効率化できる

### (3) 流通VAN

EOSが浸透した背景には、流通VANの発展がある。VAN（Value Added Network）とは付加価値通信網ともいい、コンピュータ・ネットワークを介した通信網のことである。流通VANとは、製造業、卸売業、小売業、それぞれの商取引で発生する情報を、VANを介して相互に交換する情報システムの総称である。業界単位で設立された業界VANと、特定地域内で設立された地域流通VANがある。

## 2  EDI

### (1) EDI（Electronic Data Interchange）

EDIとは、企業間の電子データ交換のことである。専用線やVAN（付加価値通信網）を用いて業界ごとの専用プロトコルを使用した、特定企業間の専用ネットワークである。受発注、納品、在庫、請求などのデータを企業間でオンラインでやり取りし、取引の集約化を図るシステムである。EOS（電子受発注システム）が受発注のオンライン化を目指したのに対し、EDIは受発注業務に留まらず、企業間の取引業務全体の効率化を目指している。

## ⑵ EDIの導入効果

① 業務の時点ごとにタイムリーに、正確なデータに裏付けられた、詳細で正確な業務の遂行が可能になる

② 業務処理の迅速化とペーパーレス化、重複入力の削減による正確化・省力化、コストダウンが図れる

③ 企業間で情報を共有し、在庫の管理、企業間連携のシステム化が可能となり、戦略的な提携に進む可能性がある

## ⑶ Web-EDI

インターネット技術を利用したEDIである。専用線を利用することなく、ブラウザさえあればオープンな取引が可能となるため、オープンEDIとも呼ばれる。主に中小企業が取引先企業との商取引用サーバーに対して、Webブラウザから簡単にアクセスし、EDIメッセージを送受信するシステムである。SSLやVPNなどの暗号化技術の普及により、セキュリティ面での不安も解決されつつある。

ASP（インターネットを通じて顧客にビジネス用アプリケーションをレンタルするサービス）上でもサービス提供が可能であり、画像データも取り扱うことができる。従来のEDIと比較した際のメリット・デメリットは次のとおりである。

① メリット

(a) 特別な情報システムを導入する必要がない

(b) ブラウザさえあれば比較的短期間でEDIが可能となる

(c) 大幅に通信コストが安くなる

② デメリット

(a) 企業ごとに個別仕様でWeb-EDIの開発を進めてきた結果、受注企業（サプライヤー企業）にとっては取引先（バイヤー企業）ごとに画面が異なる「多画面現象」という非効率が生じている

(b) 取引情報における意味情報が発注企業ごとに異なるため、自社内システムに連動させることが難しく、データの再入力が生じている

(c) 大量のデータ送受信では、専用線を用いた従来のEDIの方が一般的に効率的である

## ⑷ XML/EDI（XML-EDI）

XML言語を利用したEDIである。XML言語とは、インターネットで一般的に使用されているHTML言語に拡張性を持たせた言語である。Web-EDIでは、自社内システムと連携するために取引情報を手作業で変換する必要があったが、XML-EDIでは、言語が拡張性の高いXML形式であるため、自社システムのデータ項目とEDI標準のデータ項目をマッピングすれば、自社システムと柔軟に連携することが可能である。XML-EDIは、ebXML（XML技術に基づく次世代EDIのための国際標準）に準拠したインターネット対応の可変長メッセージであり、タグを使うことでメッセージを比較的自由に策定できるが、自由度が高すぎると効率はかえって低下する

危険性があるため、標準化が必要である。

H23-40 ## (5) e-mail EDI

電子メールにファイルを添付してデータ交換を行うEDIである。

R02-42 ## (6) 流通BMS (流通ビジネスメッセージ標準®)

消費財流通業界における、メッセージ（電子取引文書）と通信プロトコル／セキュリティに関するEDI 標準仕様のことである。メーカー・卸売業・小売業の流通三層間のビジネスプロセスを円滑に接続することによる、業務の効率化と高度化を目標としている。

「流通ビジネスメッセージ標準運用ガイドライン（基本編）第2.0版」では、預り在庫型センターにおける入庫、在庫報告、不良在庫の引取の3つの業務プロセスで使用する標準メッセージとして、①在庫補充勧告メッセージ、②入庫予定メッセージ、③入庫確定メッセージ、④在庫報告メッセージの4種類を定めている。①在庫補充勧告メッセージ、③入庫確定メッセージ、④在庫報告メッセージは在庫型センターから卸・メーカーに送られるメッセージで、②入庫予定メッセージは卸・メーカーから在庫型センターに送られるメッセージである。

H25-40 ## (7) 流通標準EDI (JEDICOS)

通商産業省（現・経済産業省）の委託研究委員会（流通業における電子化取引標準化調査研究）にて、流通業界の標準EDIに関する検討の成果を受けて開発された。流通企業間の「商流メッセージ」と流通企業と物流事業者間の「物流システムメッセージ」が開発された。「流通標準EDIメッセージ」において提示される情報として、小売業から卸売業や製造業に向けて発信する在庫情報、発注データ、返品データなどが該当する。GS1では、今後はインターネット対応の流通BMSの利用を推奨している。

H24-43 ## (8) JTRN (国内統一物流EDI標準)

JTRN（ジェイトラン）とは、国内統一物流EDI標準のことである。運送業務に関する標準データ項目が定義されている。JTRNは、専用線やVAN (Value Added Network) などの利用を前提とした物流EDI標準であり、インターネットには対応していない。インターネット対応型次世代物流EDI標準としては、物流XML／EDI標準がある。

H19-39 ## (9) EDIに関する法律

### ① IT書面一括法

紙文書での交付や手続きが義務付けられていた書面について、Eメールやfax、Webの活用などの電子的手段での交付も認めることにより、民間分野での電子商取引の促進を狙った法律である。IT書面一括法によってEDI の対象範囲は広がったと考えることができる。

R04-41
R02-43
H28-42
H26-41
H22-40
H21-38

### ② 個人情報保護法

高度情報通信社会の進展にともない、電子化された情報を大量かつ迅速に処理することが可能となり、個人情報の保護の必要性が一層高まってきたために法制化された法律である。個人情報の有用性に配慮しながら、個人の権利利益を保護することを目的として、事業者が個人情報を取り扱う上でのルールを定めている。

個人情報とは、生存する個人に関する情報で、氏名、性別、生年月日、職業、家族関係などの事実に係る情報に限らず、個人に関する判断・評価の情報も含め、個人と関連づけられるすべての情報を意味する。公開、非公開やプライバシー性、センシティブ性の有無は問わない。旅券番号や運転免許証番号のような個人に割り当てられた文字、番号、記号等の符号も「個人識別符号」として、個人情報に位置付けられている。

ただし、個人情報を加工し、当該個人情報を復元できないようにした匿名加工情報は、一定のルールの下で、本人同意を得ることなく、事業者間でデータ交換をすることが可能である。

個人情報保護法は、当初は5,001人分以上の個人情報を利用する事業者に限られていたが、平成29年（2017年）5月30日から全面施行された改正個人情報保護法により、個人情報の数にかかわらず「個人情報をデータベース化して事業に利用している事業者」すべてが法律の適用対象となった。

データの利活用において、従来から存在していた匿名加工情報よりも詳細な分析を比較的簡便な加工方法で実施したいというニーズの高まりを受け、個人情報保護法の令和2年改正により、仮名加工情報が創設された。

仮名加工情報では、対照表など他の情報と照合しない限り特定の個人を識別できないように加工されることが求められている。例えば、会員ID、氏名、職業、商品購買履歴で構成されるデータを加工する場合、氏名を削除するなど個人が特定できないようにすることが必要となる。

### ③ 電子契約法

BtoC（企業対個人）の電子商取引において、錯誤（思い違い）によって結んでしまった契約の有効性や、電子契約の成立時点について規定した法律である。消費者保護の観点から制定された。電子契約法においては、電子契約の成立時期を契約の承諾が相手に到達した時点をもって成立とする到達主義を採用している。

### ④ 電子帳簿保存法

帳簿書類について、電磁的記録（自己作成帳簿書類の「電子データ保存」や取引相手作成紙書類の「スキャナ保存」）として保存することを認めた法律である。2022年1月から電子取引データの電子保存が義務化されるなど改正が続いている。

### ⑤ 資金決済法

資金決済システムの安全性、効率性及び利便性の向上を目的とした法律である。情報技術の発達や利用者ニーズの多様化等、資金決済システムの環境変化に対応するため、前払式支払手段、資金移動業、資金清算業（銀行間の資金決済の強化・免許制）の導入を主な内容としている。

**⑽ 中小企業共通EDI標準**

中小企業共通EDI標準は、中小企業の生産性をより一層向上させることを目的として、特定非営利活動法人ITコーディネータ協会から公開されている。このEDI標準の制定に至る経過は、以下のとおりである。

企業間取引のデジタル化は、1985年の通信自由化を起点として、専用線やISDNによる**個別EDI方式**（発注者1対受注者1の接続方式）が利用された。しかしこの方式では、EDI利用者が高額なEDI送受信設備投資を必要としたため、取引量の大きな大企業間取引にしか、普及しなかった。

また受注者は顧客ごとに対応する必要があり、いわゆる**多端末問題**が発生した。2000年頃よりインターネットの普及に伴い、受注者はインターネット接続環境が整った接続可能なパソコンがあれば利用可能な**WEB-EDI方式**（発注者1対受注者多数の接続方式）が普及し始めた。しかしこの方式は、発注者ごとに固有の仕様が導入され、提供されるデジタル注文データのフォーマットもバラバラであったため、いわゆる**多画面問題**が発生した。

これらの問題解決を図ると共に、受発注情報などのビジネスデータ連携の情報基盤（インフラ）を提供することを目的として、中小企業共通EDI標準が制定された。

**3 POSシステム**

## ⑴ POS (Point of Sales) システム

**POSシステム**とは、販売時点情報管理システムのことである。商品にマーキングされている**JAN**シンボル（バーコード）をスキャナーで読み取ることで、単品別の販売時点情報を収集して管理する仕組みである。POSシステムから得た販売情報を用いて、仕入管理や在庫管理の合理化、効率化が可能となる。小売業の販売情報システムの中心的なシステムといえる。

## ⑵ POSシステムのハードウェア構成

### ① スキャナー

コード化されたシンボルを光学的に自動読み取りする装置である。スキャナーの種類には、固定式（定置式）、ハンド・スキャナー、ペン・スキャナーがある。

### ② POSターミナル

売上の登録、レシートの発行、ジャーナルでの記録、現金等の保管管理、レジ単位の売上合計精算、つり銭等の管理を行う。

### ③ ストアコントローラー

店内の複数のPOSターミナルと接続し、PLU、売上情報の収集・集計、各種レポートの発行、本部との情報交換、店舗レベルの価格変更や設定などの機能を持つ。

## ⑶ POSシステム導入のメリット

H23-39
H19-36

POSシステムには、導入してすぐに得られる**ハードメリット**（直接的効果）と、収集した情報を分析、加工することで得られる**ソフトメリット**（間接的効果）がある。ソフトメリットを得るためには、発注システム、物流システム、在庫管理システム、顧客管理システムなどとのデータ連携や統合が必要である。

### ① ハードメリット
(a) レジ作業の簡素化、レジ担当従業員の負荷の軽減
(b) 入力ミスの削減
(c) レジ担当従業員の教育時間の削減
(d) 従業員の不正防止
(e) 伝票処理業務の合理化
(f) 精算・レジ点検時間の短縮

### ② ソフトメリット
(a) **商品管理での活用**
 • 売価政策（適正売価の設定）
 • 品揃え計画（売れ筋・死に筋商品の把握、仕入時期・数量の決定）
 • 新規商品の投入および商品開発（新商品のテストマーケティング）
(b) **インストア・マーチャンダイジングでの活用**
 • スペース・マネジメント（有効な商品配置・売場配賦の決定）
 • インストア・プロモーション（クーポンなど販売促進計画）
(c) **オペレーションでの活用**
 • 商品管理（品切れ防止、ロス削減）
 • 作業改善（レジ要員の最適配置、人時生産性の検討）
 • 物流計画（配置納品計画）

## ⑷ PLU (Price Look Up：価格検索) とNonPLU

R04-37
H30-37
H25-38
H23-42
H22-35
H21-35
H19-37

### ① PLU
商品売価を商品マスターから検索する仕組みである。商品の売価をPOSシステムの商品マスターに登録し、商品に印字されているJANシンボル（バーコード）をスキャナで読み取った際に、商品マスター上の売価を検索し、POSレジで表示・処理する仕組みである。JANシンボルの中に売価情報が含まれていない場合に用いられる。メーカー等が商品パッケージに印字するJANシンボル（ソースマーキング）は、PLUタイプが多い。

### ② NonPLU
商品売価を商品マスターから検索しない仕組みである。JANシンボル（バーコード）の中に売価情報が含まれており、JANシンボルを読み取った際に、その金額をPOSレジで直接表示・処理する。小売業が自ら貼付するJANシンボル（インストアマーキング）は、NonPLUタイプが多い。

## (5) ソースマーキングとインストアマーキング

　PLUを行うためには、商品にJANシンボル（バーコード）をマーキングする必要がある。代表的なマーキング方法は、以下の2つである。

### ① ソースマーキング

　製造業者または発売元が、製造・出荷段階で、JANシンボルを商品の包装資材やパッケージに一括してマーキングすることを**ソースマーキング**という。値付けが不要になるため、店頭にそのまま陳列できる。

### ② インストアマーキング

　小売業がバーコードラベルを発行し、商品に貼付することを**インストアマーキング**という。製造・出荷段階でJANシンボルが印刷できない商品（量り売り商品、生鮮食品）などに用いられる。バーコードの中に価格情報を含める「Non PLU」と価格情報を含めない「PLU」がある。インストアマーキングでは、最初の2桁に、20〜29、または02が付番される。印刷スペースがとれない場合、シンボルのバーの高さを削ることができる。

## (6) ABC分析

　**パレート分析**ともいう。POSシステムで収集した販売時点情報（POSデータ）を活用した、最も基本的な分析手法である。商品を売上金額や数量の多い順に並べ、ABCの3ランクに分け、売れ筋商品と死に筋商品を把握する手法である。

　一般的に、上位2〜3割のアイテム（売れ筋商品）で、売上金額の7〜8割を占める。一方、下位2〜3割のアイテム（死に筋商品）は定番カットを検討する。但し、自店で売れていない死に筋商品であっても、市場POSデータでAランク商品であれば、安易にカットをせず陳列方法や売価の見直しなどを慎重に検討する必要がある。

　また、インターネット通信販売などにおいては、死に筋商品の売上をすべて合計すると大きな売上が得られるという「ロングテール現象」が見られる。

## (7) バスケット分析

### ① 概要

　どのような商品が一緒に買われているか、商品間の関連購買を把握する分析手法である。POSシステムで収集できるレシート単位（取引単位）の購買情報から、ある商品と一緒に購買される商品の組み合わせを明らかにすることで、陳列方法の改善や販売促進に役立てることができる。

### ② 活用数値

　(a) **信頼度**（コンフィデンス）…商品Aを購入する顧客が、同時に商品Bを購入する割合

　(b) **支持度**（サポート）…全来店客の中で商品Aと商品Bを同時に購入する顧客の割合

　(c) **リフト値**…商品Aを購入する顧客が、同時に商品Bを購入する割合（信頼度）

が全来店客のうち商品Bを購入する割合の何倍かを表したもの

(d) **ジャッカード係数**（Jaccard係数）…集合間（集合Aと集合Bなど）の類似度を示す指標で、和集合（Aの要素またはBの要素）に対する共通部分（Aの要素かつBの要素）の割合

《例題：バスケット分析》

ある小売店の一定期間におけるID-POSデータを用いて、100人のある顧客セグメントに対するマーケットバスケット分析を行ったところ、商品aと商品bの購買に関して、次表のような結果が得られたとする。

| 購買した商品群 | 購買した顧客数 |
|---|---|
| 商品a | 20 |
| 商品b | 40 |
| 商品a かつ 商品b | 10 |

信頼度は、商品aとb同時購入者数÷商品a購入者数であるため、10÷20＝50％、支持度は、商品aとb同時購入者数÷全来店客であるため、10÷100＝10％となる。

リフト値（商品a ⇒ 商品b）は、信頼度÷（商品b購入者÷全来店客）で計算するため、50％÷（40÷100）＝50％÷40％＝1.25倍になる。

## (8) PI値

**PI値**とは、顧客1,000人当たりの買上金額または買上点数のことである。買上金額のPI値を**金額PI値**、買上点数のPI値を**数量PI値**という。POSデータを用いて売れ筋商品などを店舗間で比較する際に、単純に買上金額や買上点数だけでは店舗規模の違いにより比較ができない。そこで、客数1,000人当たりの販売実績（PI値）を用いることにより、店舗規模の影響を除いて分析することができる。PI値は、数値が高いほどその商品に対する顧客の支持が高いことを示している。

### ① PI値の種類と計算式

(a) 数量PI値＝販売点数÷レジ通過客数×1,000
(b) 金額PI値＝販売金額÷レジ通過客数×1,000

### ② PI値の活用方法

(a) 店舗間比較

同一商品のPI値を店舗間で比較することにより、陳列方法、演出方法、販売場所等、自店の問題点を見出すことができる。

(b) 目玉商品の決定

特売で目玉商品の選定や仕入数量を決める際に、PI値を使う。PI値が高い商品は、顧客の支持が高いため集客が見込め、PI値と想定客数から仕入数量が算出できる。

(c) 競合商品の比較

競合商品のPI値を比較し、発注や棚割に反映させる。

### (d) 品切れ対策

単品別商品の品切れ時刻を調べることにより、それ以降の販売数量を予測する。品切れ時刻から納入時刻までの客数予測にPI値を掛け、次回の仕入数量を決める。

### (e) 新商品の販売状況

新商品導入後、その商品のPI値を時系列で分析し、PLC（プロダクト・ライフサイクル）のパターンを推測し、今後の販売状況を予測する。

## (9) 相関係数

POSデータ分析において、販売と価格の関係や、販売と気温の関係などを分析する際、相関係数を利用する。**相関係数**とは、統計的に2種類のデータ間にある関係の強弱を示す指標である。相関係数は、＋1〜−1の範囲の値として計算され、両者の評価が同じ方向に類似しているほど値は＋1に近づき、両者の評価が逆の方向に類似しているほど値は−1に近づく。両者の評価に関連性がない場合、値は0に近づく。

ある変数が他の変数とどのような相関関係にあるのかを推定する統計学的手法を回帰分析といい、単回帰分析と重回帰分析がある。推定したい数値（変数）を目的変数といい、目的変数に影響を与える変数を説明変数という。単回帰分析は、1つの目的変数を1つの説明変数で推定することであり、重回帰分析は、1つの目的変数を複数の説明変数で推定することである。

R03-39
# 4 顧客管理システム

## (1) 顧客情報管理の目的

POSシステムとカードプログラムを組み合わせることで、顧客毎の情報管理が可能になる。顧客情報管理の目的は、次のとおりである。

① 固定客を育成する（マーケティング）
② 顧客ニーズに合致した品揃えを実現する（マーチャンダイジング）
③ 顧客に来店を促し買ってもらう仕掛けを作る（プロモーション）

## (2) カードシステム

### ① カードシステムの目的

(a) カードの機能（決済、ポイント等）により顧客の固定化を図る
(b) 顧客属性・購買履歴をデータベース化して顧客情報管理に活用する

POSシステムで収集できる「いつ」「何を」「いくつ」「いくらで」という販売情報に、カードシステムを組み合わせることにより、「誰が」という情報が加わる。これによって、顧客情報と販売情報を結合させることができる。顧客が何を買ったかという購買履歴情報は、カードシステムで収集でき、この顧客はどういう人か（住所、性別、年齢、職業、家族構成）といった顧客属性情報は、カード会員加入時に収集できる。

## ② ID-POS

ID-POSは、カードシステムによるID（顧客ID）が付いているPOSデータである。ID-POSのデータの分析では、その性質に応じて、「名義尺度」「順序尺度」「間隔尺度」「比例尺度」の4つの尺度に分けて考えることが多い。

### (a) 名義尺度

**名義尺度**とは、他と区別し分類するための名称のようなもので、顧客IDや性別、住所などがある。

### (b) 順序尺度

**順序尺度**とは、順序や大小には意味があるが間隔には意味がないもので、「1位・2位・3位・・」の順位や、検定試験の「1級・2級・3級」などがある。

### (c) 間隔尺度

**間隔尺度**とは、目盛が等間隔になっておりその間隔に意味があるもので、温度の「・・19度・20度・21度・・」や西暦の「・・2017年・2018年・2019年・・」などがある。

### (d) 比例尺度

**比例尺度**とは、0が原点であり、間隔と比率に意味があるもので、購買金額や値段などがある。

## (3) 個客へのアプローチ

顧客情報管理の目標は、顧客一人ひとり、つまり「個客」へのアプローチである。消費者の需要動向を個々またはグループごとに把握することで、顧客に対して積極的にマーケティング活動を行うことができる。

### ① RFM分析

**RFM分析**とは、顧客の購買行動に基づいて、最新購買日（Recency）、購買頻度（Frequency）、購買金額（Monetary）に着目して、顧客をいくつかの顧客層に分類し、それぞれの顧客層に対してマーケティング活動を行う手法である。

### (a) 最新購買日 (Recency)

顧客が最後に商品を購入した日である。一般的には最近購入した顧客の方が、しばらく来店していない顧客よりも再来店の可能性が高いため、上位顧客と考えられる。最新購買日が直近であるほど、R値は高くなる。平均来店間隔日数よりも最新購買日からの日数が長い顧客は離反の可能性が高まっている。

### (b) 購買頻度 (Frequency)

一定期間における顧客の累計購買回数である。購買頻度が高い顧客ほど、自社に対するロイヤルティが高い顧客のため、F値は高くなる。但し、対象とする期間が長い場合、新規顧客のF値が低くなることもある。

### (c) 購買金額 (Monetary)

一定期間における顧客の累計購買金額である。購買金額が高いほど、自社に対するロイヤルティの高い顧客なので、M値は高くなる。

《例題： RFM分析》

　以下のような顧客001～006が存在し、RFM分析のうち、Rを除いてFM分析を行うとする。

|  | F | M |
|---|---|---|
| 顧客 001 | 6.9 | 7.3 |
| 顧客 002 | 9.3 | 4.8 |
| 顧客 003 | 3.9 | 7.5 |
| 顧客 004 | 1.7 | 0.4 |
| 顧客 005 | 6.1 | 1.9 |
| 顧客 006 | 3.2 | 4.7 |

　件数を均等に分割する方法でそれぞれFとMを上位と下位に分割し、F上位かつM上位となる優良顧客の人数を把握するとき、まずはFとMをそれぞれ数値が高い順に並べ替える。

　Fの数値を高い順に並べると、顧客002、顧客001、顧客005が上位顧客になる。

|  | F |
|---|---|
| 顧客 002 | 9.3 |
| 顧客 001 | 6.9 |
| 顧客 005 | 6.1 |
| 顧客 003 | 3.9 |
| 顧客 006 | 3.2 |
| 顧客 004 | 1.7 |

　一方、Mを基準に降順に並べると、顧客003、顧客001、顧客002、が上位顧客となる。

|  | M |
|---|---|
| 顧客 003 | 7.5 |
| 顧客 001 | 7.3 |
| 顧客 002 | 4.8 |
| 顧客 006 | 4.7 |
| 顧客 005 | 1.9 |
| 顧客 004 | 0.4 |

　よって、FとMの両方で上位の顧客は、顧客001と顧客002の2人となる。

## ② FRAT分析

　FRAT分析とは、購買頻度（Frequency）、最新購買日（Recency）、購買金額（Amount）、購買商品（Type）の各データを組み合わせて購買傾向を分析する手法である。

## ⑷ FSP（フリークエント・ショッパーズ・プログラム）

R01-39

　FSPとは、店舗のロイヤルユーザーに着目し、ライフスタイル、家族構成、購買性向などをデータベース化して、個人別に店頭プロモーションを展開する手法である。FSPは、顧客識別マーケティングの典型的なカードプログラムである。購買実績をランク付けし、一定基準を満たした顧客に特典を付与して自社のロイヤルティを高めるなど、長期的な視点での優良顧客の維持・拡大を目的としている。FSPデータから顧客セグメントを識別する分析手法として、RFM分析などがある。

# II 取引情報・物流情報システム

H20-39 ## 1 ターンアラウンド型取引

### (1) ターンアラウンド型取引

　小売業からの発注情報が基点となる取引である。小売業が発注段階で付番した取引番号(伝票番号)が、出荷・受領・請求・支払いの各段階に引き継がれることにより、最終的に決済段階で不照合が発生した時の原因追求ができる仕組みであり、スーパーマーケット業界を中心として流通業界で広く導入されている。請求・支払い業務の効率化・正確化を図ることができる。

### (2) 消化型取引

　小売業に商品が納品された時点では所有権が移転せず、商品が販売された時点で所有権が移転すると同時に債権・債務が発生する取引である。店頭での商品管理や販売業務も納入業者側で行うことが多い。主に百貨店で多くみられる取引形態である。

H20-42 ## 2 統一伝票

　**統一伝票**とは、企業間の取引伝票の様式や規格・記入内容を統一化したものである。統一伝票は、本格的な流通情報システムにおいて最初に研究し、実用化したインフラであり、統一伝票の普及によってソフト開発の低コスト化や販売事務の簡素化などが実現している。統一伝票は、「A様式」(百貨店向け)、「B様式」(チェーンストア向け)、「業際」などが実用化されている。

　統一伝票の目的は、大量印刷によるコスト削減、業務処理の標準化、流通業界全体の事務処理コストの低減などである。

## 3 商品コード

### (1) 商品コード

　**商品コード**とは、個々の商品を識別するために、商品ごとに付けられるコードのことである。企業独自の商品コードでは、企業間での互換性を取ることが難しいため、(財)流通システム開発センターが中心となって、共通の商品コードを開発している。

　企業間の電子的なデータ交換では、国際標準の商品コードGTINが使用される。例えば、企業間で受発注のデータをやり取りする場合、国際的に標準化された共通商品コードを使うことにより、受発注処理の効率化や発注ミス、納品ミスの防止な

どの効果がある。

## ⑵ バーコードシンボルの活用

### ① POSシステムへの活用

POSシステムでは、小売業における単品ごとの販売時点情報を収集するために、商品に貼付されたJANシンボルを読み取っている。

### ② 発注システムへの活用

小売業が販売した商品を棚に補充するために、JANシンボルを読み取り、発注するシステムが普及している。

### ③ 検品業務への活用

発注した商品が入荷した場合、注文どおりの商品が納品されたかチェックする必要（検品・検収業務）がある。この検品業務で活躍するのがJANシンボルやITFシンボルである。単品ごとの検品にはJANシンボルを、集合包装単位の検品にはITFシンボルを活用する。

### ④ 棚卸業務への活用

JANシンボルやITFシンボルは棚卸業務にも広く使われている。JANシンボルやITFシンボルを活用して実地棚卸を行うことにより、正確な棚卸業務が遂行できる。

### ⑤ 自動仕分けでの活用

物流企業では、物流センターで集品した商品を「通い箱」に詰めたり、集合包装単位の商品を得意先別や方面別に仕分けする。バーコードシンボルを使うことで、これらの仕分け作業を効率化できる。

## 4 商品マスター

**商品マスター**とは、商品コードをもとに商品管理に必要な情報をデータベース化したものである。商品マスターには、JANコード、商品コード、商品名（漢字、カナ表記）、レシート品名、サイズ、色、メーカーコード、仕入先名、標準売価、仕入原価、粗利益率、発注単位、検品状況、登録日などの情報を登録する。

商品マスターは、得意先マスター、仕入先マスターなどと並び、POSシステムやEOSシステムを機能させる重要なマスターの1つである。

## 5 バーコード

R04-37
H29-41
H28-41
H22-36
H20-37

### ⑴ GTIN（Global Trade Item Number：国際商品識別コード）

GTINとは、国際標準の商品識別コードの総称である。国際的な流通標準化機関のGS1が推進している。企業間取引において、世界中のすべての企業が国際的に標準化された商品コードを使用することにより、サプライチェーンの効率化や正確化などのメリットが生まれる。

GTINは、サプライチェーン上にある全ての取引単位に対し、取引単位が固有に

識別、特定出来るように独立して設定する必要がある。

①商品の基本的な要素が異なる場合
- 商品名、商品ブランド名、商品銘柄・等級
- 商品のタイプと種類(希望小売価格、色、味、香り、原材料、サイズ、販売単位など)
- 商品の正味量(重量、容量など)
- セット商品で価格または中身の商品組み合わせ

②商品の荷姿(物流単位)が異なる場合
- 集合包装に入っている基本の商品(単品)の入り数
- 小分け包装単位(ボール・中箱)の小分け包装形態
- 集合包装の荷姿・包装の種類(ケース、カートン、パレットなど)

R05-36
R05-37
R04-37
R02-39
R01-41
H30-37
H29-41
H27-39
H25-38
H20-37

## (2) GTINの種類

### ① JANコード (GTIN-13、GTIN-8)

JANコードは、世界共通の商品識別番号の日本国内での呼び方である。国際的にはEANシンボルと呼ばれている。商品名や希望小売価格が異なるごとに付番するが、同一商品であっても、増量キャンペーンなどの規格が異なる商品は、通常商品とは別のJANコードを付ける必要がある。JANコードには、標準タイプ(13桁)と短縮タイプ(8桁)の2種類がある。標準タイプは、①GS1事業者コード(9桁、7桁、10桁)、②商品アイテムコード(3桁、5桁、2桁)、③チェックデジット(1桁)で構成される。短縮タイプは、GTIN-8ワンオフキーと、GS1事業者コード(6桁)により設定するタイプがある。先頭2桁は国番号を示し(日本は45または49)、原産国ではなく商品の製造元や発売元がどこの国の企業かを識別している。

**【JANのコード体系】**

標準タイプ13桁
(GS1事業者コード9桁バージョン)
4 569951 116179
①　　②③

標準タイプ13桁
(GS1事業者コード7桁バージョン)
4 912345 678904
①　②③

標準タイプ13桁
(GS1事業者コード10桁バージョン)
4 595007 798990
①　②③

①GS1事業者コード
②商品アイテムコード
③チェックデジット

短縮タイプ8桁
(GTIN-8ワンオフキー)
4550 0008
GTIN-8ワンオフキー

短縮タイプ8桁
(GS1事業者コード6桁バージョン)
4996 8712
①　②③

出典:(財)流通システム開発センター　ホームページ

### ② UPCコード (GTIN-12)

H25-39
H22-38
H20-37
H19-37

米国で利用されている商品コードである。

### ③ ITFコード (集合包装用商品コード) (GTIN-14)

企業間取引で利用される物流識別コードである。消費者が小売店で購入する単位

ではなく、企業間の取引単位である集合包装（ケース、ボール、パレットなど）に対し設定される識別コードであり、受発注や納品、入出荷、仕分け、実地棚卸等で使われる。

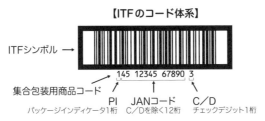

**【ITFのコード体系】**

ITFシンボル →

集合包装用商品コード

145 12345 67890 3

PI　JANコード　C／D

パッケージインディケータ1桁　C／Dを除く12桁　チェックデジット1桁

出典：(財)流通システム開発センター　ホームページ

## ⑶ GS1-128

H20-41

　GS1-128（ジーエスワン128）とは、流通・製造・物流・サービス分野における商品関連情報や企業間取引情報をコード番号で体系化し、その識別コード番号と商品関連情報、および企業間取引情報を「コード128」というバーコードシンボルで表現したものである。GS1-128には、次のようなデータを表示できる。
　① 商品管理データ…製造日、賞味期限、薬効期限、ロット番号など
　② 物流管理データ…梱包番号、納品数量など
　③ 業務管理データ…顧客発注番号、商品委託番号、ロケーション番号など
　国際互換性の観点から標準化が進められたのがGS1-128であり、大手小売業、コンビニエンス・ストア業界、食肉業界、医療材料業界などで利用されている。GS1-128は、商品・物流・業務管理を「情報と物の一致」の視点から、より詳細に把握することができ、企業間標準取引システムの導入に貢献する。

## ⑷ GS1データバー

　GS1の標準バーコードシンボルの中で、最も新しい一次元シンボルである。従来のJAN、UPCシンボルと比較して、同じ量のデータをより小さいスペースで表現できる。GS1-128と同様、アプリケーション識別子を使用してGTIN以外に有効期限やロット番号などの任意かつ複数の商品属性情報を追加表示できるのが特徴である。
　GS1データバーは全部で3系統7種類あり、14桁までの商品コードを表示することができる。小さなスペースへのマーキングが可能という利点から、ヘルスケア分野で標準となっており、日本では医療用医薬品、医療材料等への表示に使われている。

## ⑸ GLN (Global Location Number)

H29-41
H22-36
H20-37

　GLNとは、GS1が定めた国際標準の企業・事業所識別コードである。EDIなどで利用される。国内および国際間の企業間取引において、相互に企業や事業所等を唯一に識別できるコードである。
　GLNは、「GS1事業者コード（国コード2桁を含む）」＋「ロケーションコード」＋「チェックデジット」の13桁の数値で構成される。

H22-36
H20-37
H19-38

### (6) GDS (Global Data Synchronization)

　GDSとは、商品マスターデータをメーカー、卸売業、小売業の間で同期化して共有するための仕組みである。各社独自の商品マスター管理が不要になるため、コスト削減効果が期待される。一方、標準化された商品マスターを一括管理するための費用負担をどうするかといった課題がある。

### (7) 標準企業コード

　企業を一意に識別するコードである。6桁の企業識別コードと6桁の枝番にて構成される。GLNと異なり、チェックデジットは付かない。

R02-40
H27-43

### (8) 2次元シンボル (2次元コード)

　「多くの情報を、小さな商品スペースにバーコードで表示したい」「英数字、漢字、かな等の文字種を表現したい」というニーズに対応するためのシンボルである。通常のシンボルは、情報が横 (水平) 方向にのみ表示され、1次元シンボルと呼ばれるのに対し、水平と垂直方向の2次元方向に情報をもつシンボルである。2次元シンボルの例としてQRコードやGSIデータマトリックスなどがある。

R03-38

### (9) 新しいGTIN (JANコード / 集合包装用商品コード) 設定ルール

　新商品を発売した場合や、従来品に以下のような変更やリニューアルを行った場合には、従来品と明確に区別する必要があるため、新しいGTIN (JANコード / 集合包装用商品コード) を設定する必要がある。下表に新しいGTINの設定が必要になる10の基準を示す。

【 新しいGTINの設定が必要になる10の基準 】

| 基準 | 内容 | 単品、最小取引単位 | 集合包装 |
|---|---|---|---|
| 1 | 新商品を発売した場合 | 新しいGTIN (JANコード) | 新しいGTIN (集合包装用商品コード) |
| 2 | 商品表示の変更をともなう成分・機能を変更した場合 | 新しいGTIN (JANコード) | 新しいGTIN (集合包装用商品コード) |
| 3 | 商品表示の変更をともなう正味内容量を変更した場合 | 新しいGTIN (JANコード) | 新しいGTIN (集合包装用商品コード) |
| 4 | 包装の外寸、または総重量の20% 以上を変更した場合 | 新しいGTIN (JANコード) | 新しいGTIN (集合包装用商品コード) |
| 5 | 認証マークを追加、または削除した場合 | 新しいGTIN (JANコード) | 新しいGTIN (集合包装用商品コード) |
| 6 | ブランドを変更した場合 | 新しいGTIN (JANコード) | 新しいGTIN (集合包装用商品コード) |
| 7 | 販促のために期間限定で包装を変更、または景品・試供品を付けた場合 | 変更なし | 新しいGTIN (集合包装用商品コード) |

| 8 | 集合包装の入数を変更した場合 | 変更なし | 新しいGTIN<br>(集合包装用商品コード) |
|---|---|---|---|
| 9 | セット商品や詰め合わせ商品の中身を変更した場合 | 新しいGTIN<br>(JANコード) | 新しいGTIN<br>(集合包装用商品コード) |
| 10 | 商品本体に表示された価格を変更した場合<br>＊国内ではほぼ適用なし、一部の輸出の場合のみ | 新しいGTIN<br>(JANコード) | 新しいGTIN<br>(集合包装用商品コード) |

出展：GS1 Japan（一般財団法人流通システム開発センター）　ホームページ

## ⑽ GS1アプリケーション識別子

R04-38

　近年、商品識別に加えて、「製造年月日」や「品質保持期限日」といった属性情報もバーコードで表示して利用したい、という要求が高まっている。GS1では、これに対応するために、GS1アプリケーション識別子（AI）を利用することで、商品識別コード以外の属性情報もバーコード化して伝達することを可能にしている。GS1アプリケーション識別子（AI）とは、さまざまな情報の種類とフォーマット（データの内容、長さ、および使用可能な文字）を管理する2桁から4桁の数字のコードである。商品製造日、ロット番号などのデータの先頭に付けて使用する。例えば以下のシンボル例では、カッコ内の01や11がAIであり、（01）は、次の（11）の前までの記号列が商品識別コードであることを意味している。AIのデータの並び順は、商品コードを最初に、属性情報はその後ろに表示し、固定長と可変長の属性情報がある場合、固定長データを先に表示する。属性情報のAIの番号は表示する側が自由に設定できる。

　AIで規定されている情報項目には、固定長のデータと可変長のデータがあり、漢字・かなといった特定の言語に依存するテキストデータは使用できない。また、AIは病院などで使用されるGS1データマトリックスや、モバイルで使用されるGS1 QRコードなど5種類のバーコードシンボルで利用できる。AIは世界110か国以上が加盟するGS1が定めたグローバル標準で、国内に限らず、輸出入など海外との取引においてもそのまま利用できる。

(01)049＊＊＊＊＊＊＊＊＊＊＊(11)210707

## 6 RFID（ICタグ）

H28-40<br>H27-43<br>H26-40<br>H24-34<br>H20-28<br>H19-41

### ⑴ RFID (Radio Frequency Identification)

　RFIDとは、ICチップの中に情報を蓄積し、電波を使って非接触でデータを読み取る技術である。ICチップ上のアンテナが、読み取り端末から出ている電波を受信し、データのやり取りを行う方式である。電子タグ、ICタグとも呼ばれ、次世代の自動

認識システムの一つとして注目されている。

　これまで流通業界で活用されていたツールは、バーコードなど接触型が主流であった。バーコードには、接触しないと情報を読み取れない、記録できる情報量が少ない、汚れに弱いなどの欠点があるため、バーコードに代わって考えられたのが、RFID技術である。

## ⑵ RFIDの方式

### ① 読み取り専用型

　情報を読み取りだけで、書き込みはできないタイプである。チケットなどの偽造防止や入退出管理などに活用されている。

### ② 情報を読み書きできる両用型

　情報の読み取りも書き込みもできるタイプである。物流や生産管理など、幅広い分野で活用されている。

## ⑶ RFIDのメリット

① 非接触で方向性を持たないため、一括読み取りができ、作業の効率化が図れる
② 開梱せず中の商品を認識できるため、作業効率が向上する
③ 大きな情報量を入力でき、かつ情報のリード／ライトが可能なため、多様な業務への適用が可能である
④ 情報の機密性（セキュリティ）が高い
⑤ 耐久性（振動、汚れ、磨耗など）、対環境性（温度、湿度、霜、霧など）に優れており、信頼性が高い

## ⑷ 広がるRFIDの活用領域

　RFIDには、バーコードにはない特徴があるため、流通業ばかりでなく、製造業、サービス業、物流業など幅広く活用されている。店頭に陳列しているすべての商品にRFIDが付いていれば、レジでの精算や棚卸業務を効率化・迅速化できる。RFIDは、ICカード型電子マネーやトレーサビリティ（食品の追跡管理システム）への活用も進んでいる。多くの企業の活用が進むと、他の企業の商品コードを読み取った場合にコードを判別できるように、コード体系の標準化が必要になる。

　また、金属や水の影響を受けやすい、バーコードに比べ価格が高いなどの課題がある。

## ⑸ EPC (Electronic Product Code)

　EPCは、GS1で標準化されたRFIDに書き込むための識別コードの総称であり、GTINなどのGS1が定める標準識別コードが基礎となっている。そのため、既存のバーコードシステムとの整合性を確保しながら、RFIDシステムを構築することが可能である。

　EPCの一例として**SGTIN** (Serialized Global Trade Item Number)がある。SGTINは商品識別コードであるGTINにシリアル番号（連続番号）を付加したものであり、

GTINが同じ商品でもそれぞれ1つ1つを個別に識別することが可能である。例えば、検品作業や棚卸作業といった大量の商品の読み取り作業をする際、誤って同じ商品のコードを複数回読んでしまう心配がなくなる。

# 7 電子マネー

## ⑴ 電子マネー

電子マネーとは、「デジタルデータにお金の価値を持たせたもの」をいい、紙幣やコインを使わずに金銭的価値をもった電子データをやり取りする新しいタイプの金銭である。ネットワーク型とICカード型の電子マネーに大別されるが、最近特に増えているのがICカード型である。

## ⑵ 電子マネーの形態

### ① ネットワーク型電子マネー

貨幣価値がネットワーク上でのみ動く電子マネーである。メリットは、購買履歴が残らないため、プライバシーが保護できる点である。デメリットは、ネットワーク上で貨幣を流通させるため、高度なセキュリティが必要な点である。

### ② ICカード型電子マネー

プラスチックカードにICチップを埋め込み、ICチップに貨幣価値を記録することで、繰り返し利用できる電子マネーである。あらかじめ金額をチャージしておき、利用の都度、減額されるプリペイド方式と、クレジットカードと連携して、利用金額をまとめて請求されるポストプリペイド方式がある。

現在は、読み取り端末にかざすだけで、買い物の決済や駅改札の入退場ができる非接触型ICが主流である。ICカード型電子マネーのメリットは、偽造や不正使用に強い点、決済時の認証時間が短い点である。一方、デメリットは、最初にカードを作る必要がある点や、専用のカード読み取り端末が必要な点である。

H27-43
H26-42
H24-35
H22-39
H21-37

# 8 トレーサビリティ

トレーサビリティとは、「trace（追跡）+ ability（可能）」という意味であり、食品の追跡管理システムのことである。農林水産省は、「生産、加工および流通の特定の一つまたは複数の段階を通じて、食品の移動を把握できること」と定義している。トレーサビリティは、あくまで食品の流通経路を生産段階から最終消費段階まで追跡するしくみであり、直ちに食品の安全が確保されるものではない。

個別の食品にICタグを付けることにより、生産履歴（生産者名など）や製造履歴（加工工場名、原材料など）から、流通履歴（衛生管理、輸送ルートなど）、販売履歴（納入日など）まで追跡することができる。トレーサビリティを構築する仕組みには、ロット単位のロットナンバー管理と、個別機器単位のシリアルナンバー管理がある。

## (1) 国内流通における食品トレーサビリティシステムに関係する法律

「食品トレーサビリティシステム導入の手引き (第2版)」(食品トレーサビリティガイドライン) に記載されている17の法律は下記になる。

① 農林物資の規格化及び品質表示の適正化に関する法律 (JAS法)
② 農産物検査法
③ 農薬取締法
④ 肥料取締法
⑤ 薬事法
⑥ 飼料の安全性の確保及び品質の改善に関する法律 (飼料安全法)
⑦ と畜場法
⑧ 牛海綿状脳症対策特別措置法
⑨ 牛の個体識別のための情報の管理及び伝達に関する特別措置法
⑩ 食鳥処理の事業の規制及び食鳥検査に関する法律 (食鳥検査法)
⑪ 食品衛生法
⑫ 健康増進法
⑬ 不当景品類及び不当表示防止法 (景品表示法)
⑭ 製造物責任法
⑮ 計量法
⑯ 不正競争防止法
⑰ 食品安全基本法

# 9 EC

H26-32 ## (1) EC (Electronic Commerce)

ECとは、電子商取引の総称で、ネットワークとコンピュータシステムを活用して、取引全体を効率化する仕組みである。ECは、商取引上のすべてのプロセスの情報交換を、オープンなネットワーク上で電子化して行う点に特徴がある。

小売業者がインターネット通販を行う場合は、特定商取引に関する法律 (特定商取引法) にもとづいて、事業者の名称、住所および電話番号などについて表示しなければならない。特定商取引に関する法律 (特定商取引法) は、基本的には事業者と消費者との間の取引に適用される。

## (2) ECの形態

### ① 企業間EC (B to B)

企業間の取引をECで行うことである。アスクルがインターネットのホームページを活用して、広く中小事業者の事務用品ニーズを収集し、迅速にデリバリーしているのは、企業間ECの典型である。

### ② 企業と消費者間のEC (B to C)

企業と消費者を結ぶECである。インターネットを活用したオンラインショッピングなどが典型例である。楽天市場やアマゾンの書籍販売が、企業と消費者間のECの典型である。

### ③ 消費者と消費者間のEC (C to C)

消費者と消費者を結ぶECである。インターネットを活用したヤフーオークションなどが典型例である。

## ⑶ e-マーケットプレイス (電子商取引市場) <small>H23-27</small>

e-マーケットプレイスとは、複数の売り手、買い手が参加するインターネット上の電子商取引市場である。ネット調達実現のため、サプライヤーと需要家の橋渡しをする。e-マーケットプレイスにより、需要家は多くのサプライヤーから、ネット上で比較購買することができるようになった。

### ① 売り手のメリット

新規取引先の開拓や、営業コストの削減、取引先の増加による在庫リスクの平準化、在庫調整などを実現できる。

### ② 買い手のメリット

調達コストや物流コストの削減、スポット取引による緊急時の調達手段の確保などが実現できる。

## ⑷ 電子商店街 (オンライン・ショッピングモール) <small>H27-33 H26-33</small>

電子商店街とは、オンラインショップが複数出店しているWebサイトである。消費者側には複数店舗の商品を比較しながら購買し、決済・配送を一括でおこなえるというメリットがある。個々の電子商店にとっては電子商店街の集客力を活かせるというメリットがある。販売者は独自に商品の販売価格を決めることができる。

## ⑸ フラッシュマーケティング <small>H28-43</small>

フラッシュマーケティングとは、割引価格や特典がついたクーポン・商品を、インターネット上で期間や時間限定販売する手法で、「瞬間マーケティング」「売切りマーケティング」と言われることがある。期間や時間限定のため、リピーターの増大より、新規顧客の獲得や店舗・商品の宣伝、閑散期の稼動率向上の効果が期待できる。

## ⑹ ドロップシッピング <small>H26-33</small>

ドロップシッピングとは、商品などをウェブサイトの閲覧者が購入した場合に、商品の発送を、販売したウェブサイトの提供者や広告者ではなく、製造元や卸元が直接行う取引方法である。そのため、ウェブサイトの提供者や広告者は自分で在庫を持つ必要はない。

**(7) フルフィルメント**

フルフィルメントとは、ECで商品が注文されてから、顧客の手元に届くまでに必要な商品の発注、検品、梱包、発送、在庫管理など業務全体のことを指す。フルフィルメントサービスを行っている業者によっては、苦情や問い合わせ対応なども行っている。しかし、一般的には、仕入業務はフルフィルメントサービスに含まれない。

# 10 オープンデータ

日本国政府においては、「電子行政オープンデータ戦略」にもとづき、各省庁のホームページ上で各種データの公開が進み、その利用についても関心が高まっている。ここで「オープンデータ」といえるためには、機械判読に適したデータ形式で、二次利用が可能な利用ルールで公開されたデータである必要がある。この機械判読の容易性と著作権等の扱いにより、オープンデータは開放性の程度が5つの段階に分けられている。

**【 オープンデータの5つの段階とデータ形式 】**

| 段階 | 公開の状態 | データ形式例 |
|---|---|---|
| 1段階 | オープンライセンスの元、データを公開 | PDF、JPG |
| 2段階 | 1段階に加え、コンピュータで処理可能なデータで公開 | xls、doc |
| 3段階 | 2段階に加え、オープンに利用できるフォーマットでデータ公開 | XML、CSV |
| 4段階 | Web標準（RDF）のフォーマットでデータ公開 | RDF、XML |
| 5段階 | 4段階が外部連携可能な状態でデータを公開 | LoD、RDFスキーマ |

出典：電子行政オープンデータ実務者会議　第1回データWG　資料7を一部変更

平成30年6月1日に「割賦販売法の一部を改正する法律」(改正割賦販売法)が施行され、クレジットカード決済を可能にしている小売店などでは、カード番号等の適切な管理や不正利用対策を講じることが義務付けられた。さらに、令和2年6月24日にも、新しい技術やサービスに対応し、利用者が安全・安心に多様な決済手段を利用できる環境を整備することを目的として、改正割賦販売法が公布され、令和3年4月1日に施行された。

## (1) 措置事項の概要 (平成30年施行)

### ① 加盟店管理の強化

　加盟店に対しクレジットカード番号等を取り扱うことを認める契約を締結する事業者 (アクワイアラー(加盟店契約会社)等) について、登録制度を創設するとともに、加盟店への調査等を義務付ける。

### ② クレジットカード情報の適切な管理等

　加盟店に対し、クレジットカード番号等の情報管理や自らの委託先に情報管理に係る指導等を行うこと、クレジットカード端末のIC対応化などによる不正使用対策を義務付ける。

### ③ フィンテックの更なる参入を見据えた環境整備

　加盟店契約会社と同等の位置付けにある決済代行業者 (フィンテック企業等) も、加盟店契約会社と同一の登録を受けられる制度を導入し、加盟店のカード利用時の書面交付義務を緩和する。

## (2) 令和2年改正の概要

　①「認定包括信用購入あっせん業者」の創設
　②「登録少額包括信用購入あっせん業者」の創設
　③クレジットカード番号等の適切管理の義務主体の拡充
　④書面交付の電子化
　⑤業務停止命令の導入

■■■ 問題編 ■■■                                    Check!!

問1 (H26-39)                                              [○・×]
　XML（eXtensible Markup Language）を用いたEDIは自社システムと連携できないことから取引先の入力代行に過ぎないという指摘がなされている。

問2 (H28-42)                                              [○・×]
　個人情報は、特定個人を識別できる情報ではないが、周知の情報の補完によって個人を識別できる情報も対象となる。

問3 (R04-37)                                              [○・×]
　インストアマーキングは、バーコードの中に価格データが入っていない「PLU」タイプと、バーコードの中に価格データが入っている「NonPLU」タイプの2種類に分けられる。

問4 (H27-41)                                              [○・×]
　ABC分析とは、顧客を購買金額で10等分し、それぞれのグループの特徴などを分析する方法である。

問5 (H26-27)                                              [○・×]
　ある小売店舗で、ある日3,000人がレジを通過した。この日に商品Xが60個売れたとき、この商品のPI値は50である。

問6 (R05-36)                                              [○・×]
　JANシンボルとは、日本独自の呼び方であり、国際的にはEANシンボルと呼ばれている。

問7 (H25-39)                                              [○・×]
　集合包装用商品コード（GTIN-14）は企業間の取引単位である集合包装に対して設定されているため、チェックデジットを持たないコード体系である。

問8 (H29-41)                                              [○・×]
　GTINには、JANコード、UPCコードの2種類のみ存在する。

**問9** (H25-38)　　　　　　　　　　　　　　　　　　　　　　　　　　　　[○・×]
　実際の製造が海外で行われる商品であっても、日本の企業のブランドで販売される場合は、日本の国コードが用いられる。

**問10** (H27-43 (設問2))　　　　　　　　　　　　　　　　　　　　　　　　[○・×]
　バーコード、2次元コード、電子タグ (ICタグ) の中で、情報記録容量はバーコードが最も大きい。

**問11** (R02-40)　　　　　　　　　　　　　　　　　　　　　　　　　　　　[○・×]
　GS1のデータキャリア標準として認められている2次元シンボルは、GS1 QRコードのみである。

**問12** (R01-39)　　　　　　　　　　　　　　　　　　　　　　　　　　　　[○・×]
　FSPデータから顧客セグメントを識別する分析手法として、RFM (Recency, Frequency, Monetary) 分析がある。

**問13** (R01-40)　　　　　　　　　　　　　　　　　　　　　　　　　　　　[○・×]
　PI値とは、販売点数または販売金額をレシート枚数またはレジ通過人数で除して調整した数値である。

**問14** (R03-42)　　　　　　　　　　　　　　　　　　　　　　　　　　　　[○・×]
　EPCの一例であるSGTINは、GTINが同じ商品でもそれぞれ1つ1つを個別に識別することが可能である。

■■■■ 解答・解説編 ■■■■

問1　×：XML/EDIは、自社システムと柔軟に連携することが可能である。

問2　○：個人情報は、個人と関連づけられるすべての情報を意味する。

問3　○：PLU（Price LooK Up）タイプでは、バーコードの中に価格情報を含まないため、価格情報を商品マスターから検索する。

問4　×：ABC分析とは、商品の売上を降順にソートし、その累積比率を利用してグループ分けする分析方法である。

問5　×：PI値＝60個÷3,000人×1,000＝20である。

問6　○：設問文のとおり。

問7　×：集合包装用商品コード（GTIN-14）の最後の1桁はチェックデジットである。

問8　×：GTINには、JANコード、UPCコード、ITFコードなどがある。

問9　○：日本の国コードは、49と45である。

問10　×：情報記録容量が最も大きいのは、電子タグ（ICタグ）である。

問11　×：QRコードは、2次元シンボルの代表的なコードであるが、QRコード以外にもGS1データマトリックスやGS1合成シンボルといった2次元シンボルがある。

問12　○：RFM分析は、FSPデータから顧客セグメントを識別する代表的な分析手法である。

問13　○：PI値とは顧客1,000人当たりの買上金額または買上点数のことである。

問14　○：例えば、検品作業や棚卸作業といった大量の商品の読み取り作業をする際、誤って同じ商品のコードを複数回読んでしまう心配がなくなる。

厳選!! **必須テーマ　重要例題** ―第4章―

平成29年度　第40問

## 問題編

次の文章を読んで、下記の設問に答えよ。

あるスーパーマーケットの、ある期間に購買のあった顧客1,000人分のID-POSデータを用いて、顧客が当該期間内に購入する商品の組み合わせを分析した。その結果、商品Aの購入者が200人、商品Bの購入者が250人、商品Aと商品Bの両方の購入者が100人であった。

(設問1)

「商品Aを購入した当該顧客の何パーセントが商品Bを購入するか」という値を、商品Bのプロモーションを検討する材料として計算したい。このときこの値は、一般に何と呼ばれる値か、最も適切なものを選べ。

ア　Jaccard係数
イ　支持度(サポート)
ウ　信頼度(コンフィデンス)
エ　正答率
オ　リフト値

(設問2)

設問1の「商品Aを購入した当該顧客の何パーセントが商品Bを購入するか」という値を実際に計算したとき、最も適切な値はどれか。

ア　15%
イ　20%
ウ　25%
エ　40%
オ　50%

■■■■ **解答・解説編** ■■■■

## [設問1] 解答：ウ

バスケット分析に関する出題である。バスケット分析の主な活用数値として、信頼度（コンフィデンス）、支持度（サポート）、リフト値がある。信頼度とは商品Aを購入した当該顧客の中で同時に商品Bを購入する割合、支持度は全来店客の中で商品Aと商品Bを同時購入する顧客の割合、リフト値は商品Aを購入した顧客の商品Bを購入する割合が全来店客のうち商品Bを購入する割合の何倍かを表す指標である。

したがって、設問文の「商品Aを購入した当該顧客の何パーセントが商品Bを購入するか」は信頼度（コンフィデンス）の内容であり、解答はウとなる。

## [設問2] 解答：オ

バスケット分析に関する計算問題である。「商品Aを購入した当該顧客の何パーセントが商品Bを購入するか」を意味する信頼度（コンフィデンス）は以下の式で計算することができる。

信頼度＝商品Aと商品Bを同時購入する顧客数÷商品Aを購入する顧客数×100

商品Aと商品Bを同時購入する顧客数は100人、商品Aを購入する顧客数は200人であるため、100人÷200人×100＝50％となる。

したがって、解答はオとなる。

| 過去23年分<br>平成13年 (2001年) 〜令和5年 (2023年) | |
|---|---|
| 1位 | さまざまな改善手法 |
| 2位 | 生産形態 |
| 3位 | 生産性の評価指標 |

| 直近10年分<br>平成26年 (2014年) 〜令和5年 (2023年) | |
|---|---|
| 1位 | さまざまな改善手法 |
| 2位 | 生産形態 |
| 2位 | 生産性の評価指標 |
| 3位 | 生産管理の概要 |

## 過去23年間の出題傾向

　さまざまな改善手法は23年間で24回出題されている。各用語を確実に理解しておこう。直近10年間で生産形態は8回、生産性の評価指標は8回と近年の出題が増えている。生産形態は分類ごとに対比して特徴を理解しよう。

# 第 **5** 章

# 生産管理の基礎

## 1 製造業の特徴

　生産管理は製造業の経営活動をよりよいものにしようとする活動である。そこで最初に、製造業にはどのような特徴があるのかを考えよう。

### (1) 製造業は「もの」を作る

　私たちの身の回りには、さまざまな「もの」があふれている。そうしたさまざまな「もの」を作っている業種が製造業である。みなさんにも、お気に入りの食べ物や服、時計、宝石、家電品などがあると思うので、お気に入りの「もの」を思い浮かべながら、「もの」を手に入れるまでの流れをイメージしてみよう。

　「もの」が消費財の場合、手に入れるまでの流れは一般的に「製造業→卸売業→小売業→消費者」となる。この流れの中で「もの」を作っているのは製造業だけである。卸売業と小売業は、「もの」を流通させることで価値を生み出す業種で、まとめて流通業という。

### (2)「もの」の価値は「加工と組立」から生まれる

　流通業は「もの」を作っていない。仕入れたときの「ものの状態」と、販売するときの「ものの状態」は同じである。「ものの状態」が同じなのに、流通業が価値を生み出せるのはなぜなのだろうか。それは、品揃え、価格設定、販売活動上の工夫、立地、情報提供など、「もの自体の価値」以外の要素に対して顧客が価値を見いだすからである。

　製造業は流通業とは異なり、「もの自体の価値」を生み出すことが経営活動の基本である。具体的には「加工と組立」で価値を生み出す。

　加工とは、材料に対して物理的変化や化学的変化を与えて「もの」を仕上げることである。組立とは、複数の部品を使って「もの」を組み上げることである。「加工と組立」を行った結果、製品が生み出され、顧客は製品に対して「もの自体の価値」を見いだす。なお、「加工と組立」を合わせて加工（広義）ということがある。

### (3)「加工と組立」の質を高めるために「プロセス」を重視する

　ふだん何気なく使っている、さまざまな「もの」を作るために、製造業で働く人たちは、どのように「加工と組立」を行っているのだろうか。製造業で働く人たちは、ものづくりに対してどのようなことを目指し、どのようなことに悩み、どのように悩みを解決しているのだろうか。生産管理では、こうしたものづくりの「プロセス」について学んでいく。

　私たちは「加工工程」、「組立工程」のように「工程」という言葉をよく使うが、「工程」を別の言葉に言い換えると「プロセス」となる。

### ⑷ 「プロセス」とともに「ニーズ」を重視する

　⑵で「もの」の価値は「加工と組立」から生まれることを紹介した。しかし現代では、消費者の価値観が多様化しているため、「加工と組立」から生み出される価値だけで製造業が生き残ることは難しくなっている。現代では製造業であっても消費者の「ニーズ」を詳細に把握し、すばやく製品化することが重要になっている。

　「もの」が不足していた「作れば売れる時代」では、「加工と組立」から生み出される価値だけで製造業の経営活動を支えることができた。しかし現代では、流通業やサービス業が「売れる仕組み」を積極的に開発しているのと同じように、製造業でも「売れる製品」や「売れる仕組み」を積極的に開発することが求められる。

## 2 生産管理の概要

### ⑴ 生産の概要

　生産管理という言葉は「生産」と「管理」に分けることができる。まず「生産」について詳しく見てみよう。

#### ① 生産の定義

　JIS（Japanese Industrial Standards：日本産業規格）の定義では、**生産**とは「生産要素である素材など低い価値の経済財を投入して、より高い価値の財に変換する行為又は活動（JIS Z 8141 − 1201）」である。

　「もの」を作ることを「生産」という。広い意味では、料理を作ったり、日曜大工で本棚を作ったりすることも「生産」であるが、企業活動における「生産」では、『インプットとしての「資材（材料や部品）」に「付加価値」をつけ、アウトプットとしての「製品」に変換するプロセスである』ということになる。

#### ② 生産のために必要な要素

　料理を作るためには、料理を作る「人」、野菜や肉などの「材料」、鍋や電子レンジなどの「器具」が最低限必要である。また料理を上手に作るためには「調理方法」に関するレシピや料理人の腕前が必要である。企業の生産に必要な要素も同じように考えることができる。

　生産を行うためには、生産主体である「人」、生産対象である「資材」、生産手段である「機械設備」の３つの要素を投入する。これらは、「**生産の３要素**」、あるいは「Man」「Material」「Machine」の頭文字を取って、「**生産の3M**」という。

　さらに「生産方法」である「Method」を加えた場合は「**生産の4M**」という。最近では「生産の4M」以外に「情報」も重要な生産要素であると考える。

### ③ 生産活動が目指すもの

生産活動によって作られた製品の価値は、品質（Quality）、原価（Cost）、納期（Delivery）の3つの条件を満たしているかどうかで評価される。これらの条件は、その頭文字から「**Q・C・D**」と略称され、「生産の3条件」あるいは「需要の3要素」という。「**生産の3条件**」は、製品が満たすべき条件を生産者側から見たものであり、「**需要の3要素**」は、製品が満たすべき条件を顧客側から見たものである。

「Q・C・D」を満足させること、すなわち良質な製品を、適正なコストで、必要な時期および量で作ることが生産の目的である。

**【 生産の仕組み 】**

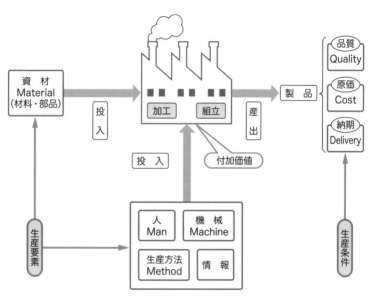

### (2) 管理の概要

次に、「管理」と「生産管理」について詳しく見てみよう。

H29-14

### ① 「管理」の定義

**管理**とは「経営目的に沿って、人・物・金・情報などさまざまな資源を最適に計画し、運用し、統制する手続き及びその活動（JIS Z 8141 − 1104）」である。

管理は「計画を立て（Plan）⇒計画に基づいて実行し（Do）⇒実行した結果と計画を確認し（Check）⇒対策を講ずる（Action）」という4段階で行う。この4段階のサイクルを「管理サイクル」といい、管理サイクルを円滑に回すことで生産性の向上を目指す。

【 管理サイクル 】

対策（Action）
計画（Plan）
確認（Check）
実行（Do）

## ② 生産管理の定義

　**生産管理**とは「財・サービスの生産に関する管理活動（JIS Z 8141 − 1215）」であり、「1.具体的には、所定の品質Q（Quality）・原価C（Cost）・数量及び納期D（Delivery）で生産するため、またはQ・C・Dに関する最適化を図るため、人、物、金、情報を駆使して、需要予測、生産計画、生産実施、生産統制を行う手続及びその活動。2.狭義には、生産工程における生産統制を意味し、工程管理ともいう。」とされている。

　つまり、生産管理とは「所定の品質の製品を所定の期日までに、所定の数量だけ期待される原価で生産することを目的とし、生産を予測し、諸活動を計画し、統制・調整して、生産活動全体の最適化を図ること」である。

　私たちが「もの」を買おうとしているときには、無意識のうちに「品質、原価、納期」を評価している。そして、これら「生産の3条件」に納得したとき、買うことを決定する。そのため、製造業は「生産の3条件」を重視して生産管理を実行する。

## (3) 生産管理活動の分類

　生産管理は、目標とする生産の3条件を満たしているかどうかを管理するための活動（生産の第一次管理）と、生産の3条件を満たすために生産要素を最適な状態に保つように管理する活動（生産の第二次管理）に大別される。

### ① 生産の第一次管理

　**生産の第一次管理**は、生産の3条件である品質、原価、納期を満足させるための諸活動であり、品質管理、原価管理、工程管理の3つを指す。

**【 生産の第一次管理 】**

| 管理手法 | 内容 | ねらい |
|---|---|---|
| 品質管理 | 社会や市場の要求を積極的に調査検討し、これに合致する製品品質を計画し、顧客に対してこの品質を保証するための管理活動 | 不良減少、品質の均一化、加工精度の向上 |
| 原価管理 | 生産活動において、原価を見積り、計画原価を維持し、かつ原価改善を行うための管理活動 | 材料・労力の節約や稼働率向上によるコスト引き下げ、目標コストの達成 |
| 工程管理 | 所定の製品を要求期日までに一定のコストで生産するために、人・材料・機械設備・生産方法を合理的に運用するための管理活動 | 納期の確実化と生産の迅速化 |

出典：『中小企業のための生産管理の実際』甲斐章人著　日本経済新聞社に一部加筆

## ② 生産の第二次管理

**生産の第二次管理**は、生産の第一次管理を補完するもので、生産の3要素または生産の4要素(人、機械、資材、生産方法)と生産の3つの機能(設計、調達、作業)に対応する管理活動である。

具体的には、労務管理、人事管理、設備管理、工場計画およびレイアウト、資材管理、外注管理、在庫管理、運搬管理、作業管理などがある。

**【 生産管理の構造 】**

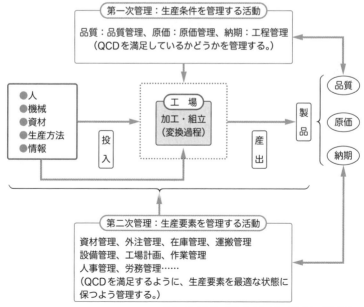

出典：『生産管理の基礎』藤山修巳著　同友館を一部加筆修正

# 3 生産形態

## (1) 生産形態の定義

**生産形態**とは「与えられた市場、経営、技術などの環境条件のもとで生産を行う形態（JIS Z 8141 － 1202）」である。

生産形態をわかりやすく説明すると「作り方のスタイル」であるといえる。作り方のスタイルを決める最も基本的な条件は、「どのような製品を作るのか」である。なぜならば、製品の性質が異なると、作り方のスタイルが変わるからである。たとえば、オーダーメイドの服と量産品の服を比較した場合、作り方が異なることは容易に想像できる。

## (2) 生産形態の分類

H20-11

私たちは「オーダーメイド」あるいは「量産」という言葉をよく使うが、生産管理の専門用語ではオーダーメイドのことを「**個別生産**」といい、量産のことを「**連続生産**」という。

また、オーダーメイドの服は注文を受けてから作るが、量産品の服は注文を受ける前に作るため、この観点からも生産形態を分類できる。

生産形態の種類を考えるときには、代表的な分類基準が3つある。①注文と生産の時間的関係、②品種と生産量の多少、③仕事の流し方である。

**【 生産形態の分類 】**

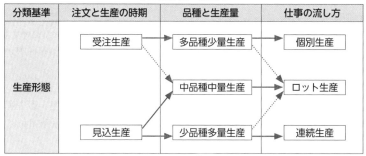

出典：『現代生産管理』工藤市兵衛編著　同友館を一部加筆

R03-02
H27-02
H27-13
H22-01

## ① 注文と生産の時間的関係による分類

注文と生産の時間的な関係をみると、注文を受けてから生産する場合と、生産してから注文を受ける場合がある。そのため、個々の注文に応じて生産がその都度行われるか否かによって、受注生産（注文生産）と見込生産（見越生産）とに大別される。なお、受注生産と見込生産の分岐点をデカップリングポイントという。

### (a) 受注生産（注文生産）

**受注生産**とは「顧客が定めた仕様の製品を生産者が生産する形態（JIS Z 8141 － 3204）」である。

顧客からの注文に基づいて製品の生産を行う方式で、具体的な受注により生産活動を開始するため、納期をどれだけ守れるかが生産管理のポイントとなる。

(b) 見込生産 (見越生産)

見込生産とは「生産者が市場の需要を見越して企画・設計した製品を生産し、不特定な顧客を対象として市場に製品を出荷する形態 (JIS Z 8141 − 3203)」である。

営業情報やマーケットリサーチ情報にもとづき、受注前にあらかじめ需要を見込んで計画的に生産し、在庫品として蓄えておくことにより、注文に応じて即納することや需要変動を吸収する。

【 受注生産と見込生産 】

### ② 品種と生産量の多少による分類

製品の品種と数量が、それぞれ多いか少ないかによって、多品種少量生産と少品種多量生産とに大別される。また、両者の中間的な位置づけとして中品種中量生産がある。

(a) 多品種少量生産

類似性の低い製品を多品種にわたって、しかも1品種当たり少量ずつ生産する生産形態である。多品種少量生産では、汎用設備の活用や多能工化が有効である。また、進捗管理が難しく、生産統制を適切に行わないと納期遵守率が低下することに注意する必要がある。

(b) 少品種多量生産

類似性の高い製品を少品種に限定して、1品種当たり多量に生産する生産形態である。少品種多量生産では、加工・組立の工数を少なくする製品設計にすることが有効である。

【 品種と生産量の関係 】

| | | 品　種 | |
|---|---|---|---|
| | | 少 | 多 |
| 数量 | 少 | 希少性が高い特殊な製品 | 一般的なオーダーメイド製品 |
| | 多 | 一般的な大量生産品 | 一般的には存在しない。ただし、資本力のある企業が行うフルラインアップ戦略では可能性がある。 |

### ③ 仕事の流し方による分類

同じ仕事を連続して流すか否かによって、個別生産、ロット生産、連続生産に分類される。同じ仕事を繰り返すか否かという考え方は「継続性」「反復性」「繰り返し性」などという。

#### (a) 個別生産

**個別生産**とは「個々の注文に応じて、その都度1回限りの生産を行う形態（JIS Z 8141 − 3208)」である。

個々の注文内容に応じた製品を1個あるいは少量ずつ生産する方式であり、繰り返して生産する見込みの少ないものに適用する。

#### (b) ロット生産

**ロット生産**とは「品種ごとに生産量をまとめて複数の製品を交互に生産する形態（JIS Z 8141 − 3209)」であり、断続生産ともいう。個別生産と連続生産の中間的な生産形態である。

何らかの目的のもとに、ひとまとまりにされた有形物のグループをロットという。生産現場では同一の品種をロット単位で扱うことで、生産性の向上を図る。よって、同一設備で複数の品種を作っている場合は、必然的にロット単位で品種を切り替えることになる。

そのため、ロット生産は、同一の生産設備で類似性のある複数の製品を一定数量ずつまとめて作り、定期的に品種を切り替えながら繰り返して仕事を流す方式であるということになる。

#### (c) 連続生産

**連続生産**とは「同一の製品を一定期間続けて生産する形態（JIS Z 8141 − 3210)」である。

標準化された1種類の製品を専用の設備で連続的に反復生産する方式で、長期間にわたり同一品種を継続して生産する。

#### 【 仕事の流し方と生産形態 】

| 継続性（反復性、繰り返し性） | | |
|---|---|---|
| なし（1回限り） | 断続的 | あり |
| 個別生産 | ロット生産 | 連続生産 |

## (3) 個別生産、ロット生産、連続生産の特徴

生産形態の代表的な3つの分類基準の中で、仕事の流し方による分類は重要性が高いため、詳しく説明する。

### ① 個別生産と連続生産の特徴

個別生産と連続生産の特徴を比較すると次のようになる。

#### (a) 製品仕様

一般的に、個別生産では製品仕様を顧客が決定する。連続生産では製品仕様を生産者が決定する。

### (b) 数量

個別生産では顧客からの注文量に基づいて生産する。連続生産では予測した需要量に基づいて生産する。

### (c) 機械設備

個別生産では注文ごとに異なる仕様の製品を生産するため、様々な仕様の製品を生産することを重視して汎用性の高い設備を設置する。連続生産では効率的に生産することを重視して専用の設備を設置する。

### (d) 計画

個別生産は必然的に受注生産になるため、受注後の計画に重点が置かれる。連続生産は必然的に見込生産になるため、事前の計画が重要になる。

### (e) 在庫

個別生産品は完成後に即納するため、理論上は製品在庫を持たないが、工程の中には定常的に仕掛在庫を持つ。連続生産ではものの流れのよさを重視するため、理論上は仕掛在庫を持たないが、需要の変動へ即応できるようにするため、定常的に製品在庫を持つ。

### (f) 保全方式

個別生産では工程の一部が停止しても、停止の悪影響が全工程に及ぶ可能性が低いため、故障が起こった後に修理をする事後保全に重点を置く。連続生産では工程の一部が停止すると、停止の悪影響が全工程に及ぶ可能性が高いため、故障が起こらないようにする予防保全に重点を置く。

## ② ロット生産の特徴

ロット生産は、複数の品種を切り替えて作ることに特徴がある。複数の品種を切り替えて作る行為は個別生産にも存在するが、ロット生産での品種の切り替えと個別生産での品種の切り替えは、少し意味が違う。

ロット生産で作る製品は、品種が異なるといっても「似たものを作り分ける」という傾向が強い。そのため、個別生産で作る製品と比べると品種間の技術的な類似性や作り方の類似性が高い。そのため、ロット生産では、個別生産よりも、ものの流れのよさを重視する。この観点からも、ロット生産は、個別生産と連続生産の中間的な位置づけにあることがわかる。

## ③ 個別生産、ロット生産、連続生産の運用条件と特徴

たとえば、自動車の生産工程の場合、試作品や金型を作る工程は個別生産、ドアやボディなどのプレス工程や部品の機械加工工程はロット生産、最終組立工程は連続生産になる。

個別生産、ロット生産、連続生産の運用条件と特徴をまとめると、次の表のようになる。生産現場では、この表の考え方に基づいて管理をすることが一般的である。

【 個別生産、ロット生産、連続生産の運用条件と特徴 】

| 項　目 | | 個別生産 | ロット生産 | 連続生産 |
|---|---|---|---|---|
| 需要条件 | 製品仕様 | ●客先仕様 | ●生産者仕様(同一品種の要求量が連続的にあり、専用工程設置が経済的に可能な場合は客先仕様) | ●生産者仕様(同一品種の要求量が連続的にあり、専用工程設置が経済的に可能な場合は客先仕様) |
| | 品種数 | ●注文の種類に応じて存在 | ●複数 | ●単一または複数 |
| | 要求量 | ●要求量の予測は不可能 | ●製品要求量が予測可能か既知 | ●製品要求量が予測可能か既知 |
| | 納　期 | ●注文ごとに納期がある | ●即納が要求される | ●即納が要求される |
| 工程条件 | 生産速度 | ●生産速度の概念なし。所要時間の概念あり | ●生産速度＞平均要求速度 | ●生産速度＝平均要求速度 |
| | 生産工程 | ●注文ごとの手順計画、日程計画に基づき各工程で生産する | ●製品ごとの手順計画、日程計画に基づきロットにまとめて生産する | ●専用のラインや混合ラインを設置する |
| | 工程編成上の能力バランス | ●能力バランスの概念はない | ●能力バランスの概念はない | ●能力バランスを考慮した工程編成を行う |
| | 段取り替え | ●品種ごとに段取り替えが必要 | ●品種ごとに段取り替えが必要 | ●原則として段取り替えは考慮しないが、複数品種を生産する場合に段取り替えを行う |

出典：『生産管理の基礎』村松林太郎著　国元書房を一部加筆

## (4) 用語

### ① リードタイム

(a) 発注してから納入されるまでの時間。調達時間ともいう。

(b) 素材が準備されてから完成品になるまでの時間 (JIS Z 8141 − 1206)

### ② 生産リードタイム

生産の着手時期から完了時期に至るまでの期間 (JIS Z 8141 − 3304)

# 4 生産性の評価指標

R05-01 **(1) 生産性の定義**

生産性とは「投入量に対する産出量との比（JIS Z 8141 – 1238）」である。

$$生産性 = \frac{産出量\,(output)}{投入量\,(input)}$$

で表され、通常、分子には生産量、生産金額または付加価値を用いる。分母には労働量を用いるが、投入資本、設備、原材料などの諸量を用いることもある。生産性の値は大きいほうが良好であると判断する。

生産要素を有効活用して高い生産性を実現するためには、生産活動を測定し、評価する必要がある。生産活動が効率的に進められているかどうかを評価するときの基本となる指標が生産性である。

R05-01
R05-21
R04-01
R02-01
R01-01
H30-01
H29-01
H23-01

**(2) 生産性の種類**

生産性の考え方をもとに、さらに実務的かつ詳細に分析するため、さまざまな評価指標がある。ここでは一例を紹介する。

**【 生産性の指標 】**

| 指標 | 指標の内容 | 算出方法 |
|---|---|---|
| 労働生産性 | 産出された生産量（金額）を投入された労働量との比率でみたもので、工数当たりの生産量をいう | $\dfrac{生産量（金額）}{投入工数}$ |
| 設備生産性 | 生産設備の有効利用の度合いを示す指標で、設備能力に対する生産量の比率で表す | $\dfrac{生産量（金額）}{設備稼働時間},\ \dfrac{生産量（金額）}{機械台数}$ |
| 操業度 | 一定期間内での工場生産設備の利用程度を表す指標で、標準生産量（生産可能量）に対する実際（計画）生産量の比率で表す | $\dfrac{実際生産量}{標準生産量}$ |
| 稼働率 | 特定の設備あるいは職場の機械や個人、グループが平均してどの程度稼働しているかを示す指標であり、総実働時間（利用可能時間）に対する有効作業（稼働）時間の比率で表す | $\dfrac{有効作業時間}{総実働時間} =$ $\dfrac{実働時間-非生産時間}{総実働時間}$ |
| 歩留り | 投入された主原材料の量と、その主原材料から実際に産出された品物の量との比率で表し、**原材料生産性**ともいう | $\dfrac{産出された品物の量}{原材料投入量}$ |
| 直行率 | 不良や手直しによりライン外に出された物を除き、初工程から最終工程まで順調に通過した品物の数の割合で表す | $\dfrac{ノータッチ適合品数量}{生産数量}$ |

| | | |
|---|---|---|
| スループット | 単位時間に処理される仕事量を測る尺度である | $\dfrac{\text{仕事量}}{\text{処理時間}}$ |
| 不適合品率 | 検査した製品の数に対する不適合と判断された製品の数の割合を示す指標 | $\dfrac{\text{不適合と判断された製品の数}}{\text{検査した製品の数}}$ |
| 作業密度 | 負荷された時間当たりの作業量を示す指標で、作業密度と作業時間の積が作業量となる | $\dfrac{\text{作業量}}{\text{負荷された作業時間}}$ |

出典：『生産管理の基礎』藤山修巳著　同友館を一部加筆修正

《例題：直行率の計算》

　ある製造ラインの直行率を求めてみよう。次の図表に示すように、第1工程から第3工程を経て製品の加工が終了し、出荷される。各工程において次の図表の確率で不適合品が発生した場合には、手直し工程で手直しされる。投入された製品はすべて次工程に送られ、直行品と手直し品には品質に差はないものとする。

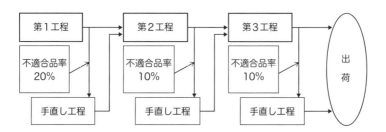

　直行率は各工程の良品率（1−不適合率）を乗じることで求められる。上の図表では第3工程まであるため、次のように計算できる。

　　直行率＝第1工程の良品率×第2工程の良品率×第3工程の良品率
　　　　　＝ (1 - 0.2) × (1 - 0.1) × (1 - 0.1) × 100 = 64.8% となる。

# II 生産現場の改善

## 1 現場改善の概要

### (1) 現場改善のステップ

現場改善は、一般的に次のようなステップで行う。

**【 現場の改善のステップ 】**

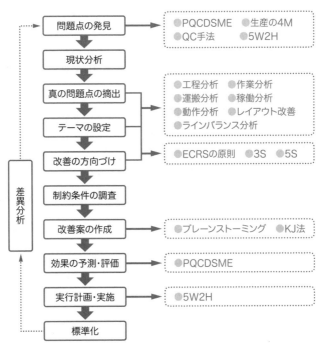

出典：『現場管理者のための「7つ道具」集』実践経営研究会編　日刊工業新聞社

## 2 さまざまな改善手法

### (1) 5W2H

「5W2H」とは、現状を簡潔に、かつ漏れなく捉えて表すため、Why（なぜ）、What（何を）、When（いつ）、Who（誰が）、Where（どこで）、How to（どのように）、How much（どれくらい）の5W2Hの視点で整理する手法である。

## 【 5W2H 】

| | Why　なぜ (目的) | 改善のポイント |
|---|---|---|
| **What**<br>何の作業 (機能) | なぜ、この作業が必要か | この作業をなくせないか<br>他にやれることはないか |
| **When**<br>いつ (時期) | なぜ、そのときにするのか | いつすると合理的か<br>時間や順序を変えたら |
| **Who**<br>誰が (作業者) | なぜ、その人がするのか | 人の組み合わせ、分担を変えたら<br>誰がすると効果的か |
| **Where**<br>どこで (場所) | なぜ、そこにモノがあるのか<br>なぜ、そこでしているのか | 他の場所でできないか<br>どこでするのが一番よいか |
| **How to**<br>どのように (方法) | なぜ、この方法でしているのか | 現状の方法が一番よいか<br>他に有効な方法はないか |
| **How much**<br>いくらで (原価) | なぜ、こんなに高いのか | 他にもっと安くできないか |

出典：『絵で見てわかる工場管理・現場用語事典』 日刊工業新聞社

　具体的には、上図のように、「なぜ、なぜ」を繰り返すことによって、先入観を排除し、現場を客観的に観察して見直しや改善を行う手法である。現場に発生している問題を改善するための発想を助ける方法として、誰でもすぐに利用できる簡単な手法として使われている。

H30-01
H25-01
H24-02
H21-02

## (2) PQCDSME

　PQCDSMEは、生産合理化の目標として、製造業の生産テーマである7つの頭文字を取ったものである。PQCDSMEの指標例を以下に示す。

### 【 PQCDSMEの指標例 】

| | |
|---|---|
| **P**<br>(Productivity：生産性) | 労働生産性、設備生産性、1人当たり付加価値生産性、突然故障件数、故障度数率、平均故障間隔、設備稼働率、チョコ停発生回数 |
| **Q** (Quality：品質) | 工程不良率、クレーム件数、クレーム金額、不良損失金額 |
| **C** (Cost：原価) | 製造原価率、保全費 |
| **D**<br>(Delivery：納期) | 納期遅延件数、納期遅延率、製品・仕掛品在庫量、生産リードタイム、生産計画達成率 |
| **S**<br>(Safety：安全) | 災害度数率、災害強度率、労働損失日数、休業災害・不休業災害件数 |
| **M** (Morale：意欲) | 職務の満足度、集団の団結感、サークル活動回数、提案件数 |
| **E**<br>(Environment：環境) | 製品の使用期間、廃棄物の量 |
| | インプット：総エネルギー投入量、総物質投入量、水資源投入量 |
| | アウトプット：温室効果ガス排出量、化学物質排出量・移動量、総製品生産量または総製品販売量、廃棄物等総排出量、廃棄物最終処分量、総排水量 |

出典：『絵で見てわかる工場管理・現場用語事典』編集委員会編
日刊工業新聞社『事業者の環境パフォーマンス指標ガイドライン』環境省

## (3) ECRSの原則 (改善のECRS)

ECRSの原則とは、ボトルネック作業改善などで「工程、作業、動作を対象とした分析に対する改善の指針として用いられる、E (Eliminate：なくせないか)、C (Combine：一緒にできないか)、R (Rearrange：順序の変更はできないか)、S (Simplify：単純化できないか) による問いかけ (JIS Z 8141 − 5305)」である。

ECRSの原則に似た考え方に、着想の定石がある。着想の定石では、排除する、反対にする、結合と分割、順序の入れ替え、という考え方を用いる。

## (4) 3S

3Sとは「標準化 (Standardization)、単純化 (Simplification)、専門化 (Specialization) の総称であり、企業活動を効率的に行うための考え方 (JIS Z 8141 − 1105)」である。

①単純化 (複雑さを減らし)、②標準化 (標準を定めて管理し)、③専門化 (特定の機能に特化する)、の順番で考えると覚えやすい。

### ① 単純化 (Simplification)

設計、品種構成、構造、組織、手法、職務、システムなどの複雑さを減らすことである。

### ② 標準化 (Standardization)

設計、計画、業務、データベースなどで繰り返し共通に用いるために標準を設定し、標準に基づいて管理活動を行うことである。

#### (a) 物の標準化

材料、部品、製品、治工具などの種類を減らし、作業目的の適合性に基づいて一定の基準で類似の性質のものを整理統一していき、規格に定める。

#### (b) 方法の標準化

作業方法、作業条件、管理方法などの最良の方法を決定したうえで、それを明確化し、標準化し、作業標準や管理標準として明文化する。

### ③ 専門化 (Specialization)

生産工程、生産システム、工場または企業を対象に、特定の機能に特化することである。

## (5) 5S

5Sとは、サ行で始まる5つの言葉 (整理・整頓・清掃・清潔・躾) の総称であり、改善の基礎になる。

### ① 整理

いるものといらないものを明確に分け、いらないものを捨てること。

### ② 整頓

いるものを使いやすいように決められたところにきちんと置き、誰にでもわかるよう明示して使える状態にすること。

### ③ 清掃

隅々まで清掃をし、職場をきれいにすることにより問題点を顕在化させること。

### ④ 清潔

整理・整頓・清掃を維持すること。

### ⑤ 躾

教えられたルール、決められた規律を守ること。問題を問題であると認めることができ、それを自主的に解決できるように指導すること。

## ⑹ グループテクノロジー

R03-02

グループテクノロジー (GT) とは「多種類の部品をその形状、寸法、素材、工程などの類似性に基づいて分類し、多種少量生産に大量生産的効果を与える管理手法（JIS Z 8141 − 1217）」である。

類型加工法、類似部品加工法、グループ加工法などともいわれ、類似工作物（形状・寸法・加工法の似たもの）を集めてグループ分けし、それぞれのグループに最も適した共通の加工工程、工作機械、治工具、取付具を用いて加工を行う。

多品種少量生産に対応するために考案された手法である。グループテクノロジーを導入すると、段取時間、工程間運搬、加工待ちなどが減少するため、加工時間およびコストの削減が可能となり、生産性向上に寄与する。

## ⑺ 動作経済の原則

R04-20
R01-21
H27-20
H22-19
H21-20
H20-03

作業中の人の動作のムダを省くために、動作分析を行ってムダを発見した後に、動作経済の原則に従って動作の改善を行う。**動作経済の原則**とは「作業者が作業を行うとき、最も合理的に作業を行うために適用される経験則（JIS Z 8141 − 5207）」である。

**動作経済の原則**には、身体の使用に関する原則、作業場の配置に関する原則、設備・工具の設計に関する原則の3つがあり、次のような内容で構成されている。

### ① 身体の使用に関する原則

(a) 両手の動作は同時に始め、また同時に終了すべきである

(b) 休息時間以外は同時に両手を遊ばせてはならない

(c) 両手の動作は反対の方向に、対称かつ同時に行わなければならない

(d) 手および身体の動作は、仕事を満足にできるような最小単位のものに限定すること

(e) できるだけ惰性を利用して、作業者を助けるようにすること。筋肉による力を用いて惰性に打ち勝つ必要のある場合には、惰性は最低限にすること

(f) ジグザグ動作や突然かつシャープに方向変換を行う直線運動より、スムースに継続する手の動作が好ましい

(g) 弾道運動は制限された運動（固定）やコントロールした運動よりはるかに早く、容易であり、正確である

(h) できる限り、楽で自然なリズムで仕事ができるように仕事をアレンジすること

(i) 注視の回数はできるだけ少なく、かつ、往復の間隔を短くすること

(j) 手の動作の時間・努力・疲労の程度を表す動作等級は、指・手首・前腕・上腕・肩の観点から５つに分かれている

### ② 作業場の配置に関する原則

(a) 工具および材料は、すべて定位置に置くこと

(b) 工具、材料、制御装置は作業に近接し、かつ前面に置くこと

(c) 材料を使用点の近くに運ぶには、重力利用の容器を使用すること

(d) できるだけ落し送りを利用すること

(e) 材料、工具は動作を最良の順序で行うように配置すること

(f) 視覚のために適正なコンディションを備えること。満足に視覚できるための第一条件は、よい照明である

(g) 作業場所および椅子の高さを、立ち作業や座り作業、いずれも容易にできるようにできるだけアレンジすべきである

(h) 作業者が正しい姿勢がとれる形および高さの椅子を各人に備えること

### ③ 設備・工具の設計に関する原則

(a) 治具や取付具、または足操作の装置を用いた方がいっそう有効にできる仕事では、手を用いないこと

(b) 工具はできるだけ組み合わせること

(c) 工具や材料はできるだけ前置きしなければならない

(d) キーボードを打つときのように、おのおのの指が特定の働きをする場合、おのおのの固有能力に応じて作業量を分けること

(e) 作業者が体の位置の変更を最小限にとどめ、かつ最大のスピードを持ち最大限容易に操作できるように、レバー、ハンド・ホイール、その他の制御装置の位置を決めること

## H24-15 (8) ワークデザイン

**ワークデザイン**は、ジェラルド・ナドラー氏が作業研究のための包括的な方法論として提唱した演繹的なシステム設計法である。その手順は、「演繹的」であることから、最初に目的を達成する理想システムを創造的に分析し、次にこれを目標として可能な限り理想システムに近い実行可能なシステムを設計していく。

ワークデザインによる具体的な分析・設計手順は、次の10ステップである。

① 機能の決定

② 理想システムの展開

③ 情報の収集

④ 代案の作成

⑤ 実行可能案の選択

⑥ システムの詳細設計

⑦ システム設計案の再検討

⑧ システム設計案のテスト

⑨ システムの実施

## (9) 目で見る管理

H29-20

　**目で見る管理**とは「作業者又は管理者が、進捗状況又は正常か異常かどうかといった生産の状況を一目で見てわかり、管理しやすくした工夫（JIS Z 8141 – 4303）」である。

　目で見る管理は、現場で発生する多くの問題点を職場全員が共有化して、早めにアクションを取ることによって、異常や問題点を先取りする雰囲気を作り、活性化した職場を作るという目的を持っている。また、目で見る管理にはさまざまなツールが使用され、用途もさまざまである。そして、現場で次々と工夫を凝らして、新しいツールが生み出されていく性格のものでもある。

**【 目で見る管理ツールの例 】**

| | 名　称 | イメージ図 | 説　明 |
|---|---|---|---|
| 1 | 赤札 | | いるものと、いらないものを区別するための赤い札。赤札作戦で使う。 |
| 2 | 看板 | | どこに、なにが、どのくらいあるかを誰が見てもわかるようにするための表示板。看板作戦で使う。 |
| 3 | 白線表示 | | 仕掛り置場や通路などを、はっきりさせるために引いた区画線。整理・整頓で用いる。 |
| 4 | 赤ライン | | 倉庫の在庫や置場の仕掛などの最大在庫を示す。看板作戦で使う。 |
| 5 | アンドン | | 工場内の異常をただちに管理・監督者に知らせるための表示灯。 |
| 6 | かんばん | | ジャストインタイムを守るための運用の道具。引取りかんばんと仕掛けかんばんがある。 |
| 7 | 生産管理板 | | ラインにおける生産状況を示すための表示板。生産実績、稼働状況、停止原因などを記入する。 |
| 8 | 標準作業票 | | 人と機械とものを有効に組み合わせて仕事のやり方をきめた票。ラインごとに提示する。 |
| 9 | さらし首 | | 不良をいましめるため、職場の人々にみせしめにした現品。 |

出典：『現場を根こそぎ改善する事典』工場管理編集部編　日刊工業新聞社

# 3 段取改善

　多品種少量生産化と短納期化に伴い、段取替えの回数は増加し、機械や作業者の稼働率は低下する。これに対応するためには段取時間の短縮が必要である。段取時間の短縮は、次のように進める。

**【 段取改善の手順 】**

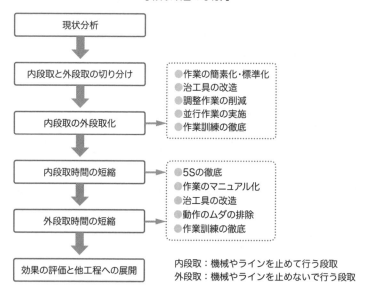

■■■ 問題編 ■■■ Check!!

**問1**(H23-01)　　　　　　　　　　　　　　　　　　　　［○・×］
　直行率は、初工程から最終工程まで、手直し・調整・手戻りなどがなく順調に通過した品物の、全体の品物に対する割合をいう。

**問2**(H27-02改題)　　　　　　　　　　　　　　　　　　　　［○・×］
　見込生産では、営業情報やマーケットリサーチ情報に基づき需要予測を行い、生産量を決定する。

**問3**(H20-11改題)　　　　　　　　　　　　　　　　　　　　［○・×］
　「見込生産－多品種少量生産－連続生産」は、生産形態の組み合わせとして、関連性が強い。

**問4**(H27-13)　　　　　　　　　　　　　　　　　　　　［○・×］
　多段階生産・在庫システムにおける見込生産と受注生産の分岐点を、デカップリングポイントという。

**問5**(H18-03)　　　　　　　　　　　　　　　　　　　　［○・×］
　ロット生産は、単一の品種だけを連続して長期間生産する方法である。

**問6**(H22-02)　　　　　　　　　　　　　　　　　　　　［○・×］
　ロット生産は、受注生産と見込生産の中間的な生産形態であり、断続生産とも呼ばれる。

**問7**(H22-02)　　　　　　　　　　　　　　　　　　　　［○・×］
　1つのロットの中は、一般にすべて同じ品種で構成される。

**問8**(R01-01)　　　　　　　　　　　　　　　　　　　　［○・×］
　歩留まりとは、投入された主原材料の量を、産出された品物の量で除したものである。

**問9**(R04-01)　　　　　　　　　　　　　　　　　　　　［○・×］
　投下した労働量をその結果として得られた生産量で除して、労働生産性を求めた。

問10 (R01-02)　　　　　　　　　　　　　　　　　　　　　　　　　　[○・×]
　生産工程における加工品の流れの違いによって区別される用語の組み合わせは、見込生産と受注生産である。

問11 (R02-21)　　　　　　　　　　　　　　　　　　　　　　　　　　[○・×]
　単純化とは、生産において分業化した各工程の生産速度や稼働時間、材料の供給時刻などを一致させる行為である。

問12 (R03-02改題)　　　　　　　　　　　　　　　　　　　　　　　　[○・×]
　生産活動を効率的に行うため、標準化、単純化、平準化の3Sの考え方を導入する。

■■■ 解答・解説編 ■■■

問1　○：ノータッチ適合品数量（初工程から最終工程まで順調に通過した品物の数）を全体の生産数量で除して算出される。
問2　○：見込生産は、生産してから受注する生産形態であるため、受注前にあらかじめ需要を見込んで計画的に生産する。
問3　×：見込生産、連続生産と関連性が強いのは、少品種多量生産である。
問4　○：設問文のとおり。
問5　×：ロット生産は、品種ごとに生産量をまとめて複数の製品を交互に生産する形態である。
問6　×：ロット生産は、個別生産と連続生産の中間的な生産形態である。
問7　○：生産現場では、同一の品種をロット単位で扱うため、ロットの中は同じ品種で構成される。
問8　×：産出された品物の量を投入された主原材料の量で除したものである。
問9　×：労働生産性は、結果として得られた生産量を投下した労働量で除して求める。
問10　×：フローショップ型とジョブショップ型である。見込生産と受注生産は、注文と生産の時間的関係による区分である。
問11　×：単純化は設計、品種構成、構造、組織、手法、職務、システムなどの複雑さを減らすことである。
問12　×：3Sとは標準化（Standardization）、単純化（Simplification）、専門化（Specialization）の総称である。

■■■ 問題編 ■■■

　動作経済の原則に基づいて実施した改善に関する記述として、最も適切なものの組み合わせを下記の解答群から選べ。

a　機械が停止したことを知らせる回転灯を設置した。
b　径の異なる2つのナットを2種類のレンチで締めていたが、2種類の径に対応できるように工具を改良した。
c　2つの部品を同時に挿入できるように保持具を導入した。
d　プレス機の動作中に手が挟まれないようにセンサを取り付けた。

〔解答群〕
　ア　aとb
　イ　aとd
　ウ　bとc
　エ　bとd
　オ　cとd

**解答：ウ**

　動作経済の原則に関する出題である。動作経済の原則とは、作業者が作業を行う
とき、最も合理的に作業を行うために適用される経験則で、身体の使用に関する原
則、作業場の配置に関する原則、設備・工具の設計に関する原則に大別される。

a：不適切である。機械が停止したことを知らせる回転灯を設置することは、トヨ
　　タ生産方式における「あんどん」であり、目で見る管理の１つである。
b：適切である。径の異なる２つのナットを２種類のレンチで締めていたが、２種
　　類の径に対応できるように工具を改良することは、「設備・工具の設計に関す
　　る原則」における、工具を組み合わせて使用することである。
c：適切である。２つの部品を同時に挿入できるように保持具を導入することは、「設
　　備・工具の設計に関する原則」における、治具や取付具、または足操作の装置
　　を用いた方がいっそう有効にできる仕事では手を用いないことである。
d：不適切である。プレス機の動作中に手が挟まれないようにセンサを取り付ける
　　ことは、フールプルーフのロックであり、労働災害防止のための安全対策である。

　したがって、適切なものの組み合わせは、bとcとなり、ウが正解である。

| 過去23年分<br>平成13年（2001年）〜令和5年（2023年） | |
|---|---|
| 1位 | 日程計画の作成 |
| 2位 | 購買管理 |
| 3位 | 製品設計 |

| 直近10年分<br>平成26年（2014年）〜令和5年（2023年） | |
|---|---|
| 1位 | 日程計画の作成 |
| 2位 | 購買管理 |
| 3位 | 管理方式 |
| 3位 | 工場レイアウトの設計と分析 |

## 過去23年間の出題傾向

　日程計画の作成は23年間で22回出題されており、近年は毎年2〜3問出題されている。例題、過去問を使って問題の解き方に慣れておこう。購買管理は20回出題されており、発注方式は特に重要テーマである。管理方式は直近10年間で9回の出題であり、近年出題が増えている。

# 第 6 章

# 生産のプランニング

# I 工場立地とレイアウト

## 1 工場計画と工場立地の諸要因

### (1) 工場計画

**工場計画**とは、工場を最も合理的に生産活動を行い得る場所として確立するための計画をいい、具体的には、工場の建設や職場の配置などを計画することである。工場計画は、次の①～⑦の7段階で行われ、段階ごとに互いに有機的なつながりを持たせて進めていくことがポイントになる。

#### ① 方針決定

長期的な観点に立った経営政策が工場に反映されるよう方針が決定される。方針決定の際の検討項目には投資計画、生産品目・生産量計画、工場能力、組織、日程・完成時期、投資の効果・採算性などがある。

#### ② 敷地選定

立地要因に基づいて、工場の特性を検討した現地調査を行い、敷地を選定し、購入する。

#### ③ 基本レイアウト

工場全体の配置計画を行い、この段階で、職場の配置や建屋も決定する。

#### ④ 建築設計

基本レイアウトに基づき、建築の詳細設計や日程、予算などの計画を行い、計画内容に適するよう設計する。

#### ⑤ 詳細レイアウト

基本計画に基づいて、作業場、事務所、倉庫、補助施設など各部門の具体的な配置計画を策定すると同時に、補助設備、資材、通路、作業空間などについて動線を考慮して検討する。

#### ⑥ 工事

実際の工事段階であるが、この段階では、計画通り施工されているかどうかを常にチェックする必要がある。

#### ⑦ 移設・設置

生産設備、運搬設備などを実際に設置し、完成する。

### (2) 工場立地の諸要因

工場の敷地を選定する際には、工場の立地要因を考慮する。工場立地の諸要因は、気候・風土、工業用水、原材料調達、輸送、労働力、市場など多岐にわたる。

**【 工場立地の諸要因 】**

| 立地要因 | 内　容 |
|---|---|
| 気候・風土 | 温度、湿度、雨量、降雪、風速など |
| 工業用水 | 水量、水質、工業用水、水道、河川水など |
| 原材料調達 | 原材料の入手先、原材料確保の難易度、原材料の腐敗、変質度合いなど |
| 輸　送 | 水運、陸運 (鉄道、トラック)、空路など |
| 労働力 | 労働の質と量、賃金水準、地域住民の気質、労働問題など |
| 市　場 | 製品の需要地、製品の量など |
| 関連企業 | 取引企業、下請企業など関連企業とその位置 |
| 社会環境 | 国土計画、都市計画、地方開発計画、地域の発展、文化・教育水準など |
| 公害・災害 | 台風・地震・大雨などの災害、騒音・振動・粉塵・汚水・大気汚染などの公害規制。最近は環境問題に関連し、廃棄物処理も問題になる |

出典：『現代生産管理』工藤市兵衛編著　同友館を一部加筆

# 2 レイアウトの配置構造

R03-07
H30-02
H24-09

　工場内で生産を行っているときには、資材の移動、人の移動、設備の移動など、多くの移動が生じる。移動の対象によってレイアウトの配置構造は異なるが、資材の移動に重点を置いた配置構造が基本になる。

　基本的なレイアウトの配置構造には、①製品固定型レイアウト (固定式レイアウト、固定式配置)、②工程別レイアウト (ジョブショップ型レイアウト、機能別レイアウト、機能別配置、機種別配置)、③製品別レイアウト (フローショップ型レイアウト、製品別配置、流れ系列式レイアウト) の3つがあり、④GT的レイアウト (グループ別レイアウト) を加えて4つとする場合もある。

**【 生産形態に応じた配置構造 】**

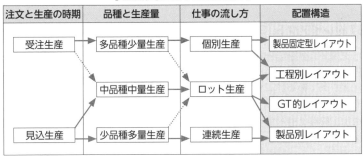

※少品種少量生産は、多品種少量生産とほぼ同じ位置づけになるが、個別性はより高い。

出典：『現代の生産管理』古屋浩著　学文社を一部加筆

## ⑴ 製品固定型レイアウト

　主な材料・部品が固定している場所にあって、その場所に設備・工具などが運搬されて作業が行われ、製品が完成するレイアウトであり、航空機、船、家屋などの大型製品の生産に適用される。1個あるいは小ロットの生産に限定されるため、工作方法が多様であることから、工作物の形状、材料構成、必要工具、運搬などの項目に基づいたグループ化が行われることはない。

H23-02 ## ⑵ 工程別レイアウト

　機能の類似した、あるいは同一の設備を一群ごとに集めて配置するレイアウトである。次図のようなレイアウトであるため、まとめて配置した類似・同種の設備（工程グループ）内での運搬（図中の縦方向の運搬）頻度は低いが、工程グループ間での運搬（図中の横方向の運搬）頻度は高くなる。

**【 工程別レイアウトの例 】**

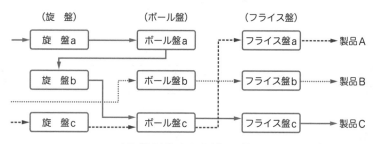

出展:『中小企業のための生産管理の実際』甲斐章人著　日経文庫を一部加筆

## ⑶ 製品別レイアウト

　主に少品種多量生産の場合に適用され、原材料から製品に変換する生産工程の順序に従って、設備を直線的に配置するレイアウトである。このレイアウトでは品種をグループとし、グループごとに生産するため、異なるグループ間での運搬頻度は低い。

## ⑷ GT的レイアウト (Group − Technology layout) (グループ別レイアウト)

　部品の形状・寸法・工作方法・加工経路などの同一性や類似性を基準とし、多品種の部品・工作物をグループに分類し、グループごとに加工経路順に設備を並べたレイアウトである。工程別レイアウトと製品別レイアウトの中間様式の設備配置であり、主に中品種中量生産の場合に適用される。このレイアウトでは、グループごとの加工経路に沿って物が流れるため、グループ内での運搬は頻繁に行われるが、異なるグループ間での運搬頻度は低い。

## 【 設備配置の特徴 】

| 配置の種類 | 長所 | 短所 |
|---|---|---|
| 製品固定型<br>レイアウト | ① 組立本体の移動が少なくてすむ<br>② 設計・工程の変更に対応しやすい | ① 設備・工具の移動に時間を要する<br>② 1個または小ロットでの生産に限定される |
| 工程別<br>レイアウト | ① 製品の変動や計画の変動に対して弾力性が高い<br>② 機械の稼働率が高められる<br>③ 近い位置に類似の機械があるため技術管理が容易 | ① 運搬距離が長くなる<br>② 手待ちや仕掛品が多くなり、工程管理を困難にする<br>③ 見込生産ができず、安定性がない |
| 製品別<br>レイアウト | ① 運搬の取り扱いを機械化しやすい<br>② 仕掛品が減少する<br>③ 生産期間が短縮する | ① 機械台数が多くなる<br>② 1台故障するとその配列全体の生産がストップする<br>③ 製品変更時の弾力性が低い |
| GT的レイアウト<br>(グループ別<br>レイアウト) | ① 仕掛品が減少する<br>② 段取時間のばらつきが小さく、効率的な操作が行える<br>③ 資材管理センターが不要で資材管理費を削減できる<br>④ サイクルタイムを短縮し、効率的なスケジューリングが行える | ① 部品のグループ化を適切に行うことが困難である<br>② 各セルに設備を配置するためのコストの上昇や稼働率の低下が発生する |

出典:『中小企業のための生産管理の実際』甲斐章人著　日経文庫を一部加筆

## 【 品種数・生産量と工場レイアウトのタイプ 】

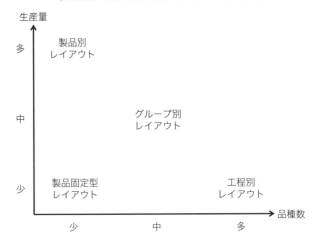

R05-02
R02-03
H29-05
H27-04
H26-02
H25-03
H24-08
H19-02

# 3 工場レイアウトの設計と分析

　**レイアウト**とは「合理的に運搬、処理、移動が行えるような建物、設備、装置などの配置又は配置する行為（JIS Z 8141 − 1232）」である。それらの機能の配置の仕方によって、生産性が大きく左右されることになる。したがって、レイアウト計画を組織的・合理的に行わなければならない。

## (1) システマティック・レイアウト・プランニング (SLP)

　代表的なレイアウト計画の手法には、リチャード・ミューサーが提唱したSLP（Systematic Layout Planning：体系的レイアウト計画法）がある。SLPでは、「P（製品）、Q（量）、R（経路）、S（補助サービス）、T（時間）の5つは、レイアウト問題を解く鍵」と呼ばれており、相互関係・面積・調整の3つの基本的重要項目が提起され、それらを段階的に精査することでレイアウト案が作成される。

## (2) SLPの手順

　SLPの手順は次図のようになる。

**【 SLPの手順 】**

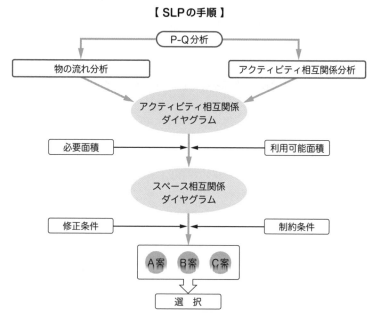

出典：『現代生産管理』工藤市兵衛編著　同友館を一部加筆

　① P-Q分析によって、製品とそれらの量を正確に把握する

　P-Q分析では、さまざまな製品（Product）を各製品の生産量（Quantity）で把握するため、横軸に製品品種、縦軸に生産量をとり、生産量の大きい順に並べて棒グラフで表した図を用いて分析する。ある工場で生産している15製品について次の

図表のとおり3つのグループに分けた場合、aグループは生産量の多い製品群であるため製品別レイアウト、bグループは中程度の生産量であるためGT別レイアウト（グループ別レイアウト）、cグループは生産量の少ない製品群であるため工程別レイアウトというように製品品種別にレイアウトの配置構造を決める。

**【 P-Q分析 】**

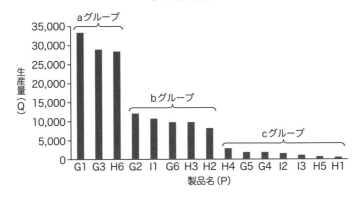

R03-03
R02-15

② 物の流れ分析やアクティビティ相互関係分析を行う

　物の流れ分析は、工程経路や物が移動するのに最も能率のよい順序を決めることを目的として行う。能率のよい流れとは、物が工程を通じて次に移動し、迂回したり、逆行したりしないで常に完成品に向かって前進することである。しかし、物の流れだけの分析では、埃や臭い、騒音などの定性的な判断を見失うことになる。そこでアクティビティ相互関連図を用いて定性的な条件を分析する。まず、レイアウトの構成要素であるアクティビティを上から順に並べてアクティビティ相互関連図を作成し、この図表を分析する。

　**アクティビティ相互関係分析**とは、レイアウト計画に関するさまざまなアクティビティ（通路・機械など面積を必要とする要素や出入口や窓など機能上必要ではあるが面積を必要としない要素の総称）間の近接性を調査分析する手法で、各アクティビティを関連性の強さ（近接性重要度）に応じてどの程度近接あるいは離して配置すべきかを明確にするアクティビティ相互関連図（アクティビティ相互関係図表）を用いる。

**【 近接性重要度の記号 】**

| 評定 | 近接性 | 色 | 線の数 |
|---|---|---|---|
| A | 絶対必要 | 赤 | 4本の直線 |
| E | 特に必要 | 黄 | 3本の直線 |
| I | 重要 | 緑 | 2本の直線 |
| O | 普通の強さ | 青 | 1本の直線 |
| U | 不必要 | ― | |
| X | 望ましくない | 茶 | 1本のギザ線 |
| XX | 特に望ましくない | 黒 | 2本のギザ線 |

出典：『現場管理者のための 超スタミナ「7つ道具」集』実践経営研究会監修

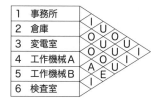

【 アクティビティ相互関連図 】

| 1 | 事務所 |
|---|---|
| 2 | 倉庫 |
| 3 | 変電室 |
| 4 | 工作機械A |
| 5 | 工作機械B |
| 6 | 検査室 |

出典:『現場管理者のための 超スタミナ「7つ道具」集』実践経営研究会監修

③ アクティビティ相互関係ダイヤグラムというアクティビティ間の近接性評価に基づいた線図を作成する

【 アクティビティ相互関係ダイヤグラムのステップ 】

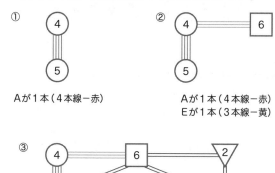

① Aが1本(4本線−赤)

② Aが1本(4本線−赤)
Eが1本(3本線−黄)

③ Aが1本(4本線−赤)　Eが1本(3本線−黄)　Iが4本(2本線−緑)

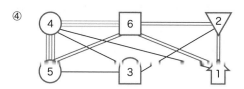

④ Aが1本(4本線−赤)　Eが1本(3本線−黄)
Iが4本(2本線−緑)　Oが4本(1本線−青)

④ アクティビティ相互関係ダイヤグラムによってアクティビティ間の地理的配置を決定する

⑤ 各アクティビティに必要な面積を決め、スペース相互関係ダイヤグラムで表す

**【 スペース相互関係ダイヤグラム 】**

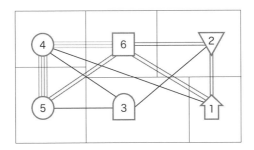

⑥ いくつかの代替案を作成し、その中から適切な案を選択し最終案を決定する

## ⑶ DI分析

DI（Distance-Intensity）分析は、施設（工場）のレイアウトを運搬に着目して分析し、運搬距離と運搬回数や物流量などの強度を2次元平面上にプロットすることにより、運搬の無駄によるレイアウトの課題を発見する手法である。

**【DI分析の例】**

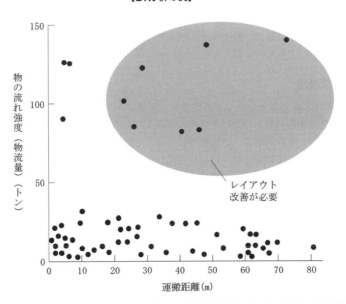

上記のDI分析の図表では、物流量が多く、運搬距離も長い右上にある設備間の距離を近づけるように配慮し、運搬のムダが少ない配置に改善することが必要である。

H26-05
H22-04
H21-08
H19-03

# 1 製品開発 Ⓑ

**製品開発**とは「顧客のニーズ変化、生産者の技術向上、地球環境への対応などを動機として新たな製品を企画し、その製品化を図る活動（JIS Z 8141 − 3101）」である。顧客のニーズを把握し、そのニーズに対応する製品企画を行い、その企画に基づいて製品の技術的な構造を決める製品設計や、設計された製品を経済的に、また容易に作ることを図る生産設計、その生産の立上げに関する活動が含まれる。**フロントローディング**とは、問題解決のタイミングを前半に出すことによって、全体の開発期間を短縮させることである。具体的には、製品開発・製品設計の段階で、製品の生産、販売、使用、廃棄などで発生する問題を見いだし、解決策を出して製品を検討評価する。生産技術や量産技術を先取りして設計・開発するために用いられることもある。

H26-04 **(1) 製品ライフサイクル**

**製品ライフサイクル**（PLC：Product Life Cycle）とは、製品寿命のことであり「一つの製品の設計段階から、その販売が打ち切られるまでの期間（JIS Z 8141 − 3104）」のことである。製品ライフサイクルは導入期、成長期、成熟期、衰退期に区分される。

H20-13 **(2) 顧客満足**

JISの定義にもあるとおり、製品開発は顧客ニーズの把握が出発点である。顧客のニーズは顕在的なものだけでなく、潜在的なものもある。顧客満足を高めるためには、顧客の本質的なニーズを把握したうえでの製品開発が必要である。顧客満足を最適化するための方法に、コンジョイント分析がある。

コンジョイント分析とは、商品属性を要因、属性の有無や程度を水準とした多因子実験計画に基づく商品プロファイルを作成し、各商品プロファイルの選好を被験者ごとに測定した実験結果から要因効果を推定し、商品属性の効用を計量する分析方法のことである。

**(3) 製品系列**

製品系列とは「特定の製品について、その代表的な属性に変化を付けて設計した仕様の異なる一連の製品（JIS Z 8141 − 3107）」である。また、この属性値を選出して最適な製品系列を決定することを製品系列設計（product line design）という。

顧客満足という観点に立つと、1つの製品系列を構成する品種数が多いほど有利である。だが品種数が増えると設計、開発、製造販売のための費用が増大し、製品系列全体としての収益性は減少する。また、需要の傾向は年々変化するために製品

系列は見直しの必要があり、見込生産を行っている製造業にとって製品系列設計は売上や収益に直接影響する戦略的な課題である。

R05-03
R05-04
R04-03
H29-03
H26-05
H21-08
H20-14
H19-03

# 2 製品設計 Ⓐ

## (1) 機能設計

**機能設計**とは「期待する製品の性能を発揮するのに必要な機能とそれらの関連を求め、各機能を実現させる構造を求める活動、又はその構造図（JIS Z 8141 − 3109）」である。製品が所期の目的を果たすために必要な働きを機能という。製品機能は、その機能を欠くと製品本来の目的が果たせない基本機能（第1次機能）と、その基本機能を発揮する際に捉えられる付随機能（第2次機能）とに分けられる。

## (2) 生産設計

**生産設計**とは「機能設計の内容について、生産に対する容易性・経済性などを考慮して設計する活動、又はその設計図（JIS Z 8141 − 3110）」である。

機能設計では製品の各機能を実現させる構造を決めるが、その製品を生産する際の加工、運搬、荷役、保管、検査という各工程での作業、設備または各種環境に対する容易性、安全性、経済性、弊害性などについても考慮する必要がある。

一般には、製品関連の技術領域に関連して機能設計が行われた後に、生産技術領域が関与する生産設計によって設計内容の見直し、再設計が行われることが多い。

## (3) デザインレビュー

**デザインレビュー**とは、設計結果の公式な文書による審査であり、関連するさまざまな部門の代表者が新製品の設計段階で評価・確認する方法の一つである。新製品の設計段階でデザインレビューを活用する際には、設計構造の矛盾や誤りを排除することに重点が置かれるため、設計の熟練者がレビューアとなることが有効である。

## (4) 組立容易性

**組立容易性**とは「製品を組み立てる際の作業のしやすさ（JIS Z 8141 − 3111）」である。

生産設計では、設計する製品を生産する際の容易性を求め、これにより経済性、安全性などを高めていく。これを製造容易性（design for manufacturing）という。その中で、例えば部品点数の削減、部品組付の方向性、治具採用の可能性など、組立加工を対象とした容易性を組立容易性という。

## (5) 試作品製造

試作時の製作方法や加工条件から、量産時の工程編成における重要な情報を得ることが可能である。

## (6) 価値工学 (VE：Value　Engineering)

(社) 日本バリュー・エンジニアリング協会によると、**VE** (Value Engineering) とは、『製品やサービスの「価値」を、それが果たすべき「機能」とそのためにかける「コスト」との関係で把握し、システム化された手順によって「価値」の向上を図る手法』と定義されている。

VEは、1947年に米国GE社のL.D.マイルズ氏によって開発された。VEは開発当初「価値分析 (VA：Value Analysis)」と呼ばれていた。VAとは、必要な機能を最低の原価で得るために、その機能と原価のつりあいを研究し、設計や材料の仕様の変更、製造方法や供給先の変更などを、社内外の知識を総合して、組織的に、永続して行う活動である。すなわち、製品の価値について機能上、製品技術上、購買政策上などの面からコストダウンに役立てるための分析・検討を行うことである。

その後、VAの思想を踏まえ資材調達品の価値を改善する分野のみならず、製品開発段階、製品設計段階までVAの適用が進展し、VEと命名された。

### ① 価値

VEにおいて価値は、次の式で示される。

$$V(\text{Value：価値}) = \frac{F(\text{Function：機能})}{C(\text{Cost：原価})}$$

価値を向上させるための原価と機能の組み合わせには、次の4種類を用いる。

(a) 原価を下げて機能を一定にする

(b) 原価を下げて機能を上げる

(c) 原価を上げてそれ以上に機能も上げる

(d) 原価を一定にして機能を上げる

**【 価値向上の方法 】**

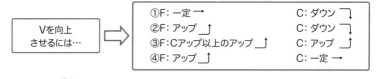

### ② 価値の分類

価値は、主として次のように分類できる。VEでは、主に使用価値と貴重価値を対象にしている。VEでは顧客の要求を損なうような安易な仕様水準引下げは、たとえコストダウンが期待できても認めない。

## 【 価値の分類 】

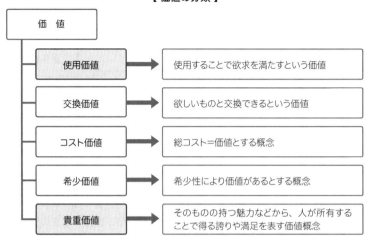

### ③ 機能

H28-04

　機能とは、製品やサービスの果たす目的や役割であり、機能の性質、機能の重要度、機能の必要性の観点から次のように分類できる。

### 【機能の分類】

| 分類の観点 | 機能の種類 | 概要 |
|---|---|---|
| 機能の性質 | 使用機能 | 製品の使用目的にかかわる機能である |
| | 貴重 (魅力) 機能 | 形や色彩などのデザインによって、顧客が製品を持つ感覚的な満足を与える機能である |
| 機能の重要度 | 基本機能 | 取り除くと存在意義がなくなる基本的かつ目的的な機能である |
| | 二次機能 | 基本機能を達成する手段的かつ補助的な機能である |
| 機能の必要性 | 必要機能 | 顧客が必要とする機能である |
| | 不必要機能 | 顧客が必要としない機能である |

　各機能の関係を図示すると、次のとおりである。一般的には、基本機能が使用機能になる場合が多いが、貴重機能が基本機能になる場合もある。また、不必要機能は製品やサービスの二次機能に発生する場合が多い。

**【各機能の関係性】**

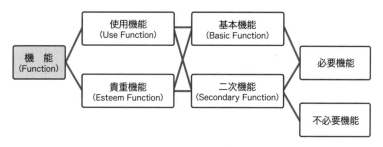

出典：『新・VEの基本』土屋裕監修　産能大学VE研究グループ著　産業能率大学出版部刊

#### ④ コスト

コストを製造原価から見ると、直接材料費、購入部品費、外注加工費、直接労務費、直接経費を合わせた直接費と、間接材料費、間接労務費、間接経費を合わせた間接費に分解できる。VEでは総コストを対象とするが、現実には主に製造原価が対象になる。実際には次の費用があり、特に材料費と労務費に重点が置かれる。

##### (a) 材料費

原材料、購入部品、外注加工、消耗工具、治工具、包装梱包などに要する費用。

##### (b) 労務費

製造作業、品質管理、製造管理、事務作業、設計製図作業、生産計画作業、開発テスト、品質保証テスト、作業指導などに要する費用。

##### (c) 経費・その他の費用

原価要素としての経費以外に、総コストを対象とするという立場からは、製品を使用したのちの廃棄コストや処理コストも考えていくことがある。

H27-06
H26-03

#### ⑤ VEのジョブプラン

VEでは標準化された一定の手順によって活動が行われるが、この手順をジョブプランと呼び、次のように進められる。

##### (a) 対象の選定

##### (b) 機能定義

情報の収集⇒機能の定義（名詞＋動詞を用いて『○○○を△△△する』のように記述する）⇒機能の整理（目的と手段の関係で階層化して示す機能系統図を作成する）

##### (c) 機能評価

機能のコスト分析⇒機能の評価

##### (d) 改善案の提案

アイデアの発想⇒アイデアの評価⇒改善案の具体化⇒改善案の詳細評価

##### (e) 実施とフォローアップ

提案書の作成⇒実施状況の測定

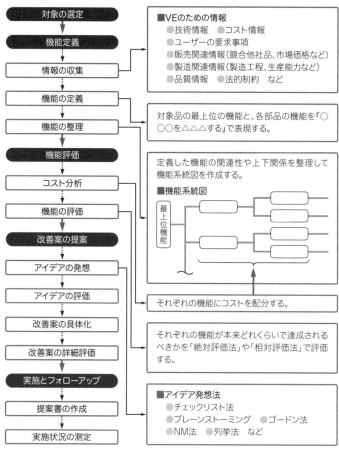

【 ジョブプランのステップ 】

対象の選定

機能定義

情報の収集

■VEのための情報
　●技術情報　●コスト情報
　●ユーザーの要求事項
　●販売関連情報（競合他社品、市場価格など）
　●製造関連情報（製造工程、生産能力など）
　●品質情報　●法的制約　など

機能の定義

機能の整理

対象品の最上位の機能と、各部品の機能を『○
○○を△△△する』で表現する。

機能評価

コスト分析

定義した機能の関連性や上下関係を整理して
機能系統図を作成する。
■機能系統図

最上位機能

機能の評価

改善案の提案

アイデアの発想

アイデアの評価

それぞれの機能にコストを配分する。

改善案の具体化

改善案の詳細評価

それぞれの機能が本来どれくらいで達成される
べきかを「絶対評価法」や「相対評価法」で評価
する。

実施とフォローアップ

提案書の作成

■アイデア発想法
　●チェックリスト法
　●ブレーンストーミング　●ゴードン法
　●NM法　●列挙法　など

実施状況の測定

## ⑥ VE質問

　VEには、現場の基本的なVE活動手順と7つのVE質問を組み合わせて、その問いにひとつずつ答えていく方法がある。

| ジョブプラン | 詳細ステップ | VE質問 |
|---|---|---|
| **機能定義** | 情報の収集 | それは何か？ |
| | 機能の定義 | その働きは何か？ |
| | 機能の整理 | |
| **機能評価** | コスト分析 | そのコストはいくらか？ |
| | 機能の評価 | その価値はどうか？ |
| **改善案の提案** | アイデアの発想 | 他に同じ働きをするものはないか？ |
| | アイデアの評価 | ・そのコストはいくらか？ |
| | 改善案の具体化 | ・それは必要な機能を確実に果たすか？ |
| | 改善案の詳細評価 | |

参考文献：『新・VEの基本』土屋裕監修　産能大学VE研究グループ著　産業能率大学出版部

H23-05

### ⑦ アイデア発想の原則

アイデア発想法の一つに、ブレーンストーミングがある。ブレーンストーミングの過程では、次の4原則（ルール）を守ることとされている。

#### (a) 判断・結論を出さない（結論厳禁）

自由なアイデア抽出を制限するような、判断・結論は慎む。判断・結論は、ブレーンストーミングの次の段階にゆずる。ただし可能性を広く抽出するための質問や意見ならば、その場で自由にぶつけ合う。

#### (b) 奔放なアイデアを歓迎する（自由奔放）

誰もが思いつきそうなアイデアよりも、奇抜な考え方やユニークで斬新なアイデアを重視する。

#### (c) 量を重視する（質より量）

さまざまな角度から、多くのアイデアを出す。一般的な考え方・アイデアはもちろん、一般的でなく新規性のある考え方・アイデアまであらゆる提案を歓迎する。

#### (d) アイデアを結合し発展させる（結合改善）

別々のアイデアをくっつけたり一部を変化させたりすることで、新たなアイデアを生み出していく。他人の意見に便乗することが推奨される。

### ⑧ VEの7原則

#### (a) 価値向上の原則

VEは単なるコストダウン手法ではなく、製品の価値を高めることにより供給者、メーカー、ユーザー、一般社会すべてがメリットを得ることを目的とする。

#### (b) 使用者優先の原則

メーカーの利益追求のためでなく、ユーザーの欲求を満足させる活動の中から利益を生み出そうとする姿勢が必要である。

#### (c) 機能思考の原則

常にユーザーの欲求する機能は何かを考え、それを実現するための手段を設計に取り入れる必要がある。

#### (d) 経済性思考の原則

経済性に見合った機能やその達成レベルを追求しなければならない。

### ⒠ 創造性思考の原則

従来の知識経験だけでなく、新しい発想を交えることでより多くのアイデアを出し、改善に結びつけなければならない。

### ⒡ 情報活用の原則

VE活動に必要な情報の質と量を高めるとともに、有効に活用しなくては満足な成果は上げられない。

### ⒢ チームデザインの原則

各部門の専門家が知識や経験を持ち寄り、交換し合うことにより、相乗効果となって大きな成果を上げられる。

# 3 信頼性設計

信頼性設計とは、システム（設備、製品、部品なども含む）が、寿命を迎えるまでの使用期間中に、故障による障害や事故が起きないように設計することである。

## ⑴ フェイルセーフ

フェイルセーフとは、故障が起きたときに、システム全体に対して安全を確保しようとする仕組みである。フェイルセーフには、一刻も早く止める考え方と徐々に収束させる考え方がある。

## ⑵ フェイルソフト

フェイルソフトとは、フェイルセーフのうち、徐々に収束させる考え方に基づく仕組みである。

## ⑶ フールプルーフ（エラープルーフ）

フールプルーフとは、最も立場の弱いユーザーが最悪の状態で、機器や装置などを操作しても、エラーを起こそうにも起こすことができないように、人為的に不適切な行為があってもシステムの信頼性を確保する仕組みである。フールプルーフには隔離、ロック、機械化などの方法がある。

### ① 隔離

例として、作業者がうっかり手を出しても接触しないように機械の回転部にカバーを取り付けることがあげられる。

### ② ロック

例として、配電盤の扉を開けると、電気回路が自然に死線する機構があげられる。

### ③ 機械化

例として、何分間かまったく操作しないとオフになる電卓や一定時間経過すると自動的に消火する石油ファンヒータがあげられる。

# III　生産方式・管理方式

H25-08
H23-08
H21-10

## 1　ライン生産方式

### (1) ラインの定義

　ラインとは「対象とする製品を完成させるのに必要となる工程を技術的な工程順に配置したもの」である。

　通常は特定の製品を作るために、人や機械を技術的な順番に配置してラインを構成する。

### (2) ライン生産方式の定義

　**ライン生産方式**とは「生産ライン上の各作業ステーションに作業を割り付けておき、品物がラインを移動するにつれて加工が進んでいく方式（JIS Z 8141 − 3404）」であり、流れ作業ともいう。

　作業ステーションとは加工や組立を行う場所であり、工程とほぼ同じ意味である。ライン生産方式は、製品の組立作業に必要な設備が高価であることや、製品の組立作業要素の数が複雑である場合に採用される。また、すべての品物の移動と加工が同期して繰り返されるライン生産方式を**タクト生産方式**という。作業方式として、「作業者がコンベヤ上の品物をいったん作業台に移し、静止した品物に対して作業を行う方式（JIS Z 8141 − 3412）」の**静止作業方式コンベヤシステム**と、「コンベヤ上を移動中の品物に対して作業を行う方式（JIS Z 8141 − 3412）」の**移動作業方式コンベヤシステム**がある。

**【 ライン生産方式のイメージ 】**

　ライン生産方式を実現するためには、各作業ステーションへ作業を均等に配分することが必要であり、そのことをラインバランシングという。

H26-07 ### (3) ライン生産方式の分類

　ライン生産方式を、生産する品種数および作業方法から分類すると、**単一品種ライン生産方式**、**多品種ライン生産方式**に大別される。多品種ライン生産方式はさらに、**ライン切換生産方式**と**混合品種ライン生産方式**に分類される。

#### ① 単一品種ライン生産方式

　特定の単一品種を生産するために、あらかじめ準備された生産ラインで、その単一品種を連続的に生産する方式である。

### ② 多品種ライン生産方式

多品種・多仕様化に対応し、量産効果を発揮しながら複数品種を同一ラインで生産する方式である。

#### (a) ライン切換生産方式

ある計画期間中に生産される品種数に応じて、計画期間をいくつかの小期間に細分し、細分された小期間中は特定の1品種のみを連続的に生産する方式である。

#### (b) 混合品種ライン生産方式 (混流生産方式、混合生産方式)

作業方法がほぼ等しい特定の複数品種を生産するために、あらかじめ準備された1本のラインで、複数品種を混合して連続的に生産する方式である。

**【 ライン生産方式の分類 】**

```
                    ┌─ 単一品種
                    │   ライン生産方式
ライン生産方式 ──┤
                    │   多品種         ┌─ ライン切換生産方式
                    └─ ライン生産方式 ─┤
                                        └─ 混合品種ライン生産方式
```

ライン切換生産方式を採用するか、混合品種ライン生産方式を採用するかは、次表の条件によって決まる。ライン切換生産方式は、需要の時期が品種ごとに異なっている場合などに採用される。また、各品種とも定常的に出荷が要求される場合で、仕掛在庫の削減や生産期間の短縮化を図りたいときは、混合品種ライン生産方式が採用される。

**【 ライン切替生産方式と混合品種ライン生産方式の比較 】**

| 項　目 | ライン切換生産方式 | 混合品種ライン生産方式 |
|---|---|---|
| 要素作業<br>(最小の作業単位)<br>の類似性 | 品種間で要素作業にまったく異なるものがある | 各品種とも各要素作業はほぼ類似している |
| 段取り替えの有無 | 異なる品種を作るためには、段取り替えが必要 | 段取り替えを行わずに、または段取時間を極小化することで、異なる品種の生産が可能 |
| 作業工程数 | 作業工程数は品種によって異なる | 品種が異なっても、作業工程数は技術的に同一工程数にすることが可能 |

出典:『生産管理の基礎』村松林太郎著　国元書房を一部加筆

## 2 ラインバランシング (ライン編成)

R05-06<br>R04-02<br>H28-21

**ラインバランシング**とは「生産ラインの各作業ステーションに割り付ける作業量を均等化する方法 (JIS Z 8141 − 3403)」である。

例えば、A工程⇒B工程⇒C工程⇒D工程という工程順で、作業時間がそれぞれ、

3分、3分、4分、2分というラインについて考えてみる。このラインでは、製品が
ラインから作り出されてくる時間間隔は4分になる。

　つまり、ライン生産方式では、最も作業時間の長い工程の作業時間によってライ
ンの生産速度が決まるのである。また、このラインでは、D工程では手待ちが発生し、
C工程の前にはB工程まで完了した仕掛品が溜まってしまう。これでは効率が悪い
ため、できる限り各工程間のばらつきを少なくするような工夫が必要となる。次図
では、ラインバランシングにより各工程の作業時間を3分に均一化することによっ
て、製品の作り出される時間間隔は3分に短縮される。

**【 ラインバランシングの概念 】**

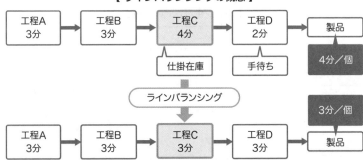

各工程の作業時間を均一にすることで、トータルの作業時間は同じでも、製品1個が完成する
時間間隔は短くなるため、生産能力が高くなる。

H28-06
H26-07
H20-17
## (1) ラインバランシングの手順

　ライン生産方式の工程を設計する場合は、ラインバランシングを考慮し、設計す
る。最も単純な単一ライン生産方式におけるライン設計は以下①〜④の手順で行う。

H22-07
H20-16
H19-14
### ① サイクルタイム（ピッチタイム）の決定

　**サイクルタイム**とは「生産ラインに資材を投入する時間間隔（JIS Z 8141 −
3409）」であり、通常は製品が産出される時間間隔に等しい。サイクルタイムは、ピッ
チタイムともいう。生産ラインの生産速度の逆数である。

$$サイクルタイム = \frac{1日の予定稼働時間（正味稼働時間）}{1日の生産計画量（生産量）}$$

### ② 最小作業工程数の計算

　対象とする製品1単位を作るのに要する総作業時間が与えられているとき、サイ
クルタイムを維持するために最小限必要な作業工程数（作業ステーション数）を次
式によって求める。

$$最小作業工程数 = \frac{総作業時間}{サイクルタイム}$$

ただし、工程数が小数になることはないため、上の式で求めた数値以上の最も小さい整数が、最小作業工程数になる。

**【 ライン編成手順 】**

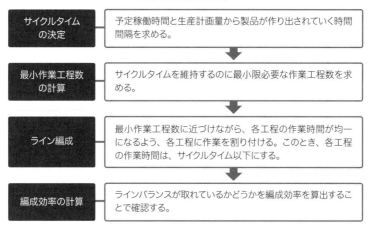

| サイクルタイムの決定 | 予定稼働時間と生産計画量から製品が作り出されていく時間間隔を求める。 |
| 最小作業工程数の計算 | サイクルタイムを維持するのに最小限必要な作業工程数を求める。 |
| ライン編成 | 最小作業工程数に近づけながら、各工程の作業時間が均一になるよう、各工程に作業を割り付ける。このとき、各工程の作業時間は、サイクルタイム以下にする。 |
| 編成効率の計算 | ラインバランスが取れているかどうかを編成効率を算出することで確認する。 |

### ③ ラインバランシング (ライン編成)

②で求めた最小作業工程数に近づけながら、各工程での作業時間が均等になるように要素作業を作業工程に割り付ける。このとき、各工程の作業時間が①で求めたサイクルタイムを超えないように注意する。これは①で求めたサイクルタイムを超えてしまうと、超えてしまった工程の作業時間が、そのラインのサイクルタイムになってしまうからである。

### ④ 編成効率の計算

各工程に割り当てられた作業時間がどの程度均等になっているかを表す指標は、編成効率とバランスロスであり次式で求められる。

$$編成効率 = \frac{各工程の作業時間合計（／個）}{工程数 \times サイクルタイム} \times 100 (\%)$$

工程数のことを作業ステーション数と表現することもある。

$$バランスロス = 100\% - 編成効率$$

※混合品種組立ラインでは、品種ごとの編成効率を計算し、それを生産量の構成割合にもとづいて加重平均する。

編成効率の高いラインは、工程間の作業時間のばらつきが少なく、バランスの取れたラインといえる。

ラインの各工程の作業時間を並べて比較した図をピッチダイヤグラムといい、次図のように表す。この図を用いると、ばらつきの原因となっているネック工程の把握が容易になる。

R03-05
R02-16
H26-07
H25-09
H22-08

第6章 生産のプランニング　　187

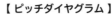

【 ピッチダイヤグラム 】

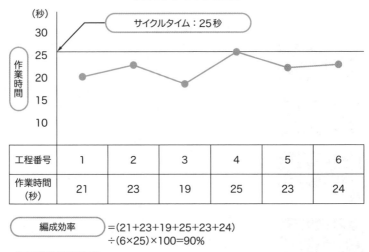

| 工程番号 | 1 | 2 | 3 | 4 | 5 | 6 |
|---|---|---|---|---|---|---|
| 作業時間<br>(秒) | 21 | 23 | 19 | 25 | 23 | 24 |

編成効率 ＝(21+23+19+25+23+24)<br>÷(6×25)×100＝90％

バランスロス ＝100−90＝10％

　このとき、生産時間1時間当たりの生産量＝$\left(\dfrac{\text{生産時間60分×60秒}}{\text{サイクルタイム25秒}}\right)=144$個である。

## (2) 編成効率の改善方法

　編成効率を高めるために、次の方法（一例）でラインを改善する。
① ネック工程の作業を機械化する
② 作業の分割と合併を行う
③ 作業を並列化する
④ 作業方法を改善する
⑤ 作業者の再配置や多能工化を行う

# 3 トヨタ生産方式

## (1) トヨタ生産方式の基本概念

　**トヨタ生産方式**は、徹底したムダの排除を基本思想に持つ原価低減のための改善活動が中心となった、生産性向上を目指した生産方式である。
　トヨタ生産方式の基本概念としては、**ジャストインタイム（JIT）**と**自働化**という一貫した2本柱がある。

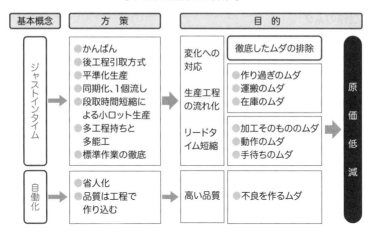

**【 トヨタ生産方式の体系 】**

## ① ジャストインタイム (JIT)

R03-06

**ジャストインタイム**とは「すべての工程が、後工程の要求に合わせて、必要な物を、必要なときに、必要な量だけ生産（供給）する生産方式（JIS Z 8141 − 2201）」である。

ジャストインタイムでは、作り過ぎによる中間仕掛品の滞留や工程の遊休などが生じないように、生産工程を流れ化し、生産リードタイムを短縮する。

## ② 自働化

にんべんのある自動化ともいわれ、生産上の良し悪しの判断を人間だけでなく、機械にも組み込むことである。

具体的には、生産ラインや機械で不良品や異常が発生した時点で、品質保証のために、それらの異常を検知して、作業者や機械が自ら生産ラインや機械の自動運用を止める仕組みのことである。

## (2) 7つのムダ

H25-20
H21-20

**トヨタ生産方式**では、ムダを7つあげ、これらを徹底的に排除して生産の合理性を追求している。ムダの種類を具体的にあげることで、その内容を誰にでもわかるようにしている。

### ① 作り過ぎのムダ
不必要なものを不必要なときに作ることによるムダ。

### ② 手待ちのムダ
前工程待ちや監視作業によるムダ。

### ③ 運搬のムダ
モノの移動や積替えのムダ。

### ④ 加工そのもののムダ
不要な工程や作業が必要のごとく行われていることによるムダ。

⑤ **在庫のムダ**

モノが停滞している状態や保管、工程間の仕掛りによるムダ。

⑥ **動作のムダ**

不必要な動き、付加価値のない動き、遅速な動きによるムダ。

⑦ **不良を作るムダ**

手直しや返品など生産性を下げる材料・加工の不良によるムダ。

## (3) 改善の手段

　トヨタ生産方式では、**ジャストインタイム**と**自働化**の2本柱を基本概念とし、7つのムダをなくすために、さまざまな手段を用いている。それらの手法を以下に説明する。

H29-09
H21-11

### ① かんばん

　各工程に、必要なモノを必要なときに必要な量だけ供給するため、何を、どれだけ、どの順番で生産し、運搬するかの指示を行う**情報伝達手段**である。これによって、モノと情報が一体化され、管理が容易になる。かんばんは、「**引取りかんばん（運搬指示かんばん）**」と「**仕掛けかんばん（生産指示かんばん）**」の2種類に大別される。「**引取りかんばん**」は後工程が前工程から引き取るべき製品の種類と量を記載したものである。「**仕掛けかんばん**」は前工程が生産しなければならない製品の種類と量を記載したものである。

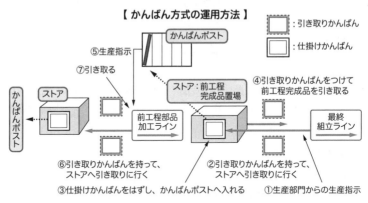

**【 かんばん方式の運用方法 】**

出典『現代の生産管理』古屋浩著　学文社を一部加筆

| 引取りかんばんの例 | | | |
|---|---|---|---|
| 置場<br>棚番号 5E215　背番号 A2-15 | | | 前工程 |
| 品番 | 35670S07 | | 鍛造 |
| 品名 | ドライブピニオン | | B-2 |
| 車種 | SX50BC | | 後工程 |
| 収容数 | 容器 | 発行番号 | 機械加工 |
| 20 | B | 4/8 | m-6 |

| 仕掛けかんばんの例 | | |
|---|---|---|
| 置場<br>棚番号 F26-18　背番号 A5-34 | | 前工程 |
| 品番 | 56790-321 | 機械加工 |
| 品名 | クランクシャフト | SB-8 |
| 車種 | SX50BC-150 | |

出典：『トヨタプロダクションシステム』門田安弘著　ダイヤモンド社

引取りかんばんの例、仕掛けかんばんの例、に記載されている内容は、次のとおりである。

図の仕掛けかんばんの例では、機械加工工程SB－8がSX50BC－150型乗用車用のクランクシャフトを生産しなければならないことが示されている。生産されたクランクシャフトは部品置場F26－18に置いておかれる。

図の引取りかんばんの例では、この部品を作る前工程が鍛造であり、後工程の運搬者は鍛造部門のB－2の場所に行って、ドライブピニオンを引き取るよう指示されている。後工程は、機械加工である。各部品箱には部品が20個ずつ収納されており、部品箱（容器）の型はBである。このかんばんは、発行された8枚のうちの4番目のものである。背番号とは、その品日の略号である。

### ② 後工程引取方式

引っ張り方式あるいはプル方式ともいわれる生産方式で、後工程が必要なものを必要な量だけ、前工程から引き取る方式である。前工程は引き取られた分だけ補充するため、在庫削減の効果がある。ジャストインタイムと同義とすることが多い。

H25-20

### ③ 平準化生産

すべての工程について作業負荷を平均化させ、前工程から引き取る部品の種類と数量を平均化させる生産方式である。

変動する要求に対して極力生産の変動を抑えることにより、負荷変動の抑制を図ると同時に、生産に必要な原材料や部品の使用量の変動も抑制することを目指す。

### ④ 多工程持ちと多能工

フローショップ型（製品別配置）のレイアウトで、製品の加工順に配置した多数の異種の機械を、1人の作業者が受け持ち加工することを**多工程持ち**といい、これを行える（複数種の作業ができる）作業者を**多能工**という。

多工程持ちは、多台持ち（1人の作業者が同種の機械を複数操作する）と比較し、生産リードタイムの短縮、仕掛品の減少、生産量の変動への柔軟な対応などメリットが多い。また、多工程持ちをより有効にするためには、U字ラインのレイアウトがよい。

### ⑤ 少人化

市場ニーズに合わせ、最も少ない人員で効率的に生産することである。

### ⑥ 標準作業

「製品又は部品の製造工程全体を対象にした、作業条件、作業順序、作業方法、管理方法、使用材料、使用設備、作業要領などに関する基準の規定（JIS Z 8141－5501）」である。

### ⑦ 作業標準

R04-15

各製造工程を対象に、所定の設計品質や原価、工数でしかも楽に、安全に製品を作るための正しい作業方法を規定したものである。

作業標準は、最善な作業方法で実行可能で、目的や目標値が具体的であることが重要で、状況が変化した場合には常に改訂されなければならない。作業標準の対象は、職場で発生するすべての作業、つまり加工や組立、検査、準備段取作業などの直接的な作業と、運搬や保全、異常作業処理などの間接的な作業である。作業標準

の表現方法には、①文章・図表方式、②写真やVTR、コンピュータ、録音テープなどによる画像・音響方式、③製品や部品、限度見本などの現物方式などがある。

# 4 その他の生産方式

**H19-20** **(1) セル生産方式**

　**セル生産方式**とは、本来グループテクノロジー (GT) を利用した生産方式のことである。部品の類似性に基づいて部品をグループ化すると、一般に部品のグループとそれらを加工する機械の間には高い関連性が見出される。それぞれの部品のグループは機械全体の一部から構成された機械グループによって加工が行える。そのような機械のグループとしてさまざまなセルを構成すると、部品の運搬の手間や時間が省かれ、仕掛量は減少して生産リードタイムが短縮する。

　一方、ラインを用いずに1人の作業者や複数の作業者が製品を組み立てる方式をセル生産と呼ぶことがあるが、グループテクノロジー (GT) が利用されていないために学術用語としては、その名称は適切でない。米国ではその種の生産を組立セル (assembly cell) と呼んで通常のセルと区別するようにしているが、日本では、組立セル方式のことをセル生産方式と呼ぶことが多い。以下では、セル生産方式を組立セル方式として説明する。

　セル生産方式 (組立セル方式) のメリットには、次のようなものがある。

① 分業をなくすことで、ラインバランス効率を考慮する必要がなくなるため、ネック工程がなくなり、生産性が向上する
② 生産量の変動や多品種少量生産に対して柔軟に対応できる
③ 最小単位の仕掛在庫で生産が可能となるため、仕掛在庫が少なくなる
④ ネック工程がなく、工程待ちがなくなるため、製造リードタイムが短縮化する
⑤ 作業者が自分のペースで作業を完成までやり通せるため、ものづくりの達成感を享受できる。そのため、作業者のモラール (士気) が高まる
⑥ 作業者間で競争意識が醸成されるため、結果として、よりよい品質のものをより短時間で生産できる
⑦ レイアウト変更時に設備投資額が少なくてすむ

## (2) グループテクノロジー (GT)

　**グループテクノロジー**とは「多種類の部品をその形状、寸法、素材、工程などの類似性に基づいて分類し、多種少量生産に大量生産的効果を与える管理手法 (JIS Z 8141 – 1217)」である。

　この考え方は、システムの柔軟性を確保しつつ、類似性に注目して処理のロットサイズを大きくすることによって生産性を向上することをねらっている。主に、加工部品の集約化を可能とするために、部品分類システムを構築することに研究の中心がある。

同様の考え方に、マスカスタマイゼーションがある。**マスカスタマイゼーション** H29-04
とは、製品やサービスの核となるコンポーネントを機能的に独立した交換可能でさ
まざまに組み合わせができるユニットとしてモジュール化し、モジュラー・コンポー
ネントを大量生産しつつ、顧客ごとにカスタム化した製品やサービスを提供するこ
とである。

## (3) モジュール生産方式

R05-04
R04-04

　モジュール生産方式とは「部品又はユニットの組合せによって顧客の多様な注文
に対応する生産方式（JIS Z 8141 - 3205）である。あらかじめ複数種類の部品を
組み立てておき、注文を受けてからそれらの組み合わせ（モジュール設計）によっ
て多品種の最終製品を生産することが可能となる。また、外部のサプライヤーに対
してモジュール単位で発注を行えば、サプライヤーの数を絞ることが可能になるため、
管理の負担を軽減することや、組立工程で扱う部品点数が削減され、組立工程が短
くなり注文を受けてから納品するまでのリードタイム短縮などが期待できる。一方、
モジュール設計において問題が発生した場合にその影響が大きいというデメリット
もある。

　GTもモジュール生産も、マスカスタマイゼーションも、突き詰めれば、すべて
類似性を利用する点で、考え方は同じである。

## (4) 1人生産方式

H30-20
H25-08
H21-10

　1人生産方式とは「1人の作業者が通常静止した状態の品物に対して作業を行う
方式（JIS Z 8141 - 3405）」である。複数の作業者が協働して作業を行う場合も含
まれる。ライン生産方式の対極をなす方式である。

　組立ラインを用いて複数の作業者が1つの製品を組み立てる場合、品物をコンベ
ヤと作業台との間で往復させる取置作業が作業者数だけ必要になる。1人生産方式
の場合は、このような取置作業の大部分がなくなるばかりでなく、各作業者の担当
する作業サイクルが長くなって作業の単調感が減少するうえ、それぞれの能力に応
じたスピードで作業が行えるため作業に対するモチベーションが高められる。その
ほか、ライン生産方式の場合に作業者間で生じる仕掛品が除去され、生産リードタ
イムの短縮ができる。問題点としては、作業が複雑な場合に作業の習熟に長時間を
要し、いわゆる習熟ロスが発生することである。

## (5) U字ライン

R05-18
H30-20
H25-20

　U字ラインとは「U字型の形状をとるライン生産方式（JIS Z 8141 - 3406）」で
ある。この形状をとることによって、1人の作業者に割り付ける作業の組み合わせ
方が豊富になる。直線型の生産ラインの場合、1人の作業者に割り付けることので
きる作業は、1つの作業ステーションあるいはせいぜいその前後の作業ステーション
で行える作業に限定される。U字型の生産ラインの場合は、作業者はU字の内側
に配置されるために背後の作業ステーションの作業も割り付け可能となり、作業の
所要時間や作業者間での作業速度の違いを考慮した作業割当が行える。また、U字

ラインには、作業者の有効活用を狙った結果として、生産設備の敷設スペースの抑制や人の移動距離短縮を図ることができるレイアウト上の利点もある。

R03-02 **(6) 同期化生産**

同期化とは「生産において分業化した各工程（作業）の生産速度（作業時間や移動時間など）、稼働時間（生産開始・終了時刻など）や、それに対する材料の供給時刻などをすべて一致させ、仕掛品の滞留、工程の遊休などが生じないようにする行為（JIS Z 8141－1212）」である。

**同期化生産**では、すべての作業のサイクルタイム（ピッチタイム）が同一になり、すべての工程における作業が同時に開始され同時に終了し、同時に次の工程に引き継がれることが繰り返され、安定した連続的生産が実現されることを目指す。

R03-16 **(7) フォードシステム**

フォードシステムとは、1900年代にH.Fordが自動車の組立にコンベヤ・システムを導入して、各種の組立作業が同時進行する同期化による同時管理のことである。流れ作業と分業化により、作業者は担当工程のみに習熟する。

R04-04
R02-08
H30-20
H28-07
H26-08
H22-09

# 5 管理方式

**(1) 製番管理方式**

**製番管理方式**とは「製造命令書を発行するときに、その製品に関するすべての加工と組立の指示書を同時に準備し、同一の製造番号をそれぞれにつけて管理を行う方式（JIS Z 8141－3211）」である。

個別生産のほか、ロットサイズの小さい、つまり品種ごとの月間生産量が少ない場合のロット生産で用いられることが多い。

R05-13
H23-19
H22-09 **(2) 追番管理方式 (SNS：Serial Number System)**

**追番管理方式**とは、期の始まりからアイテムごとに追番といわれる通し番号を付けて、数量管理と日程管理を行う方式である。この通し番号は、製番管理方式のように、生産指示にかかわるすべての管理項目に対して紐付けられるが、見込生産やロット生産の日程別の数量管理に活用される点が、製番管理方式と異なる。この方式では、追番が生産実績数を表すため、計画との比較による進捗状況は一目瞭然となる。

H28-03 **(3) プッシュ・システムとプル・システム**

**プッシュ・システム**とは「あらかじめ定められたスケジュールに従い、生産活動を行う管理方式（JIS Z 8141－4201）」である。押出し方式、プッシュ生産方式、プッシュ型管理方式ともいう。前工程が後工程に材料や部品を送り込んでいく管理方式である。

プル・システムとは「後工程から引き取られた量を補充するためにだけ、生産活動を行う管理方式（JIS Z 8141 − 4202）」である。後工程引取方式、引張方式、プル生産方式、プル型管理方式ともいい、顧客の注文が起点となって順番に製造指示が発生する。後工程が前工程から必要とする量だけを引き取り、これを初工程まで繰り返すことによって、各工程の生産が連鎖していく管理方式である。

## ⑷ ジャストインタイム（JIT）

　ジャストインタイム（JIT）とは「すべての工程が、後工程の要求に合わせて、必要な物を、必要なときに、必要な量だけ生産（供給）する生産方式（JIS Z 8141 − 2201）」である。ジャストインタイムのねらいは、作り過ぎによる中間仕掛品の滞留や工程の遊休などを生じないように生産工程の流れ化と生産リードタイムの短縮を実現することにある。ジャストインタイムを実現するためには、最終組立工程の生産量を平準化すること（平準化生産）が重要である。ジャストインタイムは、後工程が使った量だけ前工程から引き取る方式であることから、後工程引取方式（プル・システム）ともいう。

R04-04
H29-04
H24-07

## ⑸ オーダ・エントリー方式

　オーダ・エントリー方式とは「生産工程にある製品に顧客のオーダを引き当て、製品の仕様の選択又は変更をする生産方式（JIS Z 8141 − 3206）」である。乗用車の受注生産方式を指す言葉として用いられることが多い。

　乗用車は同一の車種であってもギアの段数、エンジンの容量、ボディの色などオプションの組み合わせによって事実上無限といってよいほど多品種の製品が、1つの組立ラインで生産される。顧客のオプションの選択や変更に対応し、なおかつ短納期で製品を顧客に引き渡すためには、ライン上の「顧客が決まっていない標準車」を、特定の顧客の要求に合わせて仕様変更したり、「顧客が決まっている車」の間で仕様変更の相殺・調整をしたりして、すべての顧客の要求を満たす必要がある。

　このように、部品の供給量を制約条件として取り扱いながら短期間で市場の変化に適応することを指向したシステムがオーダ・エントリー方式である。

R04-04
R01-06
H22-09

## ⑹ 生産座席予約方式

　生産座席予約方式とは「受注時に、製造設備の使用日程・資材の使用予定などにオーダを割り付け、顧客が要求する納期通りに生産する方式（JIS Z 8141 − 3207）」である。製造工程を一種の座席と見立て、営業部門があたかも列車や飛行機の座席を予約するような感覚で、顧客の希望する製品の出荷を予約する方式である。

　従来の形態では、販売部門が立てた販売計画や実際の受注見通しに従い、製造部門が実際に製造する、つまり注文情報をもとに製造日程計画を作成していた。

　一方、生産座席予約方式では、ある程度の予測に基づき作成した基準日程計画を先に作成し、それに合わせて実際の注文を割り当てていく逆のアプローチをとる。

　一般に、生産座席予約方式における座席には、製品名称と数量と日付が記されて

ある。営業部門の担当者が座席を予約することにより、その日付においてその製品の指定数量の出荷が約束される。したがって、この情報をもとに担当者は顧客に納期の確約ができる。一方、生産座席にある製品名が、自由席のように比較的幅を持たせた記述になっている場合も考えられる。さらに、座席の意味するところが、製品ではなく何らかのボトルネック資源である例もある。この場合には、その資源を利用する製品が優先して製造されることになり、結果的にそれらの製品群が座席に記されているのと同じになる。

**【 各管理方式の特徴 】**

| 管理方式 | 主 な 特 徴 |
|---|---|
| 製番管理方式 | • 製品の多様化への対応に適している<br>• 製造番号の特定により品質保証管理が容易<br>• 納期変更や製品仕様の変更があった場合に、特定の部品の発注指示、生産指示などの変更が容易 |
| 追番管理方式 | • 完成品や仕掛品の現品管理、部品の数量統制に適している<br>• 継続生産における進度管理が容易 |
| プッシュ・システム | • 事前に全体を見通したスケジュールをたてるため、資源を有効活用できる計画をたてられる<br>• 管理部門が生産・配送・在庫状況を集中的に把握する必要があるため、大掛かりな情報システムなどが必要である<br>• 状況変化に伴うスケジュールの陳腐化による過剰在庫の危険がある<br>• モノと情報の乖離による様々な齟齬が生じやすい |
| プル・システム | • 品種と生産量の平準化が必須であるため、引取量や引取順序が大きく変動する場合には適さない<br>• 時々刻々の生産・配送・在庫状況の集中管理は不要であるが、工程間の在庫量を決める段階では管理部門による集中的計画が必要である<br>• 稼働率維持のための作りだめなどができないため、過剰在庫の危険が少ない<br>• モノと情報の同期化が容易 |
| オーダ・エントリー方式 | • 生産工程にある製品に顧客のオーダを引き当て、製品仕様の選択または変更をするため、顧客のオプション選択や変更に対応でき、かつ短納期による引渡しが可能 |
| 生産座席予約方式 | • 受注見積りの時点で顧客に信頼できる納期を提示できる<br>• 平準化生産など製造効率の良い生産が可能<br>• 営業部門から集まる需要見通しを信頼度の高い需要予測情報として活用できる |

出典：『生産管理用語辞典』(公社)日本経営工学会編　(一財)日本規格協会を基に作成

R04-09 **(7) TOC（制約理論）**

　TOC（制約理論）とは、ボトルネック工程が工場全体の生産速度に決定的な影響を与えるため、ボトルネック工程の発見・対策と活用を行うことで、工場全体のス

ループットを改善し、スケジューリングを最適化することを目的とした理論である。

　TOCは、製造ラインを縦1列の隊列と考え、隊列が時間内に全員目的地に到着（工程完了）する場合に例えて説明される。隊列の中で最も遅い人のペースがボトルネックとなる。ボトルネックのペースを、ドラムを叩いて、隊列全体に伝える。ボトルネック以外のトラブルでボトルネックが遅れないように、ボトルネック以外の隊員には余裕（バッファ）を持たせる。隊列が長くなりすぎないように、隊列全体をロープでつなぐ。

### ① ドラム

　一定で安定した生産活動を目指すために、製造プロセスの各工程において、一定のリズムに合わせて生産を進める役割を果たす。ボトルネック工程のスケジュールであり、ドラムに合わせることが他の工程の生産活動の基本となる。

### ② バッファ

　設備故障や作業遅延など生産活動における不確実性に対する余裕分を含めたリードタイムのことである。

### ③ ロープ

　初工程、すなわち隊列の最後尾に対して、ボトルネック工程のスケジュールを通知する役割を果たす。

# IV 生産計画

## 1 生産予測 Ⓐ

### (1) 生産計画と生産予測

　生産計画とは「生産量と生産時期に関する計画(JIS Z 8141 − 3302)」である。そのため生産計画を作成する前には、需要予測を行わなければならない。需要予測とは「将来における製品やサービスの需要を何らかの経済的・経営的要因を根拠にしてその量を示すこと」である。生産計画のための需要予測を**生産予測**という。

　需要予測は予測期間の長さによって長期、中期、短期に分けられる。

　**① 長期予測**

　工場の新設にあたっての設備能力の決定などに利用される。

　**② 中・短期予測**

　人員計画、生産計画、在庫管理(短納期の資材の仕入れ量の決定など)に利用されることが多い。

### (2) 生産予測の手法

　生産予測の良否は生産計画に多大な影響を与えるため、生産予測にあたっては、数式モデルによる各種の手法が利用される。直線である回帰直線やS字曲線であるロジスティック曲線などがある。

　数式モデルによる予測では、過去の実績データを用い、代表的な予測方法に時系列分析と回帰分析がある。時系列分析による予測手法では、時系列データの中に規則性を見出し、それにより将来データを予測する。

　**① 時系列の変動の種類**

　　(a) 傾向変動

　　長期間にわたり緩やかに上昇または下降していく傾向を表す変動。

　　(b) 循環変動

　　数年から数十年を周期として循環的に繰り返される変動。

　　(c) 季節変動

　　1年を周期として規則的に繰り返される変動。

　　(d) 不規則変動

　　原因不明の偶然的な変動。

　**② 移動平均法と指数平滑法**

　　(a) 移動平均法

　　時系列データの不規則変動を除去し、傾向変動を分析するための手法で、単純移動平均法と加重移動平均法がある。

- **単純移動平均法**

最近のいくつかの実績値の単純平均を求め、それを次期の予測値とする方法で、次式により求める。

$$F_t = \sum_{i=1}^{n} D_{t-i} \div n \qquad F_t：t期の予測値、D_{t-i}：t期よりi期前の実績値、n：期間数$$

例えば、ある製品の売上高が、4月：50万円、5月：60万円、6月：70万円である場合、7月の売上予測値を3か月単純移動平均法で求めると、次のようになる。

$(50 + 60 + 70) \div 3 = 60万円$

- **加重移動平均法**

過去の実績値の平均を求めるとき、それぞれに異なった重みを与えて平均し、これにより予測値を求める方法で、次式により求める。

$$F_t = \sum_{i=1}^{n} W_{t-i} D_{t-i} \div \sum_{i=1}^{n} W_{t-i} \qquad W_{t-i}：D_{t-i} に与えた重みづけ係数$$

例えば、ある製品の売上高が、4月：50万円、5月：60万円、6月：70万円であり、3か月前の実績に対する重みづけ係数を0.2、2か月前の実績に対する重みづけ係数を0.3、1か月前の実績に対する重みづけ係数を0.5として7月の売上予測値を加重移動平均法で求めると、次のようになる。

$(0.2 \times 50 + 0.3 \times 60 + 0.5 \times 70) \div (0.2 + 0.3 + 0.5) = 63万円$

(b) 指数平滑法

H27-09

需要の不規則な変動を平滑化し、かつ需要の変化に追従させたい場合に用いられ、予測式は次式で表される。指数平滑法では、過去の需要量にさかのぼるにつれて重みが指数的に減少する。

$$F_t = F_{t-1} + \alpha(D_{t-1} - F_{t-1})$$
$$F_t：t期の予測値 \quad F_{t-1}：t-1期の予測値 \quad D_{t-1}：t-1期の実績値 \quad \alpha：平滑化定数$$

この式の意味は、t−1期の予測値に、t−1期の予測誤差を一部組み入れてt期の予測値とするものであり、αが求められていれば、当期の実績値と予測値のみで算出できる。したがって、移動平均法と比較すると、過去のデータを多く必要としない利点がある。

αは$0 < \alpha < 1$となる定数であり、0に近い値を持つ場合には、予測値の修正はほとんど行われない。α自身も、過去の実績値に応じて修正される。

例えば、ある製品の売上高が、4月：50万円、5月：60万円、6月：70万円であり、6月の売上高は当初65万円であると予測されていた。平滑化定数を0.3として7月の売上予測値を指数平滑法で求めると、次のようになる。

$65 + 0.3 \times (70 - 65) = 66.5万円$

③ 回帰分析

需要に与える要因と需要との因果関係を分析し、回帰式といわれる関係式を導き、この式を利用して需要予測する手法で、例えば、t期の需要量を$Y_t$、モデルに取り

上げた要因を $X_{1t}$ , $X_{2t}$ , …, $X_{pt}$ とした場合、予測式は次式で表される。

$$Y_t = f(X_{1t}, X_{2t}, \cdots, X_{pt})$$

　ここで、$X_{1t}$ , $X_{2t}$ , …, $X_{pt}$ を説明変数（独立変数）、$Y_t$ を被説明変数（従属変数）といい、説明変数には、国民所得、国民総生産、価格、工業生産指数、個人消費支出、人口など多種多様なデータが用いられる。

## 2 生産計画

### (1) 生産計画と日程計画

　生産計画には、広義と狭義の解釈があり、広義には生産管理におけるすべての計画（日程計画、工数計画、資材計画など）を内包する。しかし、試験対策上、本書では、狭義の「生産量と生産時期に関する計画（JIS Z 8141－3302）」とする。この狭義の生産計画は、広義の日程計画と同義であり、工場において計画期間内に、どの製品や部品を、どれだけ生産するのかを決定することである。生産計画によって製造指示書が出されると、各部門は計画どおりの生産を達成するために生産活動を始める。

　広義の日程計画は、大日程計画、中日程計画、小日程計画に分けられ、長期から短期、広範囲から狭範囲というように、より詳細な計画へと展開される。

#### ① 大日程計画（期間生産計画、全般的生産計画）

　経営計画の期間（1年、半年など）に合わせて作成される。将来必要とされる設備能力、作業者数、資材量などの算定を目的とする。経営計画の期間に合わせた経営資源の総量を決めることになる。

#### ② 中日程計画（月次生産計画）

　大日程計画に基づき、一般的には月度単位で作成される。納期や計画生産数量に基づき、経営資源を月度単位で配分することになる。

#### ③ 小日程計画（狭義の「日程計画」）

　中日程計画で設定された納期や計画生産数量を順守するために、一般的には週間で作成される。作業者や機械などの稼働率の最大化、仕掛在庫量の最小化などを目的とし、作業の着手と完了の時期を決めることになる。

**【 一般的な日程計画の特徴 】**

| | 計画期間 | 計画単位 | 目的 |
|---|---|---|---|
| 大日程計画 | 1年、又は半年 | 月単位で、工場単位の計画 | 生産活動に対して経営上の指針を与える将来必要とされる設備能力、作業者数、資材量などを算定する |
| 中日程計画 | 月間 | 週単位で、部門・職場単位の計画 | 材料や部品の所要量や時期を明らかにする。必要とされる作業者数や使用設備をほぼ確定させる |
| 小日程計画 | 週間 | 日単位・時間単位で、工程・機械・作業担当者単位の詳細な計画 | 作業者や機械などの稼働率の最大化、仕掛在庫量の最小化、生産リードタイム最小化、納期遅れの最小化の達成など |

### ⑵ 生産計画の必要性

生産計画を必要とする理由は次のとおりである。
① 販売計画に対して、納期や生産数量を保証するため
② 工場の生産能力に適合した仕事量を与え、適正な稼働率・操業度を維持するため
③ 材料や部品の購入手配の基準にするため
④ 重要な製品や資材の在庫量を適正化するため
⑤ 長期的な増産計画や特殊な計画に対し、人員や設備の補充・手配を行うため

## 3 生産管理における各種計画

生産管理の各種計画には、手順計画、工数計画、基準日程計画、負荷計画がある。

### ⑴ 手順計画

**手順計画**とは「製品を生産するにあたり、その製品の設計情報から、必要作業、工程順序、作業順序、作業条件を決める活動 (JIS Z 8141 − 3303)」である。

資材計画、工数計画、日程計画の作成の基礎になる計画で、製品の生産を始めるにあたり、設計図を検討して、最適な作業の順序・方法を決めることである。手順計画の目的は、最適な方法を選び、選ばれた方法の標準化を図って使用材料、作業者、機械、治工具などが合理的に利用できるように計画することである。

### ⑵ 工数計画

**工数計画**とは生産計画によって決められた製品別の納期と生産量 (何を、いつ、何個作るべきか) に対して、仕事量 (それを成し遂げるために人員や機械設備がどれくらい必要であるかの負荷) を具体的に決定し、それを現有の人や機械の能力 (生産能力) と対照して、余力が最小になるように両者の調整を図ることである。工数計画において、仕事量や生産能力を算定するためには、一般的に作業時間や作業量が用いられる。

負荷の算出→生産能力の算出→負荷と生産能力の比較と過不足調整の順に進められる。

### ⑶ 基準日程と基準日程計画

#### ① 基準日程

日程計画の基礎となる標準的な日程のことである。平均的な操業度における仕事の流れに対して決められるもので、個別工程、部品全体、組立作業、製品全体について、個々に設定される。

基準日程は加工期間と余裕期間から構成される。この加工期間の基準となるのが標準時間である。余裕期間には、緩衝 (バッファー) が組み込まれる。標準時間に含まれる余裕時間とは異なることに注意してほしい。

### ② 基準日程計画

基準日程計画は、基準日程に基づき、需要予測に従って作成される。一般的に、基準日程計画には、期ごとの製品別生産数量と、その製品を構成する主要な部品などの期ごとの生産数量が設定される。

R05-10
H30-07

### (4) 負荷計画

**負荷計画**とは「生産部門又は職場ごとに課す仕事量、すなわち生産負荷を計算し、これを計画期間全体にわたって各職に割り付ける活動（JIS Z 8141 - 3305）」である。

負荷計画では、需要予測に従って作成された基準日程計画について、工程が保有する実際の生産能力と、計画上必要とされる生産能力を比較し、必要に応じて計画を修正することで最終的に実行可能な計画を作成する。

負荷計画において基準日程計画を修正する際に用いられる手法として、**山積山崩**がある。与えられた基準日程計画において、計画されている生産が能力を超えた負荷である場合、余裕がある期へ生産を移動することで、その期の必要工数を減らすことを山崩といい、余裕がある期が生産を受け入れて工数を積算することを山積という。

#### 《例題：基準日程計画と負荷計画》

1台の工作機械で2種類の製品A、Bを加工している職場における基準日程計画について以下の前提条件を考慮した上で製品Bの前倒しが実行可能かを考えよう。
〈計画作成上の前提条件〉
- 製品Aのロットサイズは40個で、加工時間は0.5時間/個である。
- 製品Bのロットサイズは60個で、加工時間は1.0時間/個である。
- 1期当たりの製造可能時間の上限は60時間である。
- ロット分割はできない。
- 各製品の生産は1期しか前倒しができない。

この条件下で、1期から6期までの予測需要量と1期目の期首在庫量から、生産能力を考慮しない場合の製品A、Bそれぞれの各期の生産量と必要生産時間を求めた。このときの期別の必要生産時間は次の図表に示すとおりである。

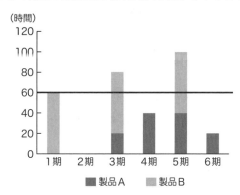

前提条件にあるように、各製品の生産が1期前倒しできることを考慮して、実行可能となる基準日程計画を作成する場合、3期に計画していた製品Bを2期に前倒して生産すると、3期の製造可能時間に40時間（4期に計画していた製品Aの生産時間と同じ）の余裕ができる。この余裕で4期に計画していた製品Aの生産分全量を3期に前倒して生産すると、5期に計画していた製品Bを1期前倒して4期に生産できるため、この基準日程計画は製品Bの計画を1期前倒して実行可能であることがわかる。

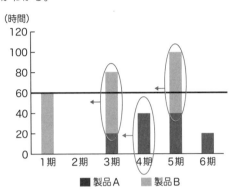

## ⑸ 計画の立案における緩衝機能

　生産における計画には、需要の変動以外にも、部品が予定どおりに納品されなかったり、取引先からの特急品の注文が立て続けに入ったりするなど、さまざまな変動が起こりうる。このような変動を吸収する機能を計画に組み込む必要がある。この変動を吸収する機能を**緩衝**（バッファー）という。

　計画の立案において、組み込むべき緩衝には、物による緩衝、能力による緩衝、時間による緩衝がある。

### ① 物による緩衝

　⒜ 納品遅れや納品不良・納品不足の発生がある場合の資材在庫

　⒝ 需要変動によって在庫不足を生ずる損失を防ぐための製品在庫

　⒞ 加工不良、納品不良などの変動を吸収する仕掛在庫

### ② 能力による緩衝

　⒜ 生産数量の変更、品質不良が生じた場合の手直し、機械の故障などの発生に備える余分の能力

　⒝ 保管スペース不足に対応するための余分のスペース

　⒞ 生産能力をオーバーする負荷量を吸収し、受注量変動を次工程に影響させないための残業・外注などによる余裕能力

　⒟ 各工程の加工時間の変動を吸収するための作業域の余裕

### ③ 時間による緩衝

　⒜ 資材納入において納入遅れの変動がある場合に対応するための納期余裕

　⒝ 個別生産において、品種変動や納期変動を吸収するために、リードタイム

や計画期間の長さを変える

(c) 実施計画通り作業完了が可能となるようにするための計画余裕

# 4 日程計画の作成

　ここでの日程計画は、狭義の日程計画（小日程計画）が中心である。

## (1) 日程計画の方式

　日程計画の方式には次の2種類がある。

### ① バックワード方式

　完成予定日（納期）を基準として、後工程の生産予定から前工程の生産予定へと、工程順序とは逆方向に予定を組んでいく方式である。

### ② フォワード方式

　着手予定日を基準として、前工程の生産予定から後工程の生産予定へと、工程順序に沿って予定を組んでいく方式である。

## (2) 日程計画手法

　日程計画手法（スケジューリング手法）は、仕事の種類や管理の重点の置き方によって、次の図のように分類される。

【 スケジューリング手法 】

```
フローショップ          ┌─ 順序づけ手法 ──── Johnson法
スケジューリング

ジョブショップ          ┌─ 順序づけ手法
スケジューリング        └─ ディスパッチング手法 ── ディスパッチングルール

プロジェクト            ┌─ ネットワーク手法 ──┬─ PERT
スケジューリング                              └─ CPM
```

出典：『生産管理の基礎』村松林太郎著　国元書房　を一部加筆

### ① フローショップスケジューリング

　フローショップは、すべてのジョブについて実行されるべき作業が類似のもので、その作業順序に従って機械が配置されている多段階生産システムである。全ジョブは機械配置に沿って一方向に流れる。

　2機械フローショップでメイクスパン（最も早い作業時間の開始時刻から、最も遅い作業の終了時刻までの時間の長さ）の最小化を目的とするスケジューリング問題に対してジョンソンの最適化アルゴリズムがある。

《例題：Johnson法》

　ある工場では、3つの注文を2工程のフローショップにおいて生産している。各注文の各工程における処理時間は次の表に与えられているとおりである。

　このとき、Johnson法により、全体の作業時間が最短になる生産順序を求めよう。

| | 工程1 | 工程2 |
|---|---|---|
| 注文1 | 5 | 1 |
| 注文2 | 3 | 2 |
| 注文3 | 1 | 6 |

ステップ1：すべての作業時間から最小のものを選ぶ。上表の場合、注文1の工程2、注文3の工程1（ともに作業時間が1）が該当する。

ステップ2：ステップ1で選んだ工程が、前工程の場合は最初に、後工程の場合は最後に処理する。上記の表では注文3を最初に、注文1は最後にスケジューリングする。

ステップ3：処理順序の決定したものを除く。上表では注文1、3を除く。

ステップ4：順序の決定していないものが存在するときには、ステップ1に戻り、すべての順序が決定したら完了する。上表では注文2の工程2が該当するため、注文1の前に注文2をスケジューリングする。

　上記の結果、「注文3→注文2→注文1」の順で作業することで作業時間が最短になる。

## ② ジョブショップスケジューリング

R01-02

　ジョブショップは、ジョブについて実行されるべき作業内容や工程順序が異なる多段階生産システムである。フローショップに比べて、ジョブの流れは複雑で錯綜したものとなり、順序づけ手法とディスパッチング手法に大別される。

　ディスパッチング（dispatching）は、日本語で差立てともいわれる。差立てとは、ある工程における機械や設備において、一つの作業が終了したとき、次に加工すべき作業を決定して指示する活動である。

### (a) 順序づけ手法

　工数計画により、当該日程に負荷されることが決定した仕事の各作業の加工開始・完了時点をすべてあらかじめ決定してしまう方法である。

R05-09

### (b) ディスパッチング手法

H30-04
H28-01

　工程で1つの作業が完了するたびに、次にやるべき作業をその都度決めていく方法である。加工を待っている複数の待ちジョブの中から、つぎに優先して加工するジョブを決めるための規則を**ディスパッチングルール**といい、次のようなものがある。

- 先着順（FCFS：First Come First Served rule）
  工程に先に到着した順
- 最小加工時間順（SPT：Shortest Processing Time first rule）
  当該機械での加工時間の短い順

H23-10

- 最早納期順（DDATE：earliest Due－DATE first rule）
  納期の迫っている順
- 最大作業時間順（LPT：Longest Prosessing Time rule）
  作業時間の長い順
- 最小スラック順（SLACK：minimum SLACK first rule）
  納期の余裕（スラック＝納期－現在時刻－残り総加工時間）が最小の順

## 《例題：作業待ち時間の合計値計算》

　ジョブ1（作業時間5）、ジョブ2（同4）、ジョブ3（同6）のジョブが、ある1つの設備で作業を実施されるために待機している。作業時間が短い順に作業着手する場合の各ジョブの作業待ち時間の合計値を求める。

**【作業時間が短い順に作業着手する場合の作業待ち時間】**

| | | 作業時間 | ジョブ別作業待ち時間 | | | |
|---|---|---|---|---|---|---|
| | | | 1番目 | 2番目 | 3番目 | 合計 |
| 1番目 | ジョブ2 | 4 | 0 | | | 0 |
| 2番目 | ジョブ1 | 5 | 0 | 4 | | 4 |
| 3番目 | ジョブ3 | 6 | 0 | 4 | 5 | 9 |
| 合計値 | | | | | | 13時間 |

## 【表の見方】

- 作業時間が短い順に着手する場合、着手順はジョブ2→ジョブ1→ジョブ3である。
- ジョブ2は1番目に着手するのでジョブ別作業待ち時間はゼロである。
- ジョブ1は（1番目のジョブ2作業時間4）がジョブ別作業待ち時間合計になる。
- ジョブ3は（1番目のジョブ2作業時間4＋2番目のジョブ1作業時間5＝9）がジョブ別作業待ち時間合計になる。
- ジョブ別作業待ち時間合計の合計値は13時間になる。

### ③ プロジェクトスケジューリング

　土木工事や大型製品の組立など、プロジェクト型の生産の場合に使用される手法で、工程順序や先行関係を明らかにし、プロジェクトを予定通り（最も早く）完成させるのに影響を及ぼす作業の連鎖を探し出し、それを重点的に管理するための手法である。代表的なものに、PERT（Program Evaluation and Review Technique）とCPM（Critical Path Method）がある。PERTとは、プロジェクトを構成する各作業の先行関係と所要時間を明らかにし、それをアローダイヤグラムという図で表し、各作業の開始時刻と終了時刻を計算する。ここから最長時間の経路（クリティカルパス）を見つけ、日程管理を行う際の重点とし、最短時間で作業を完了しようとするものである。

　CPMの手法はPERTと同様であるが、プロジェクト費用を最小にするプロジェクトの日程計画を求めたり、限られた予算内で効率的にプロジェクトの期間短縮を

図る方法を求めたりするときに活用される。

R05-08
R04-02
R03-10
R01-05
H30-06
H26-10
H24-14
H21-03
H19-17

### (a) PERT

PERTではアローダイヤグラム（矢線図）というネットワークの連鎖を用いて、プロジェクトを構成する各作業の先行関係と所要時間を明らかにする。アローダイヤグラムは次のようなルールに基づいて作成する。

- 作業や工程を矢線（アロー）で表し、矢線を結合点と呼ばれる丸印で結んで表す。結合点は、作業の開始と完了を表す。
- 各作業は、それを示す矢線の尾が接する結合点に入ってくる先行作業が全部完了しないと、その作業を開始することはできない。
- 結合点に入ってくる矢線は何本でもいいが、同じ結合点から入ってくる矢線は1本に限定する。したがって、複数の作業を並行して行うような場合には、架空作業を意味するダミー矢線を点線で表す。ダミー矢線は時間がゼロとなる。

アローダイヤグラムを作成した後、各結合点の最早結合点時刻（開始時刻を0としたときに最も早く作業を開始または完了できる時刻）と最遅結合点時刻（作業を開始または完了しないと予定された時刻にプロジェクトが完了しない時刻）を計算し、記入する。さらに各結合点時刻に基づいて各作業の最早および最遅の開始・完了時刻を計算する。これらの時刻からプロジェクトの完了時刻を遅らせずに、ある作業の開始を遅らせることのできる余裕時間（トータル・フロート）がゼロとなる作業の連鎖（クリティカルパス）を探す。

アローダイヤグラムに記入した最早結合点時刻と最遅結合点時刻が等しい結合点を結べばクリティカルパスが探し出せる。

なお、作業時間を見積るためには、一般的に3点見積法を用いる。3点見積法とは、楽観値と悲観値と最可能値から、作業推定時間を算定する手法であり、「（楽観値＋4×最可能値＋悲観値）÷6」という式により算出する。

### 《例題：アローダイヤグラムとクリティカルパス》

次の表から1日の作業遅れがプロジェクトの所要日数に影響する作業の数を求めてみる。受注したプロジェクトを遂行するために必要な作業の先行関係と所要日数は以下のとおりである。

**【作業の先行関係表】**

| 作業名 | 先行作業 | 所要日数 |
|--------|----------|----------|
| A | — | 5 |
| B | A | 3 |
| C | A | 4 |
| D | B | 5 |
| E | B、C | 3 |
| F | C | 5 |
| G | D、E、F | 4 |

アローダイヤグラムを作成すると次の図のようになる。クリティカルパスは

「A→C→F→G」となり、クリティカルパス上の4つの作業がプロジェクトの所要日数に影響する。

**【アローダイヤグラム】**

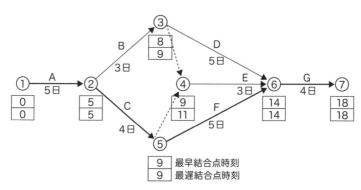

| 9 | 最早結合点時刻 |
|---|---|
| 9 | 最遅結合点時刻 |

R04-07
R02-11
H28-10

(b) CPM

PERTに費用を考慮し、費用の最小化と納期の短縮化の両方を目的として考案された手法がCPMである。CPMでは、各作業の所要時間を、標準的な状態からこれ以上短縮できない状態まで短縮した場合の時間と費用を見積り、表された関係式から、費用と納期が最適な日程計画を求める。

《例題：短縮費用》

次の表は、あるプロジェクト業務を行う際の各作業の要件を示している。CPM（Critical Path Method）を適用して、最短プロジェクト遂行期間となる条件を達成した時の短縮費用を求めてみよう。

**【作業の先行関係表】**

| 作業名 | 先行作業 | 所要時間 | 最短所要時間 | 単位当たり短縮費用<br>（万円） |
|---|---|---|---|---|
| A | — | 5 | 5 | — |
| B | A | 4 | 3 | 90 |
| C | A | 5 | 2 | 50 |
| D | B、C | 8 | 3 | 120 |

**【 最短所要時間におけるアローダイヤグラム 】**

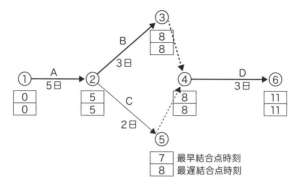

作業の先行関係表の最短所要時間に基づきアローダイヤグラムを作成し、所要期間を求めると、作業Bでは4日から3日へ、作業Cでは5日から3日へ（作業Cはクリティカルパス上ではなく、1日分の余裕があるため、2日分の短縮でよい）、作業Dでは8日から3日へ短縮できることがわかる。

各作業の短縮費用と短縮日数から、次のとおり当該プロジェクトの短縮費用が求められる。

短縮費用＝（1日×90万円）＋（2日×50万円）＋（5日×120万円）＝790万円

# 5 線形計画法 (LP：Linear Programming)

## (1) 定義

**線形計画法**とは、いくつかの正の値をとる変数についての線形式を制約条件として、目的とする線形式（目的関数）を最大または最小にするような最適解を求める方法である。制約条件や目的関数を表す式がすべて線形式、すなわち一次式で表されていることが、線形計画法という名称の由来である。代表的な手法に図式解法とシンプレックス法（単体法）がある。

線形計画法は、製品のプロダクトミックスと生産量を決定するために用いることができる。

## (2) 線形計画法の図式解法

単一機械で2種類の製品AおよびBを生産する。次の与件が与えられている場合、全体収益を最大とするための各製品の生産量はいくつずつになるかを考える。

［与件］
　1個当たり生産時間…A：10分、B：12分
　1個当たり材料使用量…A：150g、B：100g
　機械の稼働可能時間…2,400分
　材料使用可能量…30kg

1個当たりの収益…A：1,200円、B：1,000円

製品Aの生産量をx個、製品Bの生産量をy個とすると、上記の与件から、次式が得られる。

Z＝1,200x＋1,000y………（総収益を求める式）

10x＋12y≦2,400………①（生産時間による制約）

150x＋100y≦30,000………②（使用材料による制約）

x≧0　y≧0

①式と②式により囲まれる領域内に求める解が存在する。この制約条件を満足させるxとyの組は実行可能解と呼ばれ、実行可能解の集合を表す領域を実行可能領域という。また、実行可能領域の中で、目的関数を最大にする解を最適解という。

実行可能領域をx－y座標に表示し、目的関数（この場合Z）を最大にするxとyを求める。これは、次図のように図示すると理解しやすい。このように図示することから、図式解法といわれる。

図から、最適解は実行可能領域の端点Bの座標で与えられるため、

最適解は、x＝150個　y＝75個

総収益は　Z＝255,000円となる。

**【 図式解法 】**

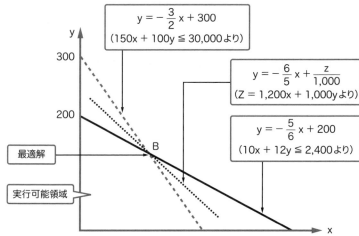

《例題：線形計画法》

ある工場では、2つの生産設備を用いて2種類の製品A、Bが生産可能である。次の表の情報において、使用可能な工数の範囲内で製品A、Bを生産するとき、線形計画法により、総利益を最も高くする製品A、Bの生産量の組み合わせを求める。

|  | 設備1 | 設備2 | 製品1単位当たりの利益 |
|---|---|---|---|
| 製品 A | 2 | 4 | 4 |
| 製品 B | 4 | 2 | 6 |
| 使用可能工数 | 20 | 28 | ― |

製品Aの生産量を$x$個、製品Bの生産量を$y$個とすると次式が得られる。

（設備1）　$2x + 4y \leqq 20$

（設備2）　$4x + 2y \leqq 28$

　　　　　　$x \geqq 0$、$y \geqq 0$

次の図表から、最適個数は$x=6$、$y=2$となり、最大の総収益は$36$（$=6 \times 4 + 2 \times 6$）となる。

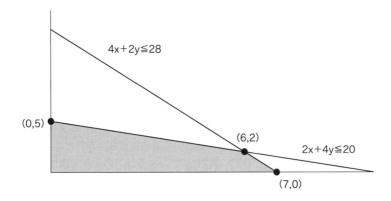

# V 資材管理

## 1 資材管理

### (1) 資材管理

　資材管理とは「所定の品質の資材を必要とするときに必要量だけ適正な価格で調達し、要求元へタイムリーに供給するための管理活動(JIS Z 8141 − 7101)」である。資材管理を効果的に実施するためには、資材計画(材料計画)、購買管理、外注管理、在庫管理、運搬管理、倉庫管理、包装管理および物流管理など、各種の管理活動を的確に推進する必要がある。

### (2) 資材管理の重要性

#### ① 原価引下げの最重点である

　材料費は、製造原価の中で最大の構成比率を占めているため、資材購入費用の引下げは製造原価引下げの最重点となる。

#### ② 材料費削減による収益性向上への貢献度が高い

　製造原価中の構成比の高い材料費の削減が企業の収益性に与える影響は大きい。例えば、売上高100百万円、材料費40百万円、営業利益4百万円の企業において、在庫をゼロとして材料費を10%節減すると、営業利益は8百万円となるが、売上高アップにより営業利益8百万円を達成しようとすると、売上高営業利益率が4%なので、200百万円の売上高が必要となる。

#### ③ 棚卸資産を削減することにより、資金繰りに好影響を与える

　適切な在庫管理が資材在庫の削減に寄与し、資産回転率が高まり、資金繰りに好影響を与える。

#### ④ 購買を利益獲得行為の一部とみなせば、購買方法を適切に設定することで有利購買が可能となる

#### ⑤ 現場作業に対する補完的機能を持っている

　加工度の進んだ材料を購買すると、自社の加工の手間を省略できる。

#### ⑥ 最終製品の品質、原価、納期に直接的に影響する

　最近は特に在庫削減に関して、購入材料の納期管理が重要になっている。

#### ⑦ 資材管理の適否が運搬管理の適否にも重要な影響を与える

### (3) 資材計画

　資材計画とは「生産に必要な品目、その所要量、品質、必要時期などを決める活動(JIS Z 8141 − 7102)」である。材料計画ともいう。加工組立製品の場合は、部品計画、部品別資材計画、資材所要量計画の順に進められる。

## ⑷ 資材所要量計画

資材所要量計画は次の手順で実施される。

⒜ 部品構成表(BOM：Bill Of Materials)を作成する

⒝ 製品1単当たりの部品所要量に製品生産量を乗じて部品別所要量を算定する

⒞ 共通部品を総合して総所要量を集計する

⒟ 有効在庫を総所要量から差し引いて正味所要量を決定する

⒠ 継続的な生産品の場合には、経済的なロットを考慮して今回発注する発注量を決める

この手順で所要量を算出する方式が、MRP (Material Requirements Planning) である。

### ① 部品構成表

部品構成表には、サマリー型部品表(サマリー型部品構成表)とストラクチャ型部品表(ストラクチャ型部品構成表)の2種類がある。

#### ⒜ サマリー型部品表(サマリー型部品構成表)

最終製品単位当たりの最終部品名および数量を列挙して示した部品表である。次のような場合に採用される。

- 組立が単純で、中間部品に分ける必要のないもの
- 組立がすべて同じ場所で一貫して行われるもの
- 安定した継続的生産品で担当者が内容を熟知しているもの

#### ⒝ ストラクチャ型部品表 (ストラクチャ型部品構成表)

数量情報だけでなく、親部品とその子部品という関係で、部品間のすべての構成関係を示した部品表である。次のような場合に採用される。

- 中間組立が複雑な構成になっているもの
- 個別受注品や新規生産品
- 各部品が、どのレベルでどのように使用されるかを知りたいとき

《例題：ストラクチャ型部品表》

次の表は、ある製品の部品構成を示している。この製品を30台組み立てる際に、部品dの所要量をストラクチャ型部品表を用いて考える。

**【部品構成表】**

| A 子部品 | A 数量(個) | a 子部品 | a 数量(個) | c 子部品 | c 数量(個) |
|---|---|---|---|---|---|
| a | 2 | c | 2 | d | 3 |
| b | 2 | d | 2 | e | 3 |
| c | 3 | e | 2 | | |

H28-09
H23-09

R04-06

R05-07
R03-09
R01-07

## 【 ストラクチャ型部品表 】

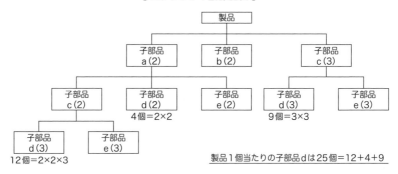

上記のストラクチャ型部品表から、部品dの所要量は750個（＝30×25）となることがわかる。

## 【 資材所要量計画の手順と部品構成表 】

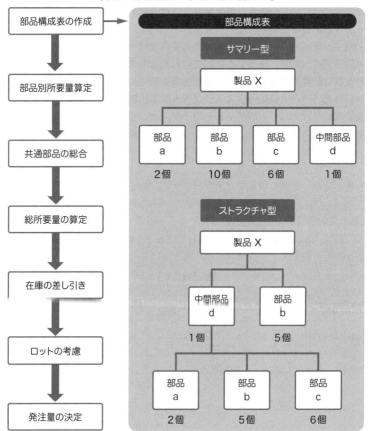

### ② 部品展開

計画期間内に生産しなければならない最終製品の種類と数量が決まったとき、それらの製品を作るために必要な構成部品又は資材の種類とその数量を求める行為（JIS Z 8141 − 3306）を部品展開という。部品所要量計画ともいう。

### (5) 資材標準化

#### ① メリット

(a) 資材単価の引下げ

(b) 現品確保の容易化

(c) 品質の安定化

(d) 資材管理の単純化

標準在庫についてはその都度設計図を作成する必要がなく、常備品になれば在庫管理も容易になる。なお、常備品とは、「つねに所要量を在庫している資材（JIS Z 8141 − 7103）」をいう。

(e) 資材在庫の削減

資材の種類が少なくなることで、資材在庫の削減がしやすくなる。

#### ② デメリット

(a) 環境変化への対応に遅れる

(b) 設計が制約される

#### ③ 実施手順

(a) 使用実績の調査

(b) 類似品統合のための調査検討

(c) 標準化の確定

(d) 管理制度や運用方法の確立

(e) 実施状況の確認と更新

# 2 MRP

### (1) MRP

MRP（Material Requirements Planning）とは「生産計画情報、部品構成表情報及び在庫情報に基づいて、資材の必要量と時期を求める生産管理体系（JIS Z 8141 − 2101）」である。

### (2) MRP の実施手順

MRPは、基準生産計画から部品表によって、資材ごとの総所要量を算出する「総所要量計算」、総所要量に資材ごとの在庫量を引き当て、正味所要量を算出する「正味所要量計算」、正味所要量から「ロットまとめ」を行い、リードタイムを加味したうえでオーダを作成するといった手順で実施される。

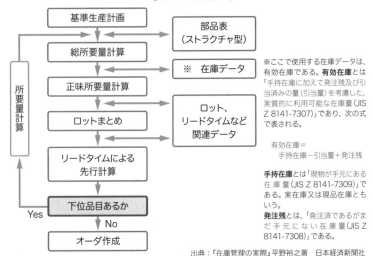

**【 MRPの仕組み 】**

※ここで使用する在庫データは、有効在庫である。**有効在庫**とは「手持在庫に加えて発注残及び引当済みの量（引当量）を考慮した、実質的に利用可能な在庫量（JIS Z 8141-7307）」であり、次の式で表される。

有効在庫＝
手持在庫－引当量＋発注残

**手持在庫**とは「現物が手元にある在庫量（JIS Z 8141-7309）」である。実在庫又は現品在庫ともいう。
**発注残**とは、「発注済であるがまだ手元にない在庫量（JIS Z 8141-7308）」である。

出典：『在庫管理の実際』平野裕之著　日本経済新聞社

## R04-06 (3) 独立需要品目と従属需要品目

### ① 独立需要品目

最終製品や補修用のサービス部品のように、そのままで出荷される品目で予測や受注情報からその需要を求める。

### ② 従属需要品目

需要が独立需要品目の需要量から何らかの関係をもって導き出される品目で、購入部品や材料、中間組立品などが該当する。MRPでの計画対象となるのは従属需要品目である。

## R04-06 (4) タイムフェイズ

タイムフェイズとは、「連続した時間の流れを隣り合った適切な小期間に細分化して、この小期間単位ですべての生産活動を計画・統制する行為（JIS Z 8141－2102）」であり、タイムフェイズされた各期間を**タイムバケット**という。「独立需要品目を対象品目とし、品目ごとにタイムバケット単位で設定した生産予定（JIS Z 8141－2110）」をMPSという。MPSはMRPシステムのインプットになる。

## (5) MRP Ⅱ（広義のMRP）

MRP Ⅱ は、資材所要量計画を意味する狭義のMRP（Material Requirements Planning）が発展したもので、生産能力や生産資源まで考慮した生産計画システムである。生産資源まで考慮することから、MRP Ⅱ（Manufacturing Resources Planning Ⅱ：生産資源計画）といわれる。

MRP Ⅱ は、基本生産計画を基に、資材の所要量計画を立て、仕事量と生産能力とを考慮し、最終製品⇒中間品⇒原材料・購入部品の順で、何を、いつ、どれだけ

生産・手配するかを明らかにし、この生産計画情報を必要な生産拠点にプッシュ方式で指示する生産管理システムである。

# 3 購買管理

## (1) 購買管理の重要性

**購買管理**とは「生産活動にあたって、外部から適正な品質の資材を必要量だけ、必要な時期までに経済的に調達するための手段の体系（JIS Z 8141 − 7206)」である。一般的に原価構成比率が大きいとされる資材費の引下げを図ることは、コスト戦略の観点から重要である。

## (2) 購買管理の機能と業務

購買管理には、どのような資材を、いくらで、いくつ、いつまでに、どこから、どのように購入するかを決定する機能と、発注先と契約する機能と、契約した内容の品質・納期を確保する機能とがある。

購買管理の基本業務をまとめると次図のようになる。

**【 購買管理の基本業務 】**

| ①購買方針 | 購買品目、品質、数量、時期、価格、採用する購買方法、購入先選定基準、契約方法、購買部門の組織と業務分担、業務手続等購買の基本的な方向を決定する |
|---|---|
| ②購買計画 | 購買方針に基づき、日常業務において購入すべき品目、数量、納期、予算等を決定する |
| ③発注・契約 | 調査、交渉、契約を行う。購買業務の中心となる |
| ④事務処理 | 業務を集中化・専門化し、能率的に事務処理を行う |
| ⑤納期管理 | 取得管理。発注した資材を納期までに確実に納入させるための管理活動 |
| ⑥調査 | 市況や購入先に関する調査などの購買市場調査、購入先の納入実績調査、原価に関する調査などを行う |

出典：『現代生産管理』工藤市兵衛編著　同友館に一部加筆

## (3) 購買方針と購買計画

### ① 購買方針

合理的な購買を行うためには、何を、どれだけ、いつ、いくらで、どこから買うかということを決定するための購買方針を決める必要がある。購買方針を決めることは、購買管理上で達成すべき目標を明確化し、購買業務での意思決定が迅速かつ正確に行われることと、購買業務の統制を図るためにも重要である。

また、購買管理業務の方向付けをするうえでの基本指針、すなわち購買の行動基準を示す指導原理にもなる。

購買方針は、経営戦略にかかわる事項であるため、経営方針に従い、トップマネジメントの承認を必要とする。

## ② 購買計画

購買計画は、購買方針や生産計画に基づいて立てられる実行計画である。購買計画を立てるには、品種、品質、数量、時期、金額、発注先、契約条件等の購買の基本要因を押えておく必要がある。

R04-10
R04-12

## (4) 発注に関連する用語

### ①在庫引当

在庫引当とは、「注文又は出庫要求に対して在庫台帳の在庫残高からその量を割り当て引き落とす行為 (JIS Z 8141 − 7310)」である。

### ②発注残

発注残とは、「発注済みであるがまだ手元にない在庫量 (JIS Z 8141 − 7308)」である。

R04-10
R03-32
R03-12
R02-34
R02-13

### ③内示

内示とは、物品を購買又は外注するときに、事前に口頭もしくは非公式な書面によって予約的な注文を行うことである。

R01-33
H30-31
H30-13
H29-33
H24-10
H22-13

## (5) 発注方式

代表的な方式に、定期発注方式と定量発注方式がある。

**【 定期発注方式と定量発注方式の特徴比較 】**

|  | 定期発注方式 | 定量発注方式 |
|---|---|---|
| 方 式 | ●あらかじめ定められた一定期間ごとに発注 | ●常に一定量ずつ発注 |
| 発注時期 | ●発注間隔一定 | ●発注間隔不定 |
| 発注量 | ●発注ごとに変動 | ●一定 |
| 管理重点 | ●資金 (運転資金の節約)<br>●サービス (在庫切れ防止) | ●コスト (購買経費と労力の節減)<br>●サービス (在庫切れ防止) |
| 利 点 | ●需要の変化に追随しやすい<br>●多品目を同時に手配可能<br>●在庫量の減少<br>●Aグループの品目に適用 | ●管理の簡素化、自動化可能<br>●在庫管理が確実 (主観の排除)<br>●注文量が合理的<br>●事務処理が簡素化<br>●現物取扱費用の減少<br>●B、Cグループの品目に適用 |
| 欠 点 | ●事務処理が煩雑<br>●事務量が平均化されない<br>●管理努力が特に必要 | ●需要の変化に追随し難い<br>●運用が形式的でルーズになりがち<br>●短納期のものの不適当<br>●在庫量が増加する |
| 適用対象 | ●金額の大きい重要品目 (Aグループ)<br>●在庫調整を要するもの<br>●陳腐化の起こりやすいもの<br>●入手期間の長いもの | ●単価の安いもの (Bグループ)<br>●用途に共通性のあるもの<br>●消費量が安定しているもの |
| 要 点 | ●入念な管理 (発注量の変動)<br>●需要予測の正確化 | ●生産部門とのコミュニケーション強化<br>●定期的な在庫量 (注文点の再計算) や運用方法のチェック |

出典：『現代生産管理』工藤市兵衛編著　同友館を一部加筆

## ① 定期発注方式

H28-33
H21-15

発注する時期を決めておき、その時期がきたら在庫品の調達期間、需要予測量、発注済量、手持在庫量などを考慮し、発注量をその都度決定し発注する方式である。

**【 定期発注方式の概念図 】**

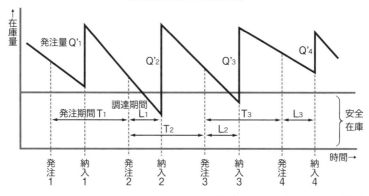

出典:『現代生産管理』工藤市兵衛編著　同友館

### (a) 発注量

H22-11

定期発注方式では毎回の発注量が変化するのが特徴である。その発注量は次式により求められる。

$$発注量 = (T + L) \times D + R - S_1 - S_2$$

T：発注間隔 (月単位)　　L：調達期間 (月単位)　　D：月当たり平均需要量
R：安全在庫　　S_1：現在の在庫量　　S_2：現在の発注残

### (b) 安全在庫

R04-10
H23-14

定期発注方式では、発注間隔Tと調達期間Lの合計期間の需要予測をしているため、安全在庫はこの合計期間の予測誤差を吸収する形となり次式により求められる。

$$R = a' \times \sqrt{T + L} \times \sigma$$

a'：欠品率によって定まる安全係数　σ：月間需要量の標準偏差

## ② 定量発注方式

H19-16

発注点方式ともいわれ、発注点と呼ばれる在庫水準をあらかじめ設定しておいて、在庫が発注点を下回った時点で、経済的発注量 (EOQ：Economic Order Quantity) をその時点で発注する方式である。

R05-11
R04-10
R01-10
H30-17

### (a) 経済的発注量 (EOQ)

H29-19
H27-11
H26-09

常に一定量発注する定量発注方式において、その注文量は、経済的発注量 (EOQ) といわれ、材料の調達に要する発注費用 (購買事務費、運送費、受入費など) と在庫維持費 (在庫保管費用) を合わせた総費用が最小になる発注量かつ、発注費用と在庫維持費が等しくなる発注量として算出され、次式により求められる。

$$Q = \sqrt{\frac{2AS}{CI}}$$

Q: 経済的発注量　　S: 年間総所要量　　A: 1回当たりの発注費用
C: 単価　　　　　　I: 年間在庫維持率

**【 定量発注方式の概念図 】**

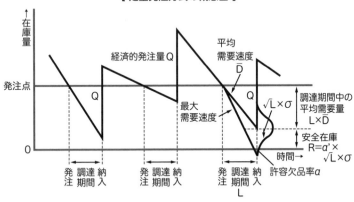

出典:『現代生産管理』工藤市兵衛編著　同友館

R04-10

### (b) 安全在庫

定量発注方式では、注文品が納入されるまでの期間中における消費や納期のばらつきに対して在庫切れを防ぐため、安全在庫を持つ。

安全在庫は、許容欠品率と需要量の標準偏差を用い、次式により求められる。

$$R = \alpha' \times \sqrt{L} \times \sigma$$

R: 安全在庫　　　　　$\alpha'$: 許容欠品率によって定まる安全係数
$\sigma$: 需要量の標準偏差　　L: 調達期間

**【 許容欠品率と安全係数 】**

| 許容欠品率 | 1% | 3% | 5% | 7% | 10% |
|---|---|---|---|---|---|
| 安全係数($\alpha'$) | 2.33 | 1.88 | 1.65 | 1.47 | 1.28 |

ただし、$\sigma$は計算の手間を省くために簡単な近似計算法が適用されている。

$$\sigma \fallingdotseq (最大値-最小値)/d \qquad d:資料の数によって定まる定数$$

**【 資料数とdの値 】**

| 資料数 | 3 | 4 | 5 | 6 | 7 | 8 | 9 | 10 |
|---|---|---|---|---|---|---|---|---|
| 1／d | 0.59 | 0.49 | 0.43 | 0.39 | 0.37 | 0.35 | 0.33 | 0.32 |

R04-10

### (c) 発注点

発注点は調達期間における需要量に安全在庫を加えたもので、次式により求め

られる。

$$発注点 = S_m \times L + R$$

$S_m$: 月当たり平均需要量　L: 調達期間（月単位）　R: 安全在庫

### ③ 現品本位の簡単な在庫管理による発注方式

（a）包装法（小包法、バルク法）

発注点に相当する量を別包みにしておき、残りをバラにして払出に応じる。バラの在庫品がなくなり、別包みを開くときに一定量を発注する。

（b）複棚法（ダブルビン法、ダブルビン方式）

2つの容器または棚を設定して、双方に在庫品を入れ片方から使用してカラになったら、もう一方から使用し、もう一方を使用している間にカラになった容器または棚の分を発注する。

（c）三棚法

- 3つの棚を設置して上段を安全在庫量、中段を発注点在庫量として下段の在庫から使用する。中段の在庫に手をつけた時点で発注し、中段がカラになっても入庫しない場合には早急に督促する。
- 上段を発注点在庫量とし、中段に発注点までの余裕在庫を置き、下段を使い終わった場合に、他の同種品目の在庫状態を見ながら、他の同種品目と発注を同期化させるために中段を使用しておいて、同期化しない間に中段を使いきった場合は単独で発注する。

### ④ 発注点・補充点方式

**発注点・補充点方式**とは「在庫量があらかじめ定められた水準に減少したときに、補充点と現在の有効在庫との差を発注する（発注点）方式。備考：発注点をs、補充点をSとして、（s,S）方式ともいう（JIS Z 8141 − 7318）」である。

あらかじめ発注点sと補充点Sを定めておき、有効在庫量が発注点sを下回った時点で補充点Sまで在庫を引き上げるように「S−有効在庫量」を発注する。したがって、発注量が一定量（例えば経済的発注量）ではなく、「S−有効在庫量」であるところが一般の発注点方式とは異なる。

《例題：経済的発注量の算出》

食材の加工・販売を行う食品会社である食材の経済的発注量を検討しよう。当日に納入された食材は、注文に応じて販売分だけを加工して客に提供され、食材は翌日以降に持ち越して販売できない。

食材の仕入れ単価は80円/個、加工単価は40円/個、加工食材の販売単価は460円/個である。売れ残った食材は、飼料会社によって20円で買い取られていく。食材が1個売れ残った際の損失は60円で、1個品切れした際の損失は340円である。

食材の過去100日の需要量の分布を調査したところ、次の表【過去100日の需要量の分布】のようなデータが得られた。

**【過去100日の需要量の分布】**

| 需要量（個） | 度数（日） | 累積度数（日） |
|---|---|---|
| 48 | 10 | 10 |
| 49 | 20 | 30 |
| 50 | 40 | 70 |
| 51 | 20 | 90 |
| 52 | 10 | 100 |
| 合計 | 100 | |

　需要量50個、発注量49個の場合1個の品切れ損失が発生した場合の損失額は次のとおり求められる。

340 × （需要量－発注量）× （度数÷100）＝ 340 × （50－49）× （40÷100）
＝ 136

　同様に各需要量と発注量の組み合わせ時の損失額を計算したものを次の表にまとめた。その結果、1日当たりの平均損失額が最小化される発注量は平均損失額が100円である51個であるとわかる。

**【各発注量のもとでの平均損失額】**

| | | 発注量（個） | | | | |
|---|---|---|---|---|---|---|
| | | 48 | 49 | 50 | 51 | 52 |
| 需要量（個） | 48 | 0 | 6 | 12 | 18 | 24 |
| | 49 | 68 | 0 | 12 | 24 | 36 |
| | 50 | 272 | 136 | 0 | 24 | 48 |
| | 51 | 204 | 136 | 68 | 0 | 12 |
| | 52 | 136 | 102 | 68 | 34 | 0 |
| 平均損失額（円） | | 680 | 380 | 160 | 100 | 120 |

# 4 外注管理

## (1) 外注と購買の相違点

　外注とは「自社（発注者側）の指定する設計・仕様・納期によって、外部の企業（受注者側で、外注企業、協力工場ともいう）に、部品加工又は組立を委託する方法（JIS Z 8141－1210）」である。市場にある原材料や部品の調達とは異なり、企業内の生産活動を補完するものとして、購買とは区別して管理する必要がある。

## 【 外注と購買の相違点 】

|  | 外　注 | 購　買 |
|---|---|---|
| 調達の対象 | ●用役を調達する | ●物を調達する |
| 契　約 | ●請負契約が主体 | ●売買契約が主体 |
| 仕　様 | ●発注企業の図面、仕様書に基づく | ●メーカー、市場の規格に基づく |
| 価格決定基準 | ●個々の原価計算に基づく | ●市場価格に基づく |
| 納　期 | ●生産期間を考慮して納期を設定する必要がある | ●原則的には、輸送期間だけ考慮すればよい |
| 取引先への関与 | ●技術面・管理面に対し指導などで関与する | ●関与しない場合が多い |

出典：『現代生産管理』工藤市兵衛編著　同友館に一部加筆

### 《例題：内外製区分》

　個別受注生産を行う工場で、次月の計画として下表のとおりA〜Eの注文を受注した場合、外注利用により内作費用と外作費用を合わせた総費用が最小化されるような内外製区分を考えてみよう。

　なお、この工場において、内作では2つ以上の注文を同時に処理することができず、次月の社内製造時間は30時間である。

| 注文 | A | B | C | D | E |
|---|---|---|---|---|---|
| 処理時間 (時間) | 10 | 20 | 10 | 20 | 10 |
| 内作費用 (万円) | 10 | 10 | 20 | 20 | 9 |
| 外作費用 (万円) | 15 | 24 | 22 | 28 | 15 |

　上表により注文ごとの処理時間が異なることがわかる。1時間あたりの外作費用と内作費用の差が大きいものから選択した場合、B、E、A、D、Cの順に内作すべきであることが分かる。

　処理時間30時間が上限であるため、B、Eを内作とし、A、D、Cは外作とする。総費用は15＋10＋22＋28＋9＝84万円となる。

| 注文 | A | B | C | D | E |
|---|---|---|---|---|---|
| 処理時間 (時間) | 10 | 20 | 10 | 20 | 10 |
| 内作費用 (万円) | 10 | 10 | 20 | 20 | 9 |
| 外作費用 (万円) | 15 | 24 | 22 | 28 | 15 |
| 外作・内作費用の差 (万円) | 5 | 14 | 2 | 8 | 6 |
| 時間当たり外作・内作費用の差 (千円／時間) | 5 | 7 | 2 | 4 | 6 |
| 内作の優先順位 | 3 | 1 | 5 | 4 | 2 |
| 優先順位に基づく処理時間合計 (時間) | 40 | 20 | 70 | 60 | 30 |

**(2) 外注利用の目的**

外注を利用する目的は、外部の経営資源を有効に活用して、低コストで品質のよい製品を生産することである。

**内外製区分**とは「内作にするか、外注にするかを決める活動（JIS Z8141-7105）」である。内外作区分ともいう。

内外製区分の方針を検討する主な項目は、次のとおりである。

**【 内外製区分の検討 】**

| 区分 | 方針の主要項目 | 理　　由 |
|---|---|---|
| 内作 | 自社が特殊技術を持っているもの | 特殊技術の外部流出を防ぎ、技術的優位性を維持するため |
| | 生産量が多く量産できるもの | 専用の機械設備をフルに稼働でき、コストが下がるため |
| | 高品質・高精度を要するもの | 技術水準が高く、人材も揃っているので内作が有利 |
| | 最終製品の組立工程 | 品質や納期を保証するためには、最終工程は内作とすべきである |
| | 特殊な機械・治具を要するもの | 高価格品で希少なもの、共通性の高いもの、故障率の高いものなどは内作にすべきである |
| 外作 | 他社の優れた特許・技術を要するもの | 他社の優れた特許や技術を活用できるため |
| | 少量生産品・手作業的なもの | 一般的に非能率的な作業は外注の方が有利 |
| | 品質水準の低いもの | 高精度が要求されないものや加工困難でないものは外作に適している |
| | コストの安価なもの | 経費規模、賃金ベースが低く加工費が安くなるため |
| | 納期に余裕があるもの | 工程が短いものや納期が長いものは、高い管理水準が要求されないため |

出典：『現代生産管理』工藤市兵衛編著　同友館に一部加筆

## (3) デザインイン

**デザインイン**とは「製品の企画・設計をする際に、研究・開発部門や製造及び外注購買部門と協議し、製品開発期間の短縮、製品原価の低減などを図る活動（JIS Z8141 − 3103）」である。

## (4) 資材の支給方式

外注する場合、使用する資材は、外注先が自給する場合と発注企業が支給する場合の2通りがある。さらに後者には、材料を無償で支給し、加工賃のみ支払う無償支給方式と、材料を有償で一度売却してから加工後に加工賃と材料費を含めた価格で買い取る有償支給方式とがある。

【 資材の支給方式 】

**自給**

適用資材……●市場規格品で入手が容易なもの
　　　　　　●調達価格に大差がないもの

メリット……●親工場の手間が省ける
　　　　　　●外注工場の日程管理上、有利になる

**支給**

適用資材……●親工場で購入した方が安く購入できるもの
　　　　　　●親工場の常備品や親工場で生産するもの
　　　　　　●外注先では入手困難なもの

メリット……●資材の品質が維持できる
　　　　　　●資材所要数量が確保できる
　　　　　　●一括購入により資材のコストダウンが期待できる

**無償支給**

メリット……●手続きが簡素化できる

デメリット…●外注先の資材在庫管理がルーズになる
　　　　　　●決算時の棚卸が煩雑になる

**有償支給**

メリット……●残材の回収が不要となる
　　　　　　●外注先の在庫管理が徹底される

デメリット…●支給価格の査定を明確にする必要がある

## ⑸ 外注先の選定

　外注管理を合理化するための最大のポイントはよい外注工場を持つことである。
外注先の選定にあたっては、次のような事項について検討する必要がある。
　⒜技術面、⒝管理面、⒞立地面、⒟取引面、⒠信用面、⒡経営面

【 外注先の選定基準 】

# 5 在庫管理

在庫管理とは、必要な資材を、必要なときに、必要な量を、必要な場所へ供給できるように、各種品目の在庫を好ましい水準に維持するための諸活動である。

在庫管理の目的は、サービスの向上（在庫切れの防止）、原価の引下げ、運転資金の節減、の3つをバランス良く管理することにある。

## (1) 資材在庫の必要性

資材在庫は、過剰在庫を回避する観点からは、在庫ゼロが理想とされる。しかし、現実には適量の在庫保有が必要とされる。

### ① 資材在庫を必要とする諸要因

(a) 短納期に対処するため

(b) 購買費用を節減するため

(c) 市場価格の変動が激しい場合に対処するため

(d) 材料切れによる納期遅延を防ぐため

(e) 操業度の安定化や生産の平準化を図るため

(f) 補修や修繕用のため

### ② 過剰在庫のデメリット

(a) 運転資金の固定化と金利負担の増大

(b) 在庫維持費（保管料・倉庫費・人件費・保険料・運搬費・金利等）の発生

(c) 倉庫面積の増加

(d) 市場変化による死蔵品の増加

(e) 工程の問題点が顕在化しない

《例題：総費用が最小となる生産計画案》

ある製品をロット生産している工場で、次の表に示す5日間の需要量（個）に対する生産計画を考えたとする。製品を生産する日には、生産に先だち段取りが必要で、1回当たり段取り費5,000円が発生する。

また、生産した製品を当日の需要に充当し、翌日以降に繰り越す場合、繰越在庫量に比例して、1個日当たり10円の在庫保管費が発生する。次の表のとおり、案1〜4のとおり生産を計画した場合に、総費用が最小になるものを考えよう。

|     | 1日 | 2日 | 3日 | 4日 | 5日 |
|-----|-----|-----|-----|-----|-----|
| 需要量 | 200 | 180 | 140 | 80 | 100 |
| 案0 | 700 | 0 | 0 | 0 | 0 |
| 案1 | 200 | 500 | 0 | 0 | 0 |
| 案2 | 380 | 0 | 320 | 0 | 0 |
| 案3 | 520 | 0 | 0 | 180 | 0 |
| 案4 | 600 | 0 | 0 | 0 | 100 |

次の式を用いて総費用を算出すると、総費用が最小となるのは案2である。

（生産時の段取り費用×生産回数）＋（繰越在庫量の合計）×在庫保管費

案2の総費用＝（5,000円×2回）＋（180個＋180個＋100個）×10円

　　　　　　＝10,000円＋4,600円

　　　　　　＝14,600円

他の案も同様に計算すると総費用は次のとおりとなる。

| | 1日 | 2日 | 3日 | 4日 | 5日 | 総費用 |
|---|---|---|---|---|---|---|
| 需要量 | 200 | 180 | 140 | 80 | 100 | |
| 案0 | 700 | 0 | 0 | 0 | 0 | 16,000 |
| 案1 | 200 | 500 | 0 | 0 | 0 | 16,000 |
| 案2 | 380 | 0 | 320 | 0 | 0 | 14,600 |
| 案3 | 520 | 0 | 0 | 180 | 0 | 15,600 |
| 案4 | 600 | 0 | 0 | 0 | 100 | 17,000 |

R04-12
H29-12

### ③ 在庫の評価指標

在庫の評価指標には、次のようなものがある。

**【 主な在庫の評価指標 】**

| 指標名 | 内容 |
|---|---|
| 在庫回転率 | ある一定期間における在庫の回転日数のことで、一定期間の所要量を平均在庫量で除して求める。高いほど運転資本の回収が早くなる。 |
| 在庫月数 | 平均在庫量を1か月の平均出庫数量で除して求める。低いほど運転資本が少なくなる。 |
| 品切れ率 | 原材料、部品、製品などの要求量に対する品切れ量の占める割合のことで、欠品率ともいう。品切れ率が高いと賠償等の直接損失だけでなく、信用失墜などの間接的な損失も招く。 |
| 納期遵守率 | 納期遵守ジョブ数を計画対象のジョブ数で除して求める。納期遅延したジョブ数を計画対象数で除すと、納期遅れ発生率になる。 |
| サービス率 | 在庫投資の最小化と品切れによる機会損失の兼ね合いから設定されたサービスの程度（サービス水準という）を測る指標。（1－品切れ率）で求められる。 |

参考文献：『生産管理用語辞典』日本規格協会

《例題：期末在庫量が最小となる各期の発注量》

この工場の製品は、調達ロットサイズが20単位で、リードタイムが2期である。このような製品について、各期の所要量を必ず確保するために、期末在庫量が最小になるように決定された各期の発注量①～③を考えてみよう。

| 期 | 1 | 2 | 3 | 4 | 5 |
|---|---|---|---|---|---|
| 所要量 | 50 | 10 | 70 | 5 | 30 |
| 期首在庫量 | 10 | 0 | 10 | 0 | 15 |
| 受入確定量 | 40 | 20 | 60 | 20 | 20 |
| 期末在庫量 | 0 | 10 | 0 | 15 | 5 |
| 発注量 | ①60 | ②20 | ③20 | － | － |

　1期の期末在庫量は（期首在庫量＋受入確定量）－所要量（＝0）で求められる。また、1期の期末在庫量は2期の期首在庫量となる。リードタイムは2期であり、1期目の発注量＝3期目の受入確定量となるため、1期の①に当てはまる発注量＝3期の所要量－3期の期首在庫量＝60となる。同様に計算すると、2期、3期ともに、調達ロットサイズを下回るため2期の発注量②は20、3期の発注量③は20と算出できる。

H29-07
H29-15
H21-14

## (2) ABC分析

　ABC分析とは「多くの在庫品目を取り扱うとき、それを品目の取扱金額又は量の大きい順に並べて、A,B,Cの3種類に区分し、管理の重点を決めるのに用いる分析（JIS Z 8141 − 7302）」である。ABC分析を用いた管理の仕方をABC管理といい、横軸に金額・量の大きい順に品目を、縦軸に累積の金額・量（またはその割合）を示した曲線をABC曲線という。

　管理すべき対象が多すぎる場合、その重要項目を計数的に把握した後、ABCの3つのクラスに分類し、それぞれの区分に適した方法で統一的に管理することで、最少の労力と費用で管理目的の達成を図ろうとする手法である。在庫管理や購買管理を含めた広義の資材管理業務全般に適用されている。

### ① ABC分析の手順

STEP Ⅰ　在庫金額、出庫量など目的に合った管理特性を決定する
STEP Ⅱ　管理特性に応じたデータを収集する
STEP Ⅲ　データを管理特性値の大きい順に並べ、それぞれの累計百分率を求める
STEP Ⅳ　STEP Ⅲの結果から、横軸に品目数累計（%）、縦軸に消費金額累計（%）をとり、パレート図を作成する
STEP Ⅴ　例えば、特性のほぼ80%を占める品目をAグループ、80〜95%の品目をBグループ、それ以上の品目をCグループに分類する
STEP Ⅵ　グループごとに適した管理を行う

### (a) Aグループ

• 定期発注方式を採用し、在庫は定期的に調査する
• 安全在庫は可能な限り少なくし、在庫量を最小限に抑える
• 重点的に需要予測を行う

(b) Bグループ

- 定量発注方式を採用するが、比較的金額の高いものには定期発注方式を採用する
- Aグループよりも管理を簡素化する
- 在庫調整期にはAグループに準じた管理方式を適用する

(c) Cグループ

- 労力の低減を図るため、包装法、複棚法、三棚法などの簡単な在庫管理による発注方式を採用する

**【 在庫管理におけるABC分析図 】**

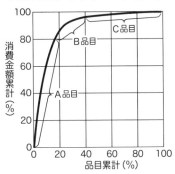

出典：『在庫削減の効果的な進め方』五十嵐瞭著　日刊工業新聞社

## (3) エシェロン在庫

R02-02
H27-13

　サプライチェーンにおける在庫管理の概念の一つである。**エシェロン在庫**とは特定の在庫点を含めて川下側にある輸送中在庫を含めた在庫すべてである。

**【 エシェロン在庫の概念図 】**

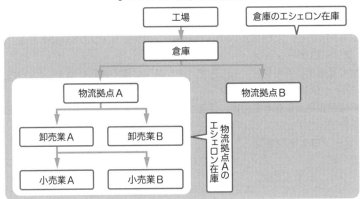

# 6 倉庫管理

## (1) 倉庫

倉庫とは、財貨を保管・貯蔵し、その滅失もしくは損傷を防止するための建屋・施設である。

## (2) 倉庫の機能

倉庫の機能として、現品管理、在庫統制、作業準備などがある。

### ① 現品管理機能

資材の受入、保管、払出といった倉庫の本来的な機能

### ② 在庫統制機能

過剰在庫の防止と適正在庫の維持を目的とし、在庫状況についての情報を迅速に関連部門に提供する機能

### ③ 作業準備機能

製造部門の計画に合わせて払出材料の取り揃えと運搬を行う機能

### ④ 資材節約機能

歩留率を高めるため、材料切断や残材・廃材を活用する機能

**【 倉庫の機能 】**

| | |
|---|---|
| 現品管理機能 ➡ | 資材の受け入れ、保管、払い出しの機能（狭義の倉庫機能） |
| 在庫統制機能 ➡ | 適正在庫維持のため、在庫状況の情報を迅速に関連部門に提供する機能 |
| 作業準備機能 ➡ | 払出材料の取り揃え機能と運搬機能 |
| 資材節約機能 ➡ | 材料切断や残材・廃材を活用する機能 |

## (3) 倉庫内のロケーション管理方法

ロケーション管理とは倉庫内で資材などの保管場所を管理することで、フリーロケーション、フィックスドロケーション、ゾーンロケーションの3種類の方法がある。

### ① フリーロケーション

資材の置場所に番号を付けるのみで、その番号に置く資材は指定しない方法。

### ② フィックスドロケーション

資材の保管場所に番号を付け、保管する資材の保管場所をその番号のところに固定する方法。

### ③ ゾーンロケーション

一定の範囲を指定して、一定の資材群の保管区域を決め、その範囲内ではフリーロケーションにする方法。

## (4) ピッキング

ピッキングとは「製造又は出荷のために必要な部品若しくは製品を、在庫置場

からひとまとめにそろえる行為。キッティング（kitting）ともいう（JIS Z 8141 −
4205)」である。

　ピッキングの代表的な方法には、種まき方式と摘取方式がある。

### ① 種まき方式

　払出伝票に従って各製品に使用する部品の集計をした後、各製品を一括してピッ
キングし、製品別に仕分けして払い出す方式である。

### ② 摘取方式

　払出伝票によって部品をピッキングしながら製品ごとにまとめて箱などに入れ、
この箱を払出伝票に従って払い出す方式である。

■■■ 問題編 ■■■　　　　　Check!!

**問 1** (H24-09 改題)　　　　　　　　　　　　　　　　　　　　　［○・×］
　製品別レイアウトと生産される製品の種類・量との組み合わせにおいて、最も関連性の強い生産形態は多品種少量生産である。

**問 2** (H21-08)　　　　　　　　　　　　　　　　　　　　　　　　［○・×］
　製品構造の単純化は、多種の製品を少種の部品で実現することにより、考慮すべき総部品点数の低減、生産工程の単純化が図れるため、作りやすい製品設計の基本として重要である。

**問 3** (H26-07)　　　　　　　　　　　　　　　　　　　　　　　　［○・×］
　混合品種組立ラインでは、生産する品種により作業ステーションの構成を切り替え、多品種が生産される。

**問 4** (H29-05 改題)　　　　　　　　　　　　　　　　　　　　　　［○・×］
　SLPでは、アクティビティ・面積・調整の３つの基本的重要項目が提起され、それらを段階的に精査することにより、レイアウト案が作成される。

**問 5** (H29-09)　　　　　　　　　　　　　　　　　　　　　　　　［○・×］
　かんばん方式を導入することにより、平準化生産が達成される。

**問 6** (R02-13)　　　　　　　　　　　　　　　　　　　　　　　　［○・×］
　毎回の発注量を２ロット（ビン）ずつに固定する発注方式はダブルビン方式と呼ばれる。

**問 7** (R03-02 改題)　　　　　　　　　　　　　　　　　　　　　　［○・×］
　同期化とは、各工程の生産速度、稼働時間や、それに対する材料の供給時刻などをすべて一致させ、仕掛品の滞留、工程の遊休などが生じないようにすることである。

**問 8** (H25-11)　　　　　　　　　　　　　　　　　　　　　　　　［○・×］
　大日程計画は一般に、将来必要とされる設備能力、作業者数、資材量などの算定に用いられる。

問9 (R05-11)　　　　　　　　　　　　　　　　　　　　　　　　　　　　　[○・×]
　1個1期当たりの在庫保管費が増え、1回当たりの発注費が減少した場合、経済的発注量は増える。

問10 (R01-06改題)　　　　　　　　　　　　　　　　　　　　　　　　　　[○・×]
　生産座席予約方式は組立を対象としたラインや機械、工程、作業者へ、1つの組立品に必要な各種の部品を1セットとして、そのセット単位で部品をそろえて出庫および供給する方式である。

問11 (R04-12)　　　　　　　　　　　　　　　　　　　　　　　　　　　　[○・×]
　在庫引当とは、注文に対して在庫残高から注文量を割り当てて引き落とすことである。

■■■ 解答・解説編 ■■■

問1　×：製品別レイアウトと最も関連性の強い生産形態は少品種多量生産である。
問2　○：生産設計では、生産に対する容易性・経済性を考慮して設計する。
問3　×：混合品種組立ラインは、作業方法がほぼ等しい特定の複数品種を、あらかじめ準備された1本のラインで、混合して連続的に生産する方式である。
問4　×：提起されるのは、相互関係・面積・調整である。SLPは、直観的でわかりやすい半面、主観的評価に依存しているという課題がある。
問5　×：かんばんは、何を、どれだけ、どの順番で生産し、運搬するのかの指示を行う情報伝達手段である。平準化生産は、作業負荷を平均化し変動を極力抑える生産方式であり、かんばん方式そのものが、作業負荷を平均化するわけではない。
問6　×：ダブルビン方式では、2つの容器または棚を設定して、双方に在庫品を入れ片方から使用してカラになったら、もう一方の容器などを使用し、その間にカラになった容器などを補充する。
問7　○：同期化生産では、すべての工程における作業が同時に開始され同時に終了し、同時に次の工程に引き継がれることが繰り返される。
問8　○：大日程計画は経営計画の期間(1年、半年など)に合わせて作成される生産計画であり、経営計画の期間に必要な設備、人員、資材の各経営資源の総量を決めることになる。
問9　×：1個1期当たりの在庫保管費が増え、1回あたりの発注費が減少した場合、経済的発注量は減る。
問10　×：1人生産方式における資材供給に関する説明である。生産座席予約方式は、受注時に、製造設備の使用日程・資材の使用予定などにオーダーを割り付けて生産する方式である。
問11　○：在庫引当は、注文又は出庫要求に対して在庫台帳の在庫残高からその量を割り当て引き落とす行為である。

■■■ **問題編** ■■■

　下表は、あるプロジェクト業務を行う際の各作業の要件を示している。CPM（Critical Path Method）を適用して、最短プロジェクト遂行期間となる条件を達成したときの最小費用として、最も適切なものを下記の解答群から選べ（単位：万円）。

| 作業名 | 先行作業 | 所要期間 | 最短所要期間 | 単位時間当たりの短縮費用（万円） |
|---|---|---|---|---|
| A | － | 5 | 4 | 10 |
| B | A | 6 | 2 | 50 |
| C | B | 7 | 3 | 90 |
| D | A | 9 | 7 | 30 |
| E | C、D | 5 | 3 | 40 |

〔解答群〕

ア　440

イ　510

ウ　530

エ　610

オ　710

**解答：ウ**

CPM（Critical Path Method）に関する出題である。
まず、問題で与えられた表をもとにアローダイヤグラムを作成する。

**【短縮前の所要期間に基づくアローダイヤグラム】**

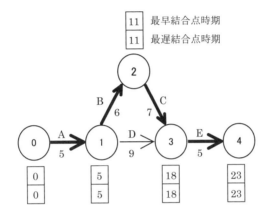

　最早結合点時期と最遅結合点時期が等しい結合点を結ぶ作業「A→ B→ C→ E」
がクリティカル・パスである。
　次に、最短所要期間まで短縮した場合のアローダイヤグラムを作成する。

**【最短所要期間に基づくアローダイヤグラム】**

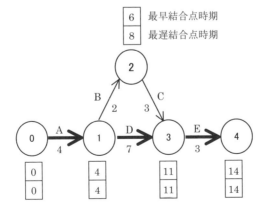

クリティカル・パスが「A→D→E」に変わる。このとき、作業Dの並行作業である作業BとCにおいてプロジェクト遂行期間を遅らせずに作業の開始を遅らせることができる余裕期間が発生している。つまり、作業Dよりも先に作業BとCの作業を完了しても、作業Dが完了するまでは作業Eを開始できない。したがって、作業BとCは費用を掛けて最大限短縮するのではなく、作業BとCの所要期間合計が、作業Dの所要期間である「7」になるまで短縮すればよいことが分かる。また、作業BとCの所要期間短縮に際しては、単位時間当たりの短縮費用が少ない作業Bを優先して短縮する。最短所要期間を実現する場合の費用は次のとおりである。

　①作業Aの短縮費用＝（5－4）×10万円＝10万円
　②作業Bの短縮費用＝（6－2）×50万円＝200万円
　③作業Cの短縮費用＝（7－5）×90万円＝180万円
　④作業Dの短縮費用＝（9－7）×30万円＝60万円
　⑤作業Eの短縮費用＝（5－3）×40万円＝80万円

　①から⑤を合計した「530万円」が最短プロジェクト遂行期間となる条件を達成したときの最小費用である。

　よって、ウが正解である。

## テーマ別出題ランキング

| 過去23年分 平成13年(2001年)〜令和5年(2023年) | |
|---|---|
| 1位 | 方法研究 |
| 2位 | 作業測定 |
| 2位 | QC手法 |
| 3位 | 設備の故障 |

| 直近10年分 平成26年(2014年)〜令和5年(2023年) | |
|---|---|
| 1位 | 方法研究 |
| 2位 | QC手法 |
| 3位 | 作業測定 |

## 過去23年間の出題傾向

23年間で方法研究は25回、特に直近は毎年1〜2問出題されている。各分析手法、分析内容をしっかり理解しよう。作業測定は21回出題されている。中でも時間研究は用語の理解とともに計算にも慣れておく必要がある。QC手法は21回出題されている。各手法の名称と内容を対応させて確実に覚えておきたい。

# 第7章

# 生産のオペレーション

# I 品質管理

## 1 品質管理の意義　Ⓑ

### (1) 品質管理

　JIS Z 8101：1981によると、**品質管理**とは「買い手の要求に合った品質の品物またはサービスを経済的に作り出すための手段の体系。品質管理を略してQC（Quality Control）ということがある」とされる。また、JIS Z 9900：1994では、品質管理をQuality Management（QM）として、「品質方針、目標および責任を定め、それらを品質システムの中で品質計画、品質管理手法、品質保証および品質改善などによって実施する全般的な経営機能のすべての活動」とし、QCは狭義の品質管理として、「品質要求事項を満たすために用いられる実施技法および活動」とされる。

### H19-11 (2) 品質管理を行う目的

　品質管理を行う目的は、次の4つである。
　① 製品の不良を防止することで、顧客に対して品質を保証し、かつ品質の不具合に伴うコストを下げること
　② 製品や作業のばらつきを少なくすること
　③ 作業の不具合をなくすとともに効率の向上を図り、かつ顧客に対して品質保証すること
　④ 製品クレーム情報を基に有効な改良を行い、使用品質を高めること

### H25-05 (3) 品質の考え方

#### ① 品質特性と代用特性

　**品質**とは品物の良し悪しを表す性質であり、製品の品質はいろいろな要素によって決まる。この品質を構成する要素を品質特性といい、品質特性を数量値化したものを品質特性値という。品質の程度を決めるということは、品質特性値を決めることである。品質特性は真の特性と代用特性に分けられ、顧客の要求する品質特性は、真の特性の代用として使われる、代用特性で表されることが多い。品質管理では、この代用特性を対象に管理する。

#### ② 経営と品質

　経営の立場から品質を検討すると、設計品質、製造品質、使用品質の3つに分けられる。

##### (a) 設計品質

　製品・サービスの製造・提供の目標としてねらった品質である。**ねらいの品質**ともいう。

(b) 製造品質

設計品質をねらって製造・提供した製品・サービスの実際の品質である。**できばえの品質**、**適合の品質**ともいう。

(c) 使用品質

消費者の使用中に故障等が発生したならば、速やかに処置を行い、消費者の期待通りの状態を維持することに努めるサービス行為である。**市場品質**、**サービスの品質**ともいう。

## ⑷ 品質展開

R02-04
H28-13
H23-07

**品質展開**とは「**要求品質**を**品質特性**に変換し、製品の設計品質を定め、各機能部品、個々の構成部品の品質、及び**工程**の要素に展開する方法（JIS Q 9025 − 3.1.7）」である。

顧客満足を高めるために、組織は提供する製品に対する顧客のニーズ及び期待を把握し、製品設計に反映させる必要がある。同時に、予期し得る品質問題の解決策を検討しておくことは、新製品開発において重要である。品質機能展開によるアプローチは、製品の企画から製造までのプロセスに一貫性を持たせ、顧客のニーズ及び期待を満たす製品設計の指針を与える。このアプローチは設計的アプローチであり、従来の解析的アプローチとは異なる源流からのアプローチである。

**品質機能展開**は、各種展開表を二元表として組み合わせた品質表を作成し、この連鎖を用いて品質の検討をする。

**品質表**は、要求品質展開表と品質特性展開表との二元表によって、企画品質を設定して重点を置くべき要求品質を定め、これを実現するための品質特性を明確にし、製品の設計品質を定めることを目的とした二元表である。これに企画品質設定表、設計品質設定表、品質特性関連分析を付加したものを品質表と呼ぶことがある。

市場調査などによって得られた要求品質の全体を把握し、その構造化を行ったものが、要求品質展開表である。また、親和図法によってグルーピングされた結果を使い、品質特性を系統表示したものを品質特性展開表と呼び、機能を系統表示したものは機能展開表と呼ばれる。

### 【 品質表 】

|  | 品質特性展開表<br>（製品の特性） |  |
|---|---|---|
| 要求品質展開表<br>（顧客ニーズ） | 品質表 | 重要度 |
|  | 重要度 |  |

上記の品質表は、具体的には下記のように示される。

**【 品質表（具体例） 】**

| 要求品質展開表 1次 | 2次 | 3次 | バルブ寸法 | 高さ寸法 | 幅寸法 | 厚み寸法 | 楕円直径 | 楕円短径 | 長短径比率 | 要求品質重要度 |
|---|---|---|---|---|---|---|---|---|---|---|
| 長い間使用できる | 丈夫である | 強い衝撃に耐える | ○ | | | ○ | | | ◎ | 5 |
| | | 落としても使える | | ◎ | ○ | | | ○ | | 3 |
| | | 水の中に落としても使える | ○ | | | ◎ | ○ | | | 4 |
| | 持ちやすい大きさである | 手の中に納まる | | | ○ | | | ◎ | | 3 |
| | | 適度な重さである | ○ | | | ◎ | | | | 3 |
| | | ポケットに入る | | | | | | | | 3 |
| ・ | ・ | | | | | | | | | |
| ・ | ・ | | | | | | | | | |
| | | 品質特性重要度 | 58 | 36 | 25 | 14 | 28 | 36 | 48 | |

出典：『生産管理と品質管理』木内正光著　日本規格協会

　【品質表（具体例）】の図表を読み取ると、関係性については、一般的に◎が"強い対応"で、○が"対応"となる。記号の記入後、今回の製品に対して要求品質重要度を決める（図表の右縦枠）。図表では"強い衝撃に耐える"に高い重要度（5点）を割り当てている。そして要求品質重要度を品質特性重要度に変換する（図表の下横枠）。

　品質特性展開表の"バルブ寸法"の品質特性重要度について計算する場合、各要求品質の重要度に記号（◎と○）の点数を乗じて計算する。例えば、◎を5点、○を3点としたときは、要求品質展開表の"強い衝撃に耐える"は重要度が5点であり、"バルブ寸法"は○で3点であるため、5点×3点＝15点となる。

　図表の要求品質展開表は1次要求品質の"長い期間使用できる"以下は省略しているため、"バルブ寸法"の品質特性重要度の58の数値の内訳は不明だが、1次要求品質の"長い期間使用できる"のみで計算すると、5×3＋4×3＋3×3＝36となる。

# 2　QC手法

R05-18
R04-11
R01-11
H30-09
H23-12

### （1）QC7つ道具

　品質にかかわる問題発見に有効な手法として、QC7つ道具があり、誰もが容易に活用できる身近な道具としてよく活用されている。**QC7つ道具**は、主に数値データを整理・分析し、維持管理するツール群である。

#### ① 層別

　**層別**とは「収集したデータを、共通点をもつ幾つかのグループに分類する技法（JIS Q 9024 － 7.1.9）」である。

　なお、層別の代わりに「グラフ」をあげる考え方もある。グラフとは、データを

242

図式（グラフ）化することにより、全容を明確にするとともに、数量の比較や経時変化を一目でわかるようにするものである。グラフの種類には、棒グラフ、折れ線グラフ、円グラフなどがある。

## ② チェックシート

**チェックシート**とは「計数データを収集する際に、分類項目のどこに集中しているかを見やすくした表又は図（JIS Q 9024 – 7.1.4）」である。

チェックシートにはさまざまなものがあるが、チェックするだけで、簡単に結果がわかるように作ることがポイントである。

## ③ パレート図

**パレート図**とは「項目別に層別して、出現頻度の大きさの順に並べるとともに、累積和を示した図（JIS Q 9024 – 7.1.2）」である。

パレート図は、管理すべき重点項目を絞ったり、管理項目を層別したりするために用いる。

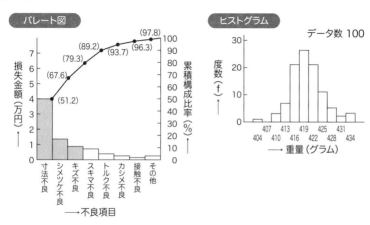

## ④ ヒストグラム

**ヒストグラム**とは「計測値の存在する範囲を幾つかの区間に分けた場合、各区間を底辺とし、その区間に属する測定値の度数に比例する面積をもつ長方形を並べた図（JIS Q 9024 – 7.1.5）」である。

ヒストグラムは、計量特性の分布状況を調べるために用いる。

ヒストグラムの形状は、度数の分布により次のように分類できる。

R02-06
H25-12

## 【 ヒストグラムの形状 】

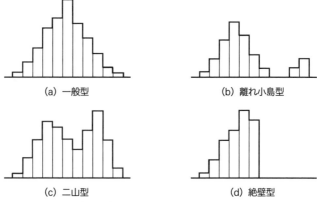

(a) 一般型　　　　　　(b) 離れ小島型

(c) 二山型　　　　　　(d) 絶壁型

(出典:『JIS品質管理セミナー品質管理テキスト』(2014) 日本規格協会

| (a) | 一般型 | 一般的に管理された状態に表れる分布である。 |
|---|---|---|
| (b) | 離れ小島型 | 異物の混入といった、異常の可能性などが考えられる分布である。 |
| (c) | 二山型 | 異なる二つの集団からデータを収集している可能性などが考えられる分布である。 |
| (d) | 絶壁型 | 絶壁のところに上限規格値あり、手直しして規格内に収めている可能性が考えられる分布である。 |

⑤ **特性要因図**

　**特性要因図**とは「特定の結果（特性）と要因との関係を系統的に表した図（JIS Q 9024－7.2.2）」である。

　製品の品質特性に影響を与えるいろいろな原因を要因という。特性と要因の関係を「骨」といわれる矢印で表した図である。魚の骨に似ているため、別名「魚の骨」とも呼ばれる。真ん中の矢印を背骨、背骨の要因を大骨、大骨の要因を中骨、以下小骨、孫骨という。特性と要因間の相互関係を視覚的に表現したものである。

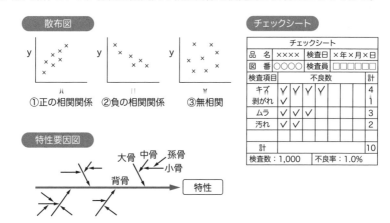

散布図

①正の相関関係　②負の相関関係　③無相関

特性要因図

チェックシート

## ⑥ 散布図

**散布図**とは「二つの特性を横軸と縦軸とし、観測値を打点して作るグラフ（JIS Q 9024－7.1.6)」である。

打点の状態によって、2つの特性間の相関関係が簡易的に把握できる。点の散らばり方が右上がりの場合を正の相関関係、右下がりの場合を負の相関関係、全体的に散らばっている場合を無相関という。

散布図を見るときには、異常な点がないか、一見無相関でも層別すると相関が見出せないか、偽相関ではないか、曲線関係になっていないか、などに注意する必要がある。偽相関とは、技術的根拠は不明であるが、2つの特性間に相関関係があるようにみえることである。

R05-18
H30-08
H29-17
H28-15
H24-12
H20-01

## ⑦ 管理図

**管理図**とは「連続した観測値又は群にある統計量の値を、通常は時間順又はサンプル番号順に打点した、上側管理限界線、及び／又は、下側管理限界線をもつ図（JIS Q 9024－7.1.7)」である。

管理図には①過去の生産実績から得られた標準値を利用して管理状態を保持するために使う管理用管理図と②すでに集められた観測値によって工程が統計的管理状態であるかを評価するために使う解析用管理図がある。

データを管理図上に打点し、データの時間的な変化を通して品質のばらつきが偶然によるものか異常によるものかを区分し、異常なばらつき原因を追跡、除去し、再発防止を図ることを主たる目的としている。

**【 主な管理図 】**

| 管理図 | 管理対象 | |
|---|---|---|
| x̄–R管理図 | 長さ・重量などの群の平均値と範囲 | 計量値 |
| x管理図 | 長さ・重量などの個々の測定値 | |
| s管理図 | 群の標準偏差　R管理図の代わりにx̄管理図と併用する | |
| P管理図 | 不良率 | 計数値 |
| Pn管理図 | 不良個数 | |
| c管理図 | 欠点数 | |
| u管理図 | 単位当たり欠点数 | |

出典：『現代生産管理』工藤市兵衛著　同友館に一部加筆

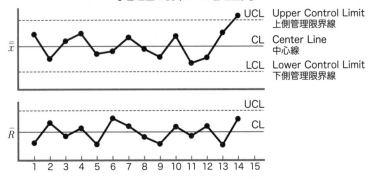

**【管理図の例（x̄ーR管理図）】**

出典：『現代生産管理』工藤市兵衛著　同友館に一部加筆

　安定した工程の持つ特定の成果に対する合理的に到達可能な工程変動を表す統計的測度を工程能力という。通常は工程のアウトプットである品質特性を対象とし，品質特性の分布が正規分布であるとみなされるとき，平均値±3σで表すことが多いが，6σで表すこともあり、管理図などによって図示することもある。管理限界線は、中心線に対して片側3σ（標準偏差の3倍）でとることが一般的である。

#### (a) 管理図における管理状態

管理図が次の2つの条件を満たしたとき、工程は管理状態にあると判断する。

- 点がすべて管理限界線の中に入っている
- 点の並び方にクセがない

#### (b) 点の並び方のクセ

- 連

　点が中心線に対して一方の側に連続して並んだ状態である。そのときの連続した長さを「連の長さ」という。

- 傾向

　点が連続して上昇したり下降したりする状態である。

- 周期

　点の並び方に周期性が見られる状態である。

- その他のクセ

　「点が中心線の一方の側に異常に多く現れる（連に似た状態）」、「点がしばしば管理限界線に接近する」などの状態がある。

#### (2) 新QC7つ道具

　QC7つ道具が、問題発見の段階で使われる、主に数値データを対象とした解析ツールであるのに対し、**新QC7つ道具**は、仮説の設定・検証の段階で用いられる、主に言語データを対象とした整理分析ツールである。

### ① 親和図法

さまざまな情報を整理・集約し、着眼点を絞り込む方法である。一般に広く知られているKJ法も、同じ主旨のツールである。

〈作成のステップ〉

(a) 作成者でテーマを決める

(b) 自由な発言をカードに書く

(c) 親和間でカードをグループ化し、標識を付ける

(d) カードをグループに編成し、全体を図解する

**【 親和図 】**

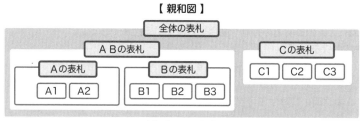

出典：『TQMの基本的考え方』超ISO企業研究会編　日本規格協会

### ② 連関図法

問題点と要因をあげ、その関係を矢印でつなぎ関連を鳥瞰する図法である。

〈作成のステップ〉

(a) テーマの問題点および要因をブレーンストーミングなどで列挙する

(b) 見つかった問題と要因とを因果の流れに基づき矢印でつなぎ、図を作る

(c) 図の追加修正、重要事項の絞り込みを行う

(d) 結論と対策を話し合う

**【 連関図 】**

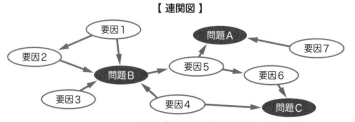

出典：『TQMの基本的考え方』超ISO企業研究会編　日本規格協会

### ③ 系統図法

目的を達成する手段、さらにその目的を達成する手段といったように、「どのように」を繰り返し、目的と手段の階層を視覚化する図法である。

〈作成のステップ〉

(a) 目的を決める

(b) 目的を達成する手段を書き出す

(c) 書き出した手段を選択する

(d) 手段を目的として達成する手段を書き出す

(e) 目的達成の系列をチェックし、妥当性を評価する

【 系統図 】

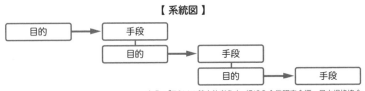

出典：『TQMの基本的考え方』超ISO企業研究会編　日本規格協会

### ④ マトリックス図法

問題対象の中の関連を分析したい2要素を、2次元表に配し、そのマトリックスの交点に2要素の関連の有無や度合を可視化する図法である。

〈作成のステップ〉

(a) 関連分析したい2要素を選別する

(b) 要素を細目に分ける

(c) 要素間の関連性を可視化する

【 マトリックス図法 】

| | | 品質特性 | | | | |
|---|---|---|---|---|---|---|
| | | 容量 | 密度 | 損失 | 発熱 | 耐熱 |
| 要求品質 | 特性 | ◎ | ○ | ○ | | |
| | 省スペース | ◎ | | | △ | |
| | 省エネ | | ◎ | △ | | ◎ |
| | 長寿命 | | | ○ | ○ | |
| | 故障が少ない | | | | ◎ | |
| | 使いやすい | | | △ | | |

出典：『TQMの基本的考え方』超ISO企業研究会編　日本規格協会

### ⑤ マトリックスデータ解析法

マトリックス図法の交点に数値データが得られ、そのデータが大量にあるときの解析法である。新QC7つ道具ではただ1つ、数値データを解析する手法である。主成分分析法ともいわれ、多変量解析法の一手法である。

〈作成のステップ〉

(a) 散布図などのマトリックス上にデータを配置する

(b) 多変量解析の手法で、因果関係分析をする

(c) 因果関係の分析を踏まえて合成変数を作り、データの主成分を考える

### ⑥ アローダイヤグラム

アローダイヤグラムは、第6章　生産のプランニングを参照のこと。

### ⑦ PDPC法 (Process Decision Program Chart method)

想定外の事態などが起きた場合に備えて事前に考えられるさまざまな結果を予測し、望ましい結果に至るプロセスを定める方法である。

〈作成のステップ〉

(a) 初期状態から好ましい (好ましくない) 状態に至るプロセスの流れを実施項目や予想結果などを矢印で結んで表す

(b) 好ましい状態に至る (好ましくない状態に至らない) ためにはどのようにすればよいか衆知を集めて検討する

**【 PDPC法 】**

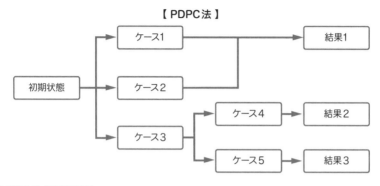

### (3) 統計的仮説検定

R04-05
R02-14
H30-16

**統計的仮説検定**は、「帰無仮説を棄却して対立仮説を支持できるかどうかを決定する手続き (JIS Z 8101-1-1.48)」である。

統計的仮説検定では、主張したい仮説である対立仮説と、主張とは反対の仮説である帰無仮説の二つの仮説を用意する。サンプルデータから検定統計量を算出し、検定統計量の値がめったに起こらないと考えられる確率 (有意水準) でしか得られない値であれば、帰無仮説を棄却し、対立仮説を支持する。

### (4) 実験計画法

R03-04

実験計画法は、「効率的かつ経済的に、妥当で適切な結論に到達できるような実験を計画する方策 (JIS Z8101 − 3 −序文)」である。少ない実験回数から多くの情報を集め、統計的な判断を行う。実験対象となる要因が複数ある場合に、効率よく実験を行いたい場合に利用される。

実験計画法は次の手順で実施する。

① 実験に取り上げる因子を設定

② 取り上げた因子について、二つの水準を設定

③ 直交配列表に因子を割り付け、実験を行う水準の組み合わせを決める

④ ランダムに実験を実施

⑤ 分散分析により、実験に取り上げた因子の効果を判断する

### (5) 工程能力指数

R05-21
R03-20

工程能力指数は、「特性の規定された公差を工程能力 ($6\sigma$) で除した値 (JIS Z8101 − 2 − 5.10)」であり、製品のばらつきから工程の状態を評価する指標である。ここで$\sigma$は、標準偏差である。

規格の中心に平均値があると仮定した場合の工程能力指数$C_p$は、数値が大きいほど工程能力が高く、ばらつきが小さいといえる。一般的には、以下の基準で評価する。

| No | $C_p$の値 | 工程能力の評価 |
|---|---|---|
| 1 | $C_p \geqq 1.67$ | 工程能力は十分すぎる |
| 2 | $1.67 > C_p \geqq 1.33$ | 工程能力は十分である |
| 3 | $1.33 > C_p \geqq 1.00$ | 工程能力は十分とはいえないがまずまずである |
| 4 | $1.00 > C_p \geqq 0.67$ | 工程能力は不足している |
| 5 | $0.67 > C_p$ | 工程能力は非常に不足している |

$$C_p = \frac{S_u - S_L}{6\sigma}$$

ただし、$S_u$：規格上限値、$S_L$：規格下限値、$\sigma$：標準偏差

　工程能力指数の評価は、一般的に1.33以上であれば工程能力は十分であるとされる。

### 《例題：工程能力指数》

　ある工程が規格に対して満足な状態かどうかを管理するために、この工程で生産される製品の品質特性の発生頻度を測定した。この品質特性については、規格の中心が2.05、規格下限値が1.8、規格上限値が2.3と決められている。
　品質特性の発生頻度の測定結果から、平均が2.05、標準偏差が0.05であることがわかった。これについて、工程能力指数を計算すると以下のような結果となった。

$$C_p = \frac{規格の幅}{6 \times 標準偏差} = \frac{規格上限値 - 規格下限値}{6 \times 標準偏差}$$

$$= \frac{2.3 - 1.8}{6 \times 0.05} \fallingdotseq 1.667$$

　工程能力指数の計算結果の1.667は、工程能力の評価基準である1.33を上回っているため十分な工程能力があり、満足な状態で管理されているといえる。

## 3　検査

### (1) 検査

　**検査**とは「適切な測定、試験、又はゲージ合せを伴った、観測及び判定による適合性評価（JIS Z 8101 - 2 - 4.1.2）」である。

### (2) 全数検査と抜取検査

検査の方法により区分すると、全数検査と抜取検査がある。

#### ① 全数検査

ロット内の品物がすべて良品であることを保証するために行う検査で、品物全数を検査する。次の場合に用いられる。

　(a) 1個の不良品でも致命的な被害が起こるとき
　(b) 品物の数量が少ないとき
　(c) 品物が高価なとき
　(d) 検査が容易に確実にできるとき
　(e) 破壊検査をしなくても検査ができるとき

#### ② 抜取検査

ある品物の一部を抜き取って試験し、判定基準と比較し、そのロット全体の合否を決定する検査方法で、以下の前提条件のもと適用される。

　(a) 検査対象がロットとして処理されること
　(b) 合格ロットの中にある程度の不良品の混入が許されること
　(c) 資料の抜き取りがランダムにできること
　(d) 品質基準が明確にされていること

## 4 TQCとTQM

### (1) TQC

品質管理を効果的に実施するためには、市場の調査、研究・開発、製品の企画、設計、生産準備、購買・外注、製造、検査、販売およびアフターサービス並びに財務、人事、教育など企業活動の全段階にわたり、経営者をはじめ、管理者、監督者、作業者など企業の全員の参加と協力が必要である。このようにして、全員参加で、全部門が共通の方針を持って実施される品質管理を**全社的品質管理**（TQC：Total Quality Control）という。

### (2) QCサークル

QCサークルとは、同じ職場内で品質管理活動を自主的に行う小グループである。全社的品質管理活動の一環として自己啓発、相互啓発を行い、さまざまなQC手法を活用して職場の管理・改善、活性化を継続的に全員参加で行うものである。このような活動をQCサークル活動（小集団改善活動）という。

### (3) TQM

#### ① TQMの定義

**総合的品質管理**（TQM：Total Quality Management）とは「顧客の満足を通じての長期的な成功、並びに組織の構成員および社会の利益を目的とする、品質を

中核とした、組織の構成員すべての参画を基礎とする、組織の経営の方法（JIS Z 9900）」と定義されている。

### ② 品質マネジメントシステムのアプローチ

TQMに至る品質マネジメントシステムのアプローチは、JIS Q9000:2006によると、以下の8ステップからなる。

(a) 顧客及びその他の利害関係者のニーズ、並びに期待を明確にする。

(b) 組織の品質方針及び品質目標を設定する。

(c) 品質目標の達成に必要なプロセス及び責任を明確にする。

(d) 品質目標の達成に必要な資源を明確にし、提供する。

(e) 各プロセスの有効性及び効率を測定する方法を設定する。

(f) 各プロセスの有効性及び効率を判定するための指標を適用する。

(g) 不適合を予防し、その原因を除去するための手段を決定する。

(h) 品質マネジメントシステムの継続的改善のためのプロセスを確立し、適用する。

H26-13

### ③ TQMの代表的な手法

TQMの代表的な手法には、活動要素別に次のようなものがある。

(a) 新製品開発管理・プロセス保証

品質機能展開（QFD）、工程能力指数

(b) 方針管理・小集団改善活動・品質管理教育

改善の手順、QC7つ道具、統計的方法、言語データ解析法（新QC7つ道具）

(c) 標準化・日常管理

プロセスフローチャート、QC工程表、管理項目一覧表、工程異常報告書、作業標準書、エラープルーフ化、能力・技能評価シート

H25-13

### 【 TQMの原則 】

| 原則 | 項目 | 解説 |
|---|---|---|
| 目的 | マーケットイン | 市場または顧客の中に入り、市場のニーズを把握し、これらを満たす製品・サービスを開発・製造し、提供していく考え方のこと。自社の都合ではなく、顧客第一の考え方で活動を進めていく考え方である。 |
| | 後工程は<br>お客様 | 各工程が後工程をお客様と考え、担当業務の出来栄えを後工程に保証するという組織内部の考え方である。具体的には、次の手順で改善を進める。<br>①自分の工程の悪さ加減（＝後工程に与える迷惑）を明らかにする。<br>②その悪さ加減の原因の追及を行う。<br>③悪さ加減の低減をはかる。 |
| | 品質第一 | 本当によい品質のものができれば、手直しや不良品は激減し、原価低減や能率向上に結びつく。さらに、信用が増し、売上増大につながる。売上増大、原価低減、能率向上よりも品質を第一に考え、品質向上を最優先させるという考え方である。 |

| | | |
|---|---|---|
| 手段 | プロセス管理 | 結果のみを追うのではなく、プロセス（仕事のしくみ・やり方）に着目し、これを管理・向上させることにより、よい結果を継続的に得るという考え方である。 |
| | 標準化 | 物や仕事のやり方について、もっとも優れた方法を標準として決め、各人の行動を揃え、効率を上げるという考え方である。 |
| | 源流管理 | 顧客に喜ばれる製品やサービスの品質を明らかにして、仕事のしくみの源流（上流）または担当業務における源流（目的）にさかのぼって、品質やサービスの機能や原因を掘り下げ、管理していくという考え方である。 |
| | PDCAのサイクル | 管理にあたり、まず計画を立て、それに従って実施し、その結果を確認し、必要に応じてその行動を修正する処置を取るというサイクルを確実かつ継続的に回し、プロセス・仕組みのレベルを向上させるという考え方である。 |
| | 再発防止 | トラブルを発生させた製品、工程、業務に対する恒久的な対策だけでなく、仕事のしくみややり方など、システムの対策（根本原因の除去）まで行うことにより、今後二度と同じ原因で問題が起きないように対策する考え方である。 |
| | 未然防止 | トラブルが発生してから対策を考えるよりも、実施に伴って発生が予想される問題を計画段階で洗い出し、それに対する対策を講じておくという考え方である。 |
| | 潜在トラブルの顕在化 | 品質管理の導入時に、まず手がけるべきことは、報告されていない、表面化していないクレーム、トラブル、不良の顕在化であるという考え方である。 |
| | QCD（結果）に基づく管理 | プロセスや仕組みのねらい・結果（品質Q、コストC、納期D等）に着目し、それに基づいてプロセス・仕組みを議論することが重要という考え方である。 |
| | 重点志向 | 限られた費用、期間、人員のもとで、結果に大きな影響を与えているものを捕まえて取り組むことにより、改善効果の大きい重点問題から着目していくという考え方である。 |
| | 事実に基づく管理 | データや事実を正しくつかみ、正しく判断するためには、三現主義（現場、現物、現実を重視する主義）やQC手法で管理するという考え方である。 |
| 組織の運営 | リーダーシップ | 経営者・管理者は、顧客や他のステークホルダーのニーズやウォンツを考慮した上で組織が進むべき方向を明確に定め、適切な役割を果たすべきであるという考え方である。 |
| | 全員参加 | トップから社員までの各階層が、企画部、設計部、製造部、営業部から総務部までの全部門が全員参加して密接に連携し、品質管理を行うことが必要であるという考え方である。 |
| | 人間性尊重 | 人間の持つ感情を大切にし、英知、創造力、企画力、判断力、行動力、指導力などの能力をフルに発揮できるように、人間らしさを尊び、重んじようという考え方である。 |
| | 教育・訓練の重視 | 企業の発展を支えるため、業務遂行に必要な知識・技能およびモラールの向上を目指して、社員ひとりひとりの能力や資質を把握し、長期的な視野に立って人材の開発・育成をはかることが重要であるという考え方である。 |

出典：『TQMの基本』日本品質管理学会標準委員会編　日科技連出版社

# 5 HACCP

HACCPとは、食品の製造・加工工程のあらゆる危害をあらかじめ分析し、製造工程でどのような対策を講じれば安全な製品を得られるかという重要管理点を定め、これを連続的に監視することにより製品の安全を確保する衛生管理の手法である。

HACCPの7原則には、①危害分析、②重要管理点の特定、③管理基準の設定、④モニタリング方法の設定、⑤改善措置の設定、⑥検証方法の設定、⑦記録保存及び文書作成規定の設定、がある。

## (1) HACCPに関連する用語

### ① PRP (Prerequisite Programs：一般的衛生管理プログラム)

HACCPシステムを効果的に機能させるための前提となる食品取扱施設の衛生管理プログラムのことである。前提条件プログラムともいわれる。

### ② SSOP (Sanitation Standard Operation Procedure：衛生標準作業手順)

衛生管理に関する手順のことで、その内容を「いつ、どこで、だれが、何を、どのようにするか」がわかるように文書化したものである。一般的衛生管理の中で毎日の点検が必要な衛生管理手順である。

### ③ CCP (Critical Control Point：重要管理点)

特に厳重に管理する必要があり、かつ、危害の発生を防止するために、食品中の危害要因を予防もしくは除去、または、それを許容できるレベルに低減するために必須な段階のことである。必須管理点ともいう。

### ④ CL (Critical Limit：管理基準)

危害要因を管理するうえで許容できるか否かを区別するモニタリング・パラメータの限界のことである。許容限界ともいう。

## (2) HACCP導入の7原則12手順

手順1　HACCPのチーム編成
手順2　製品説明書の作成
手順3　意図する用途及び対象となる消費者の確認
手順4　製造工程一覧図の作成
手順5　製造工程一覧図の現場確認
手順6　【原則1】危害要因分析の実施
手順7　【原則2】重要管理点 (CCP) の決定
手順8　【原則3】管理基準 (CL) の設定
手順9　【原則4】モニタリング方法の設定
手順10　【原則5】改善措置の設定
手順11　【原則6】検証方法の設定
手順12　【原則7】記録と保存方法の設定

# II　生産統制

## 1　生産統制

 H21-01

　生産統制は生産管理機能の一環であり、生産計画（広義）に対応する活動である。生産統制における管理の担当者は、主として現場の管理者や監督者であり、一般に生産の実績の報告とその評価が含まれる。

　生産統制は、主に進度管理、現品管理、余力管理の3つの機能に分類され、これら3つに重点を置いて統制活動を行う。

　生産計画と生産統制の関係は、おおむね次のようになる。

| 対象 | 生産計画 | 生産統制 |
|---|---|---|
| 日程 | 日程計画 | 進度管理 |
| 物 | 資材計画 | 現品管理 |
| 工数 | 工数計画 | 余力管理 |

### (1) 進度管理（JIS用語の見出し語は「進捗管理」）

R01-15

　進捗管理とは「仕事の進行状況を把握し、日々の仕事の進み具合を調整する活動。進度管理または納期管理ともいう（JIS Z 8141 − 4104）」である。

#### ① 進度管理の目的
　(a) 納期の維持
　(b) 生産速度の維持および調整

　　第1の目的は、納期の維持である。しかし、納期の維持のために作業を計画よりも先行して進めると、仕掛品や在庫品が増える。したがって、生産速度の維持および調整を行うことが第2の目的となる。

#### ② 進度を調査する方法
　(a) 個別生産の場合

　　どの程度作業が進んだかを調査する。

　(b) 連続生産の場合

　　何個完了したかを調査する。

#### ③ 進度管理に利用する主なツール
　(a) 製造三角図
　(b) 流動数曲線
　(c) ガントチャート
　(d) カムアップ・システム（やるべきことを喚起する仕組み）
　(e) 差立て板（機械や設備に対する次の加工の指示板）

R05-13
R04-14
R03-14
H30-04
H29-15
H27-17

　　ガントチャートやカムアップ・システム、差立て板は、個別生産における進度（進捗）管理手法に適している。

## 【 進度管理に利用するツール 】

**製造三角図**
主に連続生産の場合に用いられる管理図表で、縦軸に累計生産量を、横軸に正味の稼働日数を取り、対角線を引いてこれを計画線とする。日付ごとに生産実績累計をプロットしていくことで、計画と実績のずれを把握することができる。

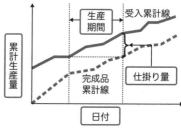

**流動数曲線**
日々の仕事の受入の累計と完成品の累計を表した曲線で、両者の縦の差が仕掛り量を表し、横の差が生産期間を表している。見込生産と受注生産のいずれでも使用できる。

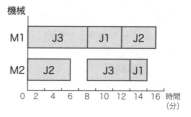

**ガントチャート**
日程計画や日程管理などのために用いられる図表の一つであり、Henry L. Gantt が考案したものである。よく用いられる形式は、横軸を時間軸とし、縦軸に機械、作業者、工程、仕事などを割り当て、各作業の開始から終了までを長方形で示したものである。

**縦軸を機械としたガントチャート**

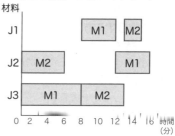

縦軸を機械としたチャートでは、各機械がいつからいつまでどの材料を加工するのかという時間帯を長方形で表す。この図より、各機械の行う仕事の内容が時間の経過とともにどのように変化していくかがすぐに読み取れ、各機械に対する負荷の高低なども把握できる。

縦軸を材料としたチャートでは、各材料の加工予定が把握しやすく、例えば材料J2が機械M2での加工終了後、6分間ほど加工待ち状態となることなどが容易にわかる。

**縦軸を材料としたガントチャート**

出典:『生産管理用語辞典』日本経営工学会編
日本規格協会を一部加筆

### 《例題:流動数曲線》

先入先出法で製品の入出庫を行う倉庫において、始業8時から終業17時までの期間で流動数分析を実施した。

次の図表は、この観測期間内での入出庫の結果を流動数グラフにまとめたもの

である。次の流動数曲線において、平均在庫量を求めてみよう。

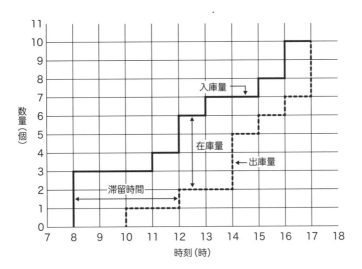

　各時刻の製品在庫量の合計は、27（＝3＋3＋2＋3＋4＋5＋2＋2＋3）個
であり、始業8時から終業17時は9時間であることから、平均在庫量は27個÷
9時間＝3（個／時間）である。
　また、製品の総滞留時間は27（＝2＋4＋6＋3＋2＋3＋3＋2＋1＋1）時
間であることから、平均滞留時間は27時間÷10個＝2.7（時間/個）となること
がわかる。


《例題：SPTとガントチャート》
　ある職場では以下の条件で3種類の製品A、B、Cを製造している。
〈作業条件〉
・各製品は第1工程と第2工程で同じ順序で加工される。
・各工程では一度加工が始まったら、その製品が完成するまで同じ製品を加工
　する。
・工程間の運搬時間は0とする。
・各製品の各工程における作業時間と納期は次の表に示される。

| 製品 | A | B | C |
|---|---|---|---|
| 第1工程 | 4 | 1 | 3 |
| 第2工程 | 5 | 6 | 3 |
| 納期 | 17 | 11 | 10 |

　3つの製品をSPT順（Shortest Processing Time first rule: 最小加工時間順）
に投入するときのガントチャートを考えてみよう。
　第1工程の作業時間が短い順に作業順を決定するとB→C→Aとなる。

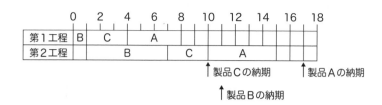

上表のガントチャートをみると、総所要時間は15時間であることがわかる。

R03-13
H30-14
H25-14
H21-06

## (2) 現品管理

　現品管理とは「資材、仕掛品、製品などの物について運搬・移動や停滞・保管の状況を管理する活動。現品の経済的な処理と数量、所在の確実な把握を目的とする。現物管理ともいう (JIS Z 8141 − 4102)」である。具体的な活動として、原材料の品質を保持するために置き場の環境改善を徹底することや、仕掛品量を適正かつ迅速に把握するため、RFIDを導入することなどがある。

R05-10
H28-11
H23-03

## (3) 余力管理

　余力管理とは「各工程又は個々の作業者について、現在の負荷状態と現有能力とを把握し、現在どれだけの余力又は不足があるかを検討し、作業の再配分を行って能力と負荷を均衡させる活動。備考：余力とは能力と負荷との差である。工数管理ともいう (JIS Z 8141 − 4103)」である。

### ① 負荷＞能力のとき

　遅延が生じるため、作業の再配分や作業順序の入れ替え、残業、増員、ロットサイズの変更などにより余力調整を行う。

### ② 負荷＜能力のとき

　手待ちが生じるため、予定の繰り上げ、他職場の応援、ロットサイズの変更などにより余力調整を行う。

R05-10

## (4) 工数と余力調整

　工数とは「仕事量の全体を表す尺度で、仕事を一人の作業者で遂行するのに要する時間 (JIS Z 8141 − 1227)」である。作業習熟や改善活動、設計改良などによって作業時間を減らすことを工数低減という。

# III 作業管理

## 1 作業の構成

### (1) 直接作業と間接作業

作業は、次のような構成になる。ここでいう作業は**直接作業**である。

**【 作業の構成 】**

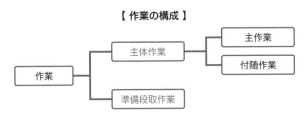

なお間接作業は、余裕（工具交換、運搬、清掃など）、非作業（朝礼、教育、廃棄物の整理など）、非生産的作業（作業の停滞、ものを探すなど）、間接部門の作業から構成される。

### (2) 主体作業

**主体作業**とは「製品を直接生産している正規の作業で、作業サイクルに対して毎回又は周期的に行われる作業（JIS Z 8141 − 5105)」である。

#### ① 主作業

仕事の直接的な目的である材料・部品の変形、変質など、対象の変化そのものに直接的に寄与している作業である。

#### ② 付随作業

主作業に付随して規則的に発生するが、材料の取り付け、取り外しなど、仕事の目的に対し間接的に寄与する作業である。

### (3) 準備段取作業

**準備段取作業**とは「主体作業を行うために必要な準備、段取、作業終了後の後始末、運搬などの作業（JIS Z 8141 − 5106)」である。

ロットごと、始業の直後および終業の直前に発生する作業である。単に準備作業または段取作業ともいう。主体作業の前に行うものを準備作業、その後に行うものを後始末（後片付け）作業と区分することもある。

### (4) 作業時間

作業時間は実労働時間と手待ち時間に分けられる。このうち、実労働時間は直接作業時間と間接作業時間に分けられる。

**(5) 余裕**

余裕とは「作業に関して不規則的・偶発的に発生する必要な行動で、作業を遂行するうえでの避けられない遅れ (JIS Z 8141－3302)」である。余裕は、管理余裕と人的余裕に大別される。

**【 余裕の分類 】**

```
                        ┌── 作業余裕
            ┌── 管理余裕 ──┤
            │            └── 職場余裕
 余裕 ──────┤
            │            ┌── 用達余裕
            └── 人的余裕 ──┤
                        └── 疲労余裕
```

### ① 作業余裕

作業において、不規則的、偶発的に発生するため、正味時間に含められない時間に対する余裕である。例えば、不良品の手直しや、不定期に発生する機械への注油や工具の交換や補充などがある。

### ② 職場余裕

本来の作業そのものとは無関係に発生する、職場特有の遅れに対する余裕である。例えば、材料や部品不足による手待ちや職場での打ち合わせ、朝礼などがある。

### ③ 用達余裕

作業者の疲労以外の生理的欲求などを満たす時間に対する余裕である。例えば、用便や水飲み、汗ふきなどがある。

### ④ 疲労余裕

疲労による作業速度の低下を回復するための一時休憩時間に対する余裕である。

## 2　作業管理　

作業管理とは「作業方法の分析・改善によって、**標準作業**と**標準時間**を設定して、この標準を維持する一連の活動体系 (JIS Z 8141－5101)」である。

 **(1) 標準作業**

標準作業とは「製品又は部品の製造工程全体を対象にした、作業条件、作業順序、作業方法、管理方法、使用材料、使用設備、作業要領などに関する基準の規定 (JIS Z 8141－5501)」である。

標準作業は、生産要素 (4M：Man,Machine,Material,Method) を有効に活用して、誰でもが実施できる現時点での最善の作業方法を標準化したものである。これは作業者が作業を行う際の基準であり、管理者の作業管理および作業者の教育・訓練の基礎資料になる。

## (2) 標準時間

　**標準時間**とは「その仕事に適性をもち、習熟した作業者が、所定の作業条件のもとで、必要な余裕をもち、正常な作業ペースによって仕事を遂行するために必要とされる時間（JIS Z 8141 − 5502）」である。

　標準時間は、仕事量の標準と実績の照合、基準日程計画の作成、生産期間や標準原価、外注単価の見積資料の作成、販売価格決定の資料作成、所要機械台数の算定、賃金や賃率決定の資料作成などのために利用される。

　標準時間は、次のような構成になる。

**【 標準時間の構成 】**

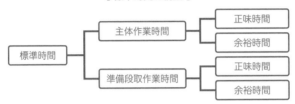

### ① 主体作業時間

　正しくは、主体作業を行う時間である。要約すれば、製品を製造するうえで、部品や材料に直接加工を行うために必要な時間といえる。

　作業の構成に基づくと、**主体作業時間**は、部品や材料を直接的に変質・変形させている**主作業時間**と、主作業時間に付随して発生する**付随作業時間**に分けられる。

### ② 準備段取作業時間

　正しくは、準備段取作業を行う時間である。要約すれば、主作業時間に伴って発生する2次的な時間といえる。

### ③ 正味時間と余裕時間

　**主体作業時間**と**準備段取作業時間**は、それぞれ**正味時間**と**余裕時間**に区分される。正味時間は各サイクルで規則的に発生する作業と、数サイクルごとに周期的に発生する作業について設定する。余裕時間は不規則的・偶発的に発生する作業で、予測することが困難なものについて設定する。

　標準時間は、正味時間と余裕時間から構成されると考えることもできるため、次式が成り立つ。

$$標準時間＝正味時間＋余裕時間$$

#### （a）正味時間

　**正味時間**とは「主体作業、準備段取作業を遂行するために直接必要な時間（JIS Z 8141 − 5503）」であり、規則的・周期的に繰り返される作業のために必要な時間である。

#### （b）余裕時間

　**余裕時間**とは「作業を遂行するために必要と認められる遅れの時間。備考：標

準時間に占める余裕時間の割合を余裕率という。一単位の作業に対する余裕時間を個別に直接求めることはできないので、標準時間を求める際には、余裕率として与える（JIS Z 8141 − 5504）」である。

《例題：ワークサンプリング法》

　ある工程で1人の作業者が行う作業項目について、ワークサンプリング法を実施した結果が次の表に示されている。どの作業項目が、主体作業、準備段取作業、職場余裕、用達余裕に当たるか考えてみよう。

| 作業項目 | 度数 |
|---|---|
| ハンダ付け | 120 |
| 基盤への部品の取り付け | 90 |
| 基盤のネジ止め | 80 |
| 組立作業完了後の製品検査 (全数) | 60 |
| ロット単位での完成部品の運搬 | 33 |
| 不良品の手直し | 30 |
| ネジ・ハンダの補充 (不定期) | 22 |
| 部品不足による手持ち | 24 |
| 打ち合わせ | 19 |
| 朝礼 | 12 |
| 水飲み | 5 |
| 用便 | 5 |
| 合計 | 500 |

　上表のうち「ハンダ付け、基盤への部品の取り付け、基盤のネジ止め、組み立て作業完了後の製品検査」は主体作業に分類され、「ロット単位での完成部品の運搬」は準備段取作業に分類される。

　また、「不良品の手直し、ネジ・ハンダの補充」は作業余裕、「部品不足による手待ち、打ち合わせ、朝礼」は職場余裕、「水飲み、用便」は用達余裕に分類される。

(c) 余裕率

　**余裕時間**は、発生が不規則的・偶発的なため、直接時間を測定し単位作業に対する時間値を求めることが困難なので、正味時間あるいは標準時間に対する割合である**余裕率**として付加するものである。

　余裕率の与え方には、外掛け法と内掛け法の2通りがある。

・**外掛け法**

　正味時間に対する割合で与えられる余裕率である。

$$余裕率＝\frac{余裕時間}{正味時間}$$

$$標準時間＝正味時間 ×（1＋余裕率）$$

• 内掛け法

標準時間に対する割合で与えられる余裕率である。

$$余裕率 = \frac{余裕時間}{正味時間 + 余裕時間}$$

$$標準時間 = 正味時間 \times \frac{1}{1 - 余裕率}$$

• 余裕率の変換

　外掛け法と内掛け法とで余裕率の値が違っても標準時間の値は同じであることを利用して、外掛け法と内掛け法との余裕率は相互変換できる。例えば内掛け法の余裕率が0.20のとき、外掛け法の余裕率は0.25であるが、これを相互変換すると次のとおりである。

《内掛け法の余裕率を外掛け法の余裕率に変換》

$$正味時間 \times (1 + 外掛け法の余裕率) = 正味時間 \times \frac{1}{(1 - 内掛け法の余裕率 0.20)}$$

$$外掛け法の余裕率 = \frac{1}{(1 - 内掛け法の余裕率 0.20)} - 1 = \frac{1}{0.80} - 1 = 0.25$$

《外掛け法の余裕率を内掛け法の余裕率に変換》

$$正味時間 \times \frac{1}{(1 - 内掛け法の余裕率)} = 正味時間 \times (1 + 外掛け法の余裕率 0.25)$$

$$\frac{1}{(1 - 内掛け法の余裕率)} = 1.25$$

$$1.25 \times (1 - 内掛け法の余裕率) = 1$$

$$1 - 内掛け法の余裕率 = \frac{1}{1.25}$$

$$内掛け法の余裕率 = 1 - \frac{1}{1.25} = \frac{0.25}{1.25} = 0.20$$

(d) 遊休時間

R02-01

　遊休時間とは、「動作可能な状態にある機械又は作業者が所与の機能若しくは作業を停止している時間（JIS Z 8141-1208）」である。

# IV | IE(Industrial Engineering)

## 1 | IE(作業研究)の体系

　ＩＥは「**作業研究**」といわれ、IEを技術・技法として捉え、工場の現場作業を対象にした改善によく活用されている。

　狭義のIE、すなわち作業研究は「**方法研究**」と「**作業測定**」に大別される。

**【 作業研究の体系 】**

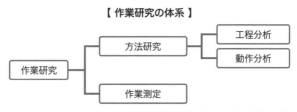

出典:『ものづくりに役立つ経営工学の事典』日本経営工学会編　朝倉書店

### (1) 方法研究

　**方法研究**とは「作業又は製造方法を分析して、標準化、総合化によって作業方法又は製造工程を設計・改善するための手法体系(JIS Z 8141 − 5103)」である。**方法研究**では、与えられた仕事の各作業を対象として、すべての不必要な作業を排除し、必要な作業を最も効率的に順序よく編成することによって、**標準作業**を設定する。

### (2) 作業測定

　**作業測定**とは「作業又は製造方法の実施効率の評価及び標準時間を設定するための手法(JIS Z 8141 − 5104)」である。

## 2 | 方法研究

　作業は、工程、単位作業、要素作業、動素(動作要素)に分割できる。分割した作業は、工程分析、時間分析(時間研究)、動作分析(動作研究)といった手法により分析する。方法研究では、工程分析と動作分析について説明する。時間分析は、作業測定で説明する。

　作業の分割区分と具体的な作業内容、分析手法との関係は次の図のようになる。

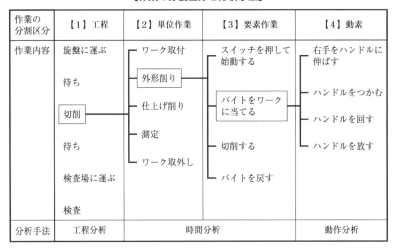

**【作業の分割区分と分析手法】**

| 作業の分割区分 | 【1】工程 | 【2】単位作業 | 【3】要素作業 | 【4】動素 |
|---|---|---|---|---|
| 作業内容 | 旋盤に運ぶ<br><br>待ち<br><br>切削<br><br>待ち<br><br>検査場に運ぶ<br><br>検査 | ワーク取付<br><br>外形削り<br><br>仕上げ削り<br><br>測定<br><br>ワーク取外し | スイッチを押して始動する<br><br>バイトをワークに当てる<br><br>切削する<br><br>バイトを戻す | 右手をハンドルに伸ばす<br><br>ハンドルをつかむ<br><br>ハンドルを回す<br><br>ハンドルを放す |
| 分析手法 | 工程分析 | 時間分析 | | 動作分析 |

## (1) 工程分析

R05-16
R01-12

**工程分析**とは「生産対象物が製品になる過程、作業者の作業活動、運搬過程を系統的に、対象に適合した**図記号**で表して調査・分析する手法。備考：生産対象物に変化を与える過程を工程図記号(JIS Z 8206)で系統的に示した図を工程図という。この図を構成する個々の工程は、形状性質に変化を与える加工工程と、位置に変化を与える運搬工程、数量又は品質の基準に対する合否を判定する検査工程、貯蔵又は滞留の状態を表す停滞工程とに大別される(JIS Z 8141 − 5201)」である。なお、工程図のことを工程分析図とも呼ぶため、本書では工程図のことを工程分析図と記す。

改善の方向性は、次のとおりである。

(a) 有用な工程は、理想的には加工のみであり、運搬・検査・停滞はできる限り少なくするように工程改善を行う。そのために、工程の廃止、合併、順序の入れ替えなどの可能性を追求する

(b) 加工については、加工機械の改善、加工順序、加工時間の短縮、治工具の改善などを検討する

(c) 運搬については、運搬方法および機械の変更、自動化、運搬距離の短縮、レイアウト変更による経路短縮、運搬ロットサイズ増加による運搬回数低減などを検討する

(d) 検査については、検査の必要性、検査方法、検査の自動化などを検討する

(e) 停滞については、在庫量、保管方法、作業方法などを検討する

R04-13
R04-20
R03-03
R02-07
R01-13
R01-03
H30-10
H29-06
H26-14
H22-15

### ① 製品工程分析

**製品工程分析**とは「生産対象の物を中心に、原材料、部品などが製品化される過程を工程図記号で表して調査・分析する手法。製品工程分析の応用型として、工場配置図上に示した流れ線図、工程間の物の流量を"どこから(from)"、"どこへ(to)"の形式で分析するフロムツウチャートがある。(JIS Z 8141 − 5202)」

工程別レイアウトの工程分析には、フロムツウチャートが用いられる。**フロムツ**
**ウチャート**は、多品種少量の品物を生産している職場の、機械設備および作業場所
の配置計画に用いられる。フロムツウチャートの作図にあたっては、まず、その職
場のすべての機械設備および作業場所を列挙する。これらを表の一番上の行に記入
する。この行は、行き先を示すので、「To」とする。「To」の行に書かれている順序
と同じにして、機械・設備および作業場所を表の一番左の列に記入する。この列は、
品物の送り元を示すので、「From」とする。各品物の工程経路に従って、どこから
どこに移動するか、距離や重量をこの図に記入する。図の主対角線（左上から右下
にいく対角線）の下に書かれた流れは、逆に流れることを示しており、好ましくな
い流れである。数値の大きいセルの機械・設備または作業場所は互いに近接性が高
いため、近くに配置すると生産効率がよい。

### 【 フロムツウチャート 】

単位：kg

| From ＼ To | 材料庫 | NC旋盤 | ボール盤 | 研削盤 |
|---|---|---|---|---|
| 材料庫 | | 30 | 20 | 0 |
| NC旋盤 | 0 | | 25 | 5 |
| ボール盤 | 0 | 20 | | 20 |
| 研削盤 | 0 | 0 | 0 | |

### 【 工程図記号（工程分析記号）JIS Z 8206 】

基本図記号

| 要素工程 | 記号の名称 | 記 号 | 意 味 | 備 考 |
|---|---|---|---|---|
| 加工 | 加工 | ○ | 原料、材料、部品又は製品の形状、性質に変化を与える過程を表す | ― |
| 運搬 | 運搬 | ○⇨ | 原料、材料、部品又は製品の位置に変化を与える過程を表す | 運搬記号の直径は、加工記号の直径の1/2～1/3とする |
| 停滞 | 貯蔵 | ▽ | 原料、材料、部品又は製品を計画により貯えている過程を表す | ― |
| | 滞留 | ⊃ | 原料、材料、部品又は製品が計画に反して滞っている状態を表す | ― |
| 検査 | 数量検査 | □ | 原料、材料、部品又は製品の量又は個数を測って、その結果を基準と比較して差異を知る過程を表す | ― |
| | 品質検査 | ◇ | 原料、材料、部品又は製品の品質特性を試験し、その結果を基準と比較してロットの合格、不合格または個品の良、不良を判定する過程を表す | ― |

補助図記号

| 記号の名称 | 記　号 | 意　味 | 備　考 |
|---|---|---|---|
| 流れ線 | \| | 要素工程の順序関係を表す | 順序関係が分かりにくいときは、流れ線の端部又は中間部に矢印を描いてその方向を明示する |
| 区分 | wwww | 工程系列における管理上の区分を表す | 順序関係が分かりにくいときは、流れ線の端部又は中間部に矢印を描いてその方向を明示する |
| 省略 | ＝＝ | 工程系列の一部の省略を表す | 順序関係が分かりにくいときは、流れ線の端部又は中間部に矢印を描いてその方向を明示する |

複合記号の例

| 記号 | 意　味 |
|---|---|
| ◇ | 品質検査を主として行いながら、数量検査もする |
| ◇ | 数量検査を主として行いながら品質検査もする |
| ⬡ | 加工を主として行いながら、数量検査もする |
| ⊃ | 加工を主として行いながら、運搬もする |

【 工程分析図の例 】

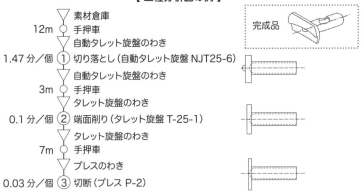

|  | ▽ | 素材倉庫 |
| 12m | ○ | 手押車 |
|  | ▽ | 自動タレット旋盤のわき |
| 1.47分／個 | ① | 切り落とし（自動タレット旋盤 NJT25-6） |
|  | ▽ | 自動タレット旋盤のわき |
| 3m | ○ | 手押車 |
|  | ▽ | タレット旋盤のわき |
| 0.1分／個 | ② | 端面削り（タレット旋盤 T-25-1） |
|  | ▽ | タレット旋盤のわき |
| 7m | ○ | 手押車 |
|  | ▽ | プレスのわき |
| 0.03分／個 | ③ | 切断（プレス P-2） |

完成品

## ② 流れ分析

　工場内での材料から製品に至るまでの流れを工程図記号で表示し、加工物の配置や機械・設備の配置、運搬設備や運搬方法を改善、検討することを目的とした分析手法である。分析には**流れ線図**を用いる。流れ線図は、対象物の移動経路を工場配置図または機械配置図の上に、工程図記号を使って線図で記入したものである。

### (a) 流れ分析の特徴
- 運搬発生状況や運搬回数が明確になる
- 流れの錯綜や逆行が一目でわかる

### (b) 流れ分析からの改善のポイント
- できるだけ単純な経路にする
- 一方通行にする
- 衝突、混乱を避けるため、交差しないようにする

### (c) プラントレイアウト

　流れ分析の結果、プラントレイアウトが悪く生産性を低くさせていることが判明すれば、レイアウトの再検討が必要になる。単に、機械・設備、人の配置を換えるだけでなく、レイアウトの原則に則り明確な目的を持って、再レイアウトする必要がある。

**【 流れ線図の例 】**

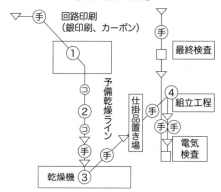

R05-14
H29-13
H26-20
H22-14

## (2) 運搬管理

### ① 運搬管理

　**工場内での運搬**とは、品物の移動だけではなく、積んだり、降ろしたり、貯蔵したり、納めたりする品物の取り扱いまでも含める。これはマテリアルズ・ハンドリング（Materials Handling、略してマテハン、MH）の考え方で、運搬管理の基礎をなしている。

　**運搬管理**とは、あらゆる場合と時と場所とで、運搬を合理化し、運搬手法を活用して、経済性と生産性を向上させることを目的とする管理のことである。

### ② 運搬工程分析

　**運搬工程分析**とは、モノ、人、運搬機器の動きを系列的に追い、仕事の内容を基本機能に分解して、その取り扱われ方と置かれ方を、図のような4つの運搬工程分析記号と台記号、動力記号、移動線などの決められた記号によって表示し、運搬の問題点を明らかにする分析手法である。

## 【 運搬工程分析記号 】

| 記　号 | 名　称 | 内　容 |
|:---:|:---:|:---:|
| ⊔ | 移　動 | 品物の位置の変化 |
| ◠ | 取扱い | 品物の支持法の変化 |
| ◯ | 加　工 | 品物の形状の変化と検査 |
| ▽ | 停　滞 | 品物に対して変化が起こらない |

出典：『現代生産管理』工藤市兵衛著　同友館

### ③ 運搬活性分析

**活性**とは、置かれたものの取り扱いやすさのことを表し、その取り扱いの程度を表すのに**運搬活性示数**という評価指標を使用する。**運搬活性示数**を用いて、品物の置き方を検討する手法を**運搬活性分析**という。

## 【 台記号と運搬活性示数 】

| 記　号 | 内　容 | 活性の状態 | 活性示数 |
|:---:|:---|:---:|:---:|
| ─── | 床、台などにバラに置かれた状態 | ばら置き | 0 |
| └──┘ | コンテナまたは束などにまとめられた状態 | 箱入り | 1 |
| ⊤─⊤ | パレットまたはスキッドで起こされた状態 | 枕つき | 2 |
| ⊤○○⊤ | 車に載せられた状態 | 車上 | 3 |
| ⬭ | コンベアやシュートで動かされている状態 | 移動中 | 4 |

出典：『現代生産管理』工藤市兵衛著　同友館

## 【運搬活性示数と活性状態分析の例 】

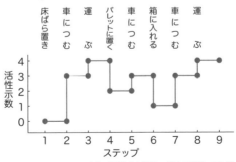

出典：『現代生産管理』工藤市兵衛著　同友館

平均活性示数を用いて分析する方法もある。分析対象の工程系列における平均活

性示数を求め、これによって全般的に活性の良し悪しを判定したり、改善の方向をつかんだりするものである。一般に、停滞工程のみの活性示数をとって平均するので、分析対象工程系列の平均活性示数は、次の式で求める。

$$平均活性示数 = \frac{停滞状態の活性示数の合計}{停滞状態の数}$$

### (3) 動作分析 (動作研究)

**動作分析**とは「作業者が行うすべての動作を調査、分析し、最適な作業方法を求めるための手法の体系 (JIS Z 8141 − 5206)」である。動作研究ともいう。

動作経済の原則における作業者の作業域について、次の図表の実線の半円の内側は**最大作業域**といい、「固定した肩を中心に、手を最大にのばしたときの手の届く範囲 (JIS Z 8141 − 5309)」である。点線の半円の内側は**正常作業域**といい、「上腕を身体に近づけ、前腕を自然な状態で動かした範囲 (JIS Z 8141 − 5309)」である。斜線の範囲は、小さな目的物を容易につかむことのできる範囲で細かい作業に対する作業域である。

また、赤太線の範囲は、目の動きを伴わず両手同時に左右対称に動かすことができる領域で、両手同時対称作業に対する作業域である。

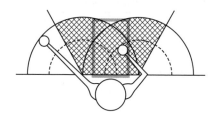

参照：インダストリアル・エンジニアリング 動作経済の原則　慶應義塾大学 志田敬介

R03-18
H28-17
H25-17

### ① サーブリッグ分析

F.B.Gilbreth (F.B. ギルブレス) によって開発された動作分析手法で、18の基本的動作要素からなるサーブリッグ記号を用いる。サーブリッグ記号は、第1類：作業に必要な動作要素 (8つ)、第2類：作業の実行を妨げる動作要素 (6つ)、第3類：実質的に作業を行わない動作要素 (4つ) の3種類から構成されている。

第1類に対してはさらなる効率化の工夫を考え、第2類と第3類に対しては基本的になくせないかという考えで改善に取り組む。

なお、サーブリッグとはギルブレスの逆綴りである。

| 種別 | 基本要素 | 略号 | 記号 | 種別 | 基本要素 | 略号 | 記号 |
|---|---|---|---|---|---|---|---|
| 第1類 | 1) 手を伸ばす<br>(Transport - Empty) | TE | ⌣ | 第2類 | 10) さがす<br>(Search) | SH | ⬯ |
| | 2) つかむ<br>(Grasp) | G | ∩ | | 11) 見いだす<br>(Find) | F | ⬯ |
| | 3) 運ぶ<br>(Transport - Loaded) | TL | ⌣ | | 12) 選ぶ<br>(Select) | ST | → |
| | 4) 調べる<br>(Inspect) | I | ◊ | | 13) 考える<br>(Plan) | PN | ⎧ |
| | 5) 組み合わす<br>(Assemble) | A | # | | 14) 前置き<br>(Preposition) | PP | 8 |
| | 6) 分解する<br>(Disassemble) | DA | # | 第3類 | 15) 保持<br>(Hold) | H | ⋂ |
| | 7) 使う<br>(Use) | U | U | | 16) 避けられない遅れ<br>(Unavoidable Delay) | UD | ◇ |
| | 8) 放す<br>(Release - Load) | RL | ⌒ | | 17) 避けられる遅れ<br>(Avoidable Delay) | AD | ⌒o |
| 第2類 | 9) 位置ぎめ<br>(Position) | P | 9 | | 18) 休む<br>(Rest for Overcoming Fatigue) | R | ⎩ |

出典：『生産管理用語辞典』日本経営工学会編　日本規格協会

# 3　その他の作業分析

Ⓐ H26-17 H22-18

## (1) 作業者工程分析

R05-16 R04-20

**作業者工程分析**とは「生産主体の作業者を中心に作業活動を系統的に工程図記号で表して調査・分析する手法（JIS Z 8141 − 5203）」である。作業者工程分析では、「作業」「検査」「移動」「手待ち」の工程図記号が使われ、作業者が部品を組み立てる工程や、運搬作業者が物を運搬する工程は「作業」の工程図記号を使って書き表す。

## (2) 連合作業分析

H30-08 H29-15 H28-01 H24-16

**連合作業分析**とは「人と機械、二人以上の人が協同して作業を行うとき、その協同作業の効率を高めるための分析手法（JIS Z 8141 − 5213）」である。

人と機械の組み合わせを対象とした**人・機械分析**（人・機械分析図表、マン・マシンチャート）と、人と人の組合せを対象とした組作業分析とに大別される。

連合作業分析により、人や機械の手待ちロス、停止ロスを明確にし、改善の原則（ECRSの原則）などを適用して、そのようなロスを減少させることで、作業サイクルタイム短縮や人・機械の稼働率向上、機械持ち台数適正化、配置人員削減などの効果が期待できる。

《例題：連合作業分析》

　ある工場では、複数個の同一製品を同じ機能を持った設備Aまたはを利用して加工処理している工程において、1名の作業者が行う加工処理について、総作業時間90秒を短縮するため、連合作業分析を行った。

〈製品の処理手順と条件〉

　　a．手空きになっている(加工処理が行われていない)いずれかの設備に、作業者によって製品がセットされる。セットには5秒かかる。

　　b．セットされた製品は、直ちに設備で自動的に加工処理される。加工処理には20秒かかる。

　　c．加工が終わった製品は、作業者によって設備から取り出される。製品の取り出しには5秒かかる。

　　d．取り出された製品は、作業者によって検査が行われて製品の処理が完了する。検査には5秒かかる。

　上記の処理手順と条件を踏まえ、次の人・機械分析図表のとおりに、作業者の作業手順を次のように見直す。左が見直し前、右が見直し後である。

　作業番号④、⑤、⑥、⑦、⑧の作業を、⑦→⑤→⑧→④→⑥に変更

　変更した結果、操業時間は15秒短縮されることがわかる。

## 【 人・機械分析図表 】

| 経過時間(秒) | 作業者 | 設備A | 設備B |
|---|---|---|---|
| 10 | ①製品1を設備Aにセット | 製品1のセット | |
| | ②製品2を設備Bにセット | | 製品2のセット |
| 20 | | 製品1の加工 | |
| | | | 製品2の加工 |
| 30 | ③製品1の取り出し | 製品1の取り出し | |
| 40 | ④製品1の検査 | | |
| | ⑤製品2の取り出し | | 製品2の取り出し |
| 50 | ⑥製品2の検査 | | |
| | ⑦製品3を設備Aにセット | 製品3のセット | |
| 60 | ⑧製品4を設備Bにセット | | 製品4のセット |
| | | 製品3の加工 | |
| 70 | | | 製品4の加工 |
| 80 | ⑨製品3の取り出し | 製品3の取り出し | |
| | ⑩製品3の検査 | | |
| 90 | ⑪製品4の取り出し | | 製品4の取り出し |
| | ⑫製品4の検査 | | |

| 経過時間(秒) | 作業者 | 設備A | 設備B |
|---|---|---|---|
| 10 | ①製品1を設備Aにセット | 製品1のセット | |
| | ②製品2を設備Bにセット | | 製品2のセット |
| 20 | | 製品1の加工 | |
| | | | 製品2の加工 |
| 30 | ③製品1の取り出し | 製品1の取り出し | |
| | ⑦製品3を設備Aにセット | 製品3のセット | |
| 40 | ⑤製品2の取り出し | | 製品2の取り出し |
| | ⑧製品4を設備Bにセット | 製品3の加工 | 製品4のセット |
| 50 | ④製品1の検査 | | |
| 60 | ⑥製品2の検査 | | 製品4の加工 |
| | ⑨製品3の取り出し | 製品3の取り出し | |
| 70 | ⑩製品3の検査 | | |
| | ⑪製品4の取り出し | | 製品4の取り出し |
| 80 | ⑫製品4の検査 | | |

**(D) 事務工程分析**

　経営方針の決定に必要な情報の収集から、決定した経営方針を各部門に伝達、経営方針に基づく各部門の計画の策定、原因分析による計画と実績の差異に対する処置という一連の流れを事務工程という。事務工程の流れ、すなわち、情報の流れを分析することを**事務工程分析**という。

# 4 作業測定

作業測定とは「作業又は製造方法の実施効率の評価及び標準時間を設定するための手法（JIS Z 8141 − 5104）」である。

作業は、動素（動作要素）、要素作業、単位作業、工程のレベルに区分できる。

**【 作業測定の体系 】**

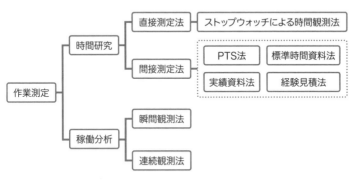

H29-16
H28-15
H27-15
H21-17
H20-06
R05-15
R04-16
R01-14

## (1) 時間研究

**時間研究**とは「作業を要素作業又は単位作業に分割し、その分割した作業を遂行するのに要する時間を測定する手法（JIS Z 8141 − 5204）」である。

### ① 直接測定法

作業測定の基本的な手法として、ストップウォッチによる**時間観測法**がある。作業の時間的経過をストップウォッチや記録装置を用いて測定し、時間を定量的に把握する方法である。

通常、観測される作業時間は、作業者が持つ作業速度のもとで測定された値である。この観測値を、保証された時間値に修正する必要がある。平均以上の作業速度で行っているときには、正常作業者が必要とする時間に増大させる。逆に、平均以下の作業速度で行っているときには、正常作業者が実施する時間に減少させる。このときの変換係数を、**レイティング係数**という。例えば、観測された時間が80秒のとき、1割速い速度で作業を行っていると判断できるときのレイティング係数は1.1であり、このときの正味時間は80 × 1.1 ＝ 88より、88秒となる。

正味時間とレイティング係数との間には、次の関係がある。

> 正味時間＝観測時間の代表値×レイティング係数

レイティング係数を用いて正味時間を求める手続きを**レイティング**という。

#### 《例題：余裕率と標準時間》

ある作業者が穴あけ作業と曲げ作業の順で行う金属加工工程において、時間分

析とワークサンプリングを実施した。

　余裕率算定の目的でワークサンプルリングを行ったところ、延べ500回の計測の中で余裕に該当するサンプルが50個得られた。この工程で1個の部品を製造するための標準時間（分／個）を求めてみよう。

**【 時間分析の結果 】**

| 作業内容 | レイティング前の平均作業時間<br>（分／個） | レイティング値 |
|---|---|---|
| 穴あけ作業 | 1.2 | 110 |
| 曲げ作業 | 1.5 | 80 |

作業全体の正味時間を算出する。

作業全体の正味時間＝各作業のレイティング前の平均作業時間×レイティング係数

$$= (1.2 \times 110 \div 100) + (1.5 \times 80 \div 100)$$
$$= 1.32 + 1.2 = 2.52（分）$$

　上述のワークサンプリングの内容から、内掛け法で余裕率と標準時間を求めると次の通りに求められる。

$$余裕率 = \frac{余裕時間}{正味時間＋余裕時間}$$
$$= \frac{50}{500}$$
$$= 0.1$$

$$標準時間 = 正味時間 \times \frac{1}{1 － 余裕率}$$
$$= 2.52 \times \frac{1}{1 － 0.1}$$
$$= 2.80$$

### ② 間接測定法

#### (a) PTS法 (Predetermined Time Standard system)

　動作を微動作のレベルまで分解し、微動作ごとの時間値を、あらかじめ定められた動作要素時間値データから求めて標準時間を設定することで、個人的判断によらない正確かつ公平な時間値を設定する方法であるWF法 (Work Factor method) やMTM法 (Method of Time Measurement system) などの方法がある。

　・WF法

　動作時間を決定する要因を、使用する身体部位、動作距離、重量や抵抗、人為的調節（一定の停止、方向の調節、注意、方向の変更）の4つのファクターに分けて動作の分析を行う手法。時間単位には、1WFU＝1万分の1分 (0.006

秒）と捉えたWFUを使用する。

・MTM法

作業を10の基本動作に分類して、それらの動作にTMUという単位の時間値を当てはめる手法。1TMUは、10万分の1時間（0.036秒）として測定する。

(b) **標準時間資料法**

標準時間資料法とは「作業時間のデータを分類・整理して、時間と変動要因との関係を数式、図、表などにまとめたものを用いて標準時間を設定する方法（JIS Z 8141 − 5506）」である。

(c) **実績資料法**

過去の実績資料を基礎に標準時間を見積る方法で、個別生産で繰り返しの少ない作業に適している。

(d) **経験見積法**

経験者の実績と経験によって標準時間を見積る方法で、個別生産で繰り返しの少ない作業に適している。

**【 標準時間設定の手法と特徴 】**

| 手法 | 適する作業 | 精度 | 特徴 |
|---|---|---|---|
| ストップウォッチ法 | サイクル作業 | 良い | 実施が容易 |
| PTS法 | 短いサイクル作業<br>繰り返しの多い作業 | 良い | 分析に時間がかかる |
| 標準時間資料法 | 同じ要素作業の発生が多い作業 | 良い | 標準資料の準備に時間がかかる |
| 実績資料法 | 個別生産で繰り返しの少ない作業 | 悪い | 設定に費用がかからず迅速 |
| 経験見積法 | 個別生産で繰り返しの少ない作業 | 悪い | 経験に頼るため主観的になりやすい |

出典：『生産管理用語辞典』日本経営工学会編　日本規格協会

## (2) 稼働分析

**稼働分析**とは「作業者又は機械設備の稼働率若しくは稼働内容の時間構成比率を求める手法（JIS Z 8141 − 5210）」である。

### ① 連続観測法

1日中作業者や機械に付きっ切りで機械や作業者の状態を記録する方法を連続観測法という。

• 連続観測法の特徴

〈長所〉

問題点の抽出が詳細にでき、改善の手がかりを容易に得ることができる。

〈短所〉

観測に大きな労力と時間がかかるため、観測対象が限定される。また、付きっ切りの観測のため被観測者が意識してしまい、観測値が実態とかけ離れたデータになってしまう可能性がある。

② 瞬間観測法（ワーク・サンプリング法）

　作業者が行っている各作業や機械の状態を瞬間的に観測して、統計的に集計して職場・機械の稼働状況を記録する方法を、瞬間観測法またはワーク・サンプリング法という。

- ワーク・サンプリング法の特徴
　〈長所〉
　　少ない労力で同時に多数を観測できる。また、被観測者は意識しなくてよいため、観測値は実態に近い値になる。理論的な裏付けのあるデータがとれるため、偏りの少ない分析結果が得られる。
　〈短所〉
　　瞬間的な観測のため、深い問題点の追求には不向きと考えられている。また、作業者が作業中に職場を離れた場合の行動がわかりにくく、サンプル数が少ないと誤差が大きくなる。
- ワーク・サンプリングの実施手順
　・観測の計画を立てる
　　観測の目的、観測対象の範囲や項目、観測経路、誤差範囲の設定などを明確にし、観測作業者に対して十分説明する。
　・予備観測を行う
　　観測回数、観測時刻を決定する。
　・出現率を求める
　・本観測を行う
　　観測回数、観測時刻を決定する。
　・観測データを集計する
　　得られた出現率が誤差範囲から外れた場合には追加観測を行う。
　・得られた結果をもとに考察・検討を行う

《例題：ワークサンプリング法》

　ある職場で加工に用いられているある機械について、ワークサンプリングおよびパレート分析を行った結果を次の表に示している。80%を超えない範囲でできるだけ多くの主作業以外の作業を改善とするときの作業数を求めてみよう。

| 作業 | 観測回数 |
|---|---|
| 機械加工 | 1,320 |
| 加工部材の着脱作業 | 251 |
| 段取替え | 205 |
| 着脱作業待ち | 189 |
| 段取替え待ち | 155 |
| 加工部材待ち | 124 |
| 故障 | 76 |
| 合計 | 2,320 |

機械加工のみが主作業に該当するため、残りは改善の対象（1,000回=2,320-1,320）となる。

80%以下を範囲とするので観測回数800回を上限とすると、加工部材の着脱作業、段取替え、着脱作業待ち、段取替え待ちの合計が800回（=251＋205＋189＋155）なるため、これら4つの作業を対象とすべきである。

## 《例題：ワークサンプリング法による出現率の算出》

ある作業の出現率をワークサンプリング法にて推定する。出現率を信頼度95%、相対誤差aで推定するために必要なサンプル数nは次式で与えられる。ここで$p$が予想された作業の出現率である場合のサンプル数を算出する式を求めてみよう。

$$n = \frac{1.96^2}{a^2} \times \frac{1-p}{p}$$

相対誤差aは出現率pに対する絶対誤差eの割合であり、以下の数式となる。

$$相対誤差\ a = \frac{絶対誤差\ e}{出現率\ p}$$

例えばこの式で、出現率50%に対して、絶対誤差が5%である場合の相対誤差は10%となる。

サンプル数を算出するための上記の数式に代入することにより、絶対誤差eを用いてサンプル数を算出する式を導くことができる。

$$n = \frac{1.96^2}{\frac{e^2}{p^2}} \times \frac{1-p}{p}$$

$$n = \frac{1.96^2}{e^2} \times p^2 \times \frac{1-p}{p}$$

$$n = \frac{1.96^2}{e^2} \times p(1-p)$$

# V 設備管理

## 1 設備管理の意義

### (1) 設備管理の重要性

**設備管理**とは、企業の設備の計画・設計・製作・保全・更新など、設備の一生涯の管理を意味している。近年、工場での機械・設備が精密になり、また自動化やオートメーション化が進む中、よい製品を経済的に作り出すため、設備管理の重要性が高まっている。次に、設備管理を行う場合の重要事項をあげる。

① 作業中の設備故障を最小限にし、生産量の安定を図る
② 設備の能力を常に把握し、機能を維持させる
③ 設備はなるべく単位化・規格化し、同一能力のものを購入する
④ 設備の安全性を考慮し、労働災害を未然に防止する
⑤ 設備更新の場合、経済性の対比を十分に行う
⑥ 所要の時期に、確実に設備が使用できるような状態を常に保つ

## 2 設備保全

### (1) 設備保全の効果

**設備保全**とは、設備が劣化して性能が低下したり、故障停止したりする状態をなくしたり、調整や修復を行う活動であり、次のような効果が得られる。なお、設備保全という名称は、保全活動の対象が設備である場合に用いられる。

① 保全費の減少
② 製品不良の減少
③ 製造原価の低減
④ 納期遅延の減少
⑤ 作業員の安全性向上
⑥ 作業環境の向上

R04-17
R02-19
H30-19
H27-18
H23-18

### (2) 保全活動の体系

設備保全の活動には、設備劣化を防止する活動、設備劣化を測定する活動、設備劣化を回復する活動の3つがある。また、保全活動は以下のように体系化される。

#### ① 維持活動

設計時の技術的性能を維持するための活動である。

##### (a) 予防保全

故障に至る前に寿命を推定して故障を未然に防止することである。予防保全は、

保全周期の違いによって、定期保全（時間基準保全）と予知保全（状態基準保全または状態監視保全）に分類される。予防保全では過剰保全にならないようにすることが大切である。

- 定期保全（時間基準保全）

  保全活動のタイミングの観点から、定期的に保全活動を行うことである。
- 予知保全（状態基準保全または状態監視保全）

  保全活動のタイミングの観点から、異音・振動などの故障の前兆特性を継続的に把握し、異常状態を把握したら保全活動を行うことである。

  (b) 事後保全

  故障のダメージがシステムにほとんど影響を及ぼさないような設備に対して適用される方式で、故障停止または有害な性能低下をきたしてから修理を行うことである。

## ② 改善活動

性能に劣化が見られたときに、修復・改善する活動である。

(a) 改良保全

過去に発生した故障が再発することのないよう、主に設計上の改善を行って設備の弱点を補うことである。

(b) 保全予防

次世代の設備開発時に過去の経験を活かし、故障しにくい設備の開発を行うことである。

**【 保全活動の体系 】**

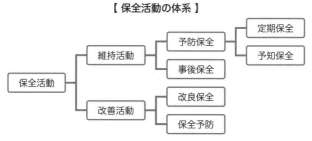

出典：『生産管理用語辞典』日本経営工学会編　日本規格協会

## (3) 設備保全の管理基準

保全のねらいは、生産量の増大、品質向上、コスト低減、納期短縮、安全性向上などであるため、信頼性・保全性・経済性の3つを重点として管理する。

### ① 設備の信頼性

設備が故障しない。

### ② 設備の保全性

故障した場合、短時間で修理できる。

### ③ 設備の経済性

信頼性と保全性を高めるために、必要な費用はできるだけ安く抑える。このように、経営的視点から生産目的に合致した保全を実施することを生産保全という。

## 3 設備の故障

### (1) 故障

設備が初期に持っていた機能を失うことで、停止型故障と劣化型故障がある。

#### ① 停止型故障

R05-21
設備が使用できない状態のこと。

R01-18
H26-04

#### ② 劣化型故障

設備は使用できるが不良や歩留低下などのロスを発生するような状態のこと。

設備の使用時間に対する故障の発生状況を示す割合を故障率といい、設備の生涯時間軸で示した図を故障率曲線（バスタブ曲線）という。故障率曲線は、初期故障期、偶発故障期、摩耗故障期の３つに区分され、それぞれ故障の原因が異なる。故障率曲線と各期の故障の原因を図に示す。初期故障期にある設備では、設計ミスや潜在的な欠陥による故障が発生する可能性が高く、調整・修復を目的とした予防保全を実施する。偶発故障期が長い状態は保全状況が良いことを示している。

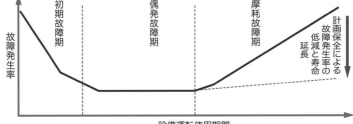

| 区分 | 初期故障 | 偶発故障 | 摩耗故障 |
|---|---|---|---|
| 代表的な原因 | ・設計ミス<br>・製作ミス<br>・運転操作未熟<br>・保全技能未熟 | ・運転操作ウッカリミス<br>・保全作業ウッカリミス | ・微欠陥の放置<br>・故障解析不足<br>・計画保全不備 |
| 保全の課題 | 生産、保全部門の初期管理への参画 | 生産、保全部門への運転操作、保全技能の教育 | 自主保全支援と計画保全のステップアップ |

出典：『絵で見てわかる工場管理・現場用語事典』日刊工業新聞社

R05-21<br>R04-19<br>R03-19

### (2) 信頼性の評価尺度

H20-08

#### ① 故障までの平均時間（MTTF：Mean Time To Failure）

修理しない設備において、故障までの動作時間の平均値で表される。

H29-01

#### ② 平均故障間隔（MTBF：Mean Time Between Failures）

修理できる設備の故障において、故障が修復されてから次の故障までの動作時間の平均値で値が大きいほど保全活動の効率が良いことを示す。

## ⑶ 保全性の評価尺度

### ① 平均修復時間 (MTTR：Mean Time To Repair)
　修理できる設備の故障の修復において、故障した設備を運用可能状態へ修復するために費やした時間の平均値で値が小さいほど修復がやりやすいことを示す。

R03-19
H30-01
H28-18
H24-17
H19-01

## ⑷ 可用率
　可用率（可動率、アベイラビリティ）とは「必要とされるときに設備が使用中又は運転可能である確率 (JIS Z 8141 − 6506)」であり、次式で定義される。

$$可用率 = \frac{MTBF}{MTBF+MTTR}$$

　可用率に似た用語に稼働率があり、$稼働率 = \dfrac{MTBF}{MTBF + MTTR}$ とすることがある（特に情報システムを扱う場合）。しかし、可用率と稼働率は本来異なる概念である。稼働率とは「人又は機械における就業時間若しくは利用可能時間に対する有効稼働時間との比率 (JIS Z 8141 − 1237)」だからである。

　可用率が「動かそうと思えば動かせる状態」を分析の対象としているのに対し、稼働率は「可用性が確保されている条件の下で、機械等が有効に動いている状態」を分析の対象としている。

《例題：MTBF》
　次の表は、ある設備の故障状況に関して、再び故障に至るまでの故障間隔とその頻度（度数）を度数分布表にまとめたものである。ここで90%以上の可用率を達成するための平均修復時間の最大値を求めてみよう。

| 故障間隔の階級値（時間） | 度数 |
|:---:|:---:|
| 70 | 3 |
| 80 | 5 |
| 90 | 13 |
| 100 | 7 |
| 110 | 2 |

上表の数値を公式に当てはめ、可用率90%となる場合のMTTRを計算する。

$$MTBF = \frac{各々の「故障間隔の階級値」×「度数」）の合計}{各階級の「度数」の合計}$$

$$= \frac{(70×3)+(80×5)+(90×13)+(100×7)+(110×2)}{3+5+13+7+2}$$

$$= 90$$

平均修復時間の最大値をXとすると、次のように計算できる。

$$可用率 = 0.9 = \frac{90}{90+X}$$

$$X = 10$$

よって、平均修復時間の最大値は10となる。

R04-18
R04-19
R02-20
H29-18
H26-19
H22-10
H21-19
H19-08

### (5) 設備総合効率

設備総合効率とは「設備の使用効率の度合を表す指標（JIS Z 8141 − 6501）である。設備効率を阻害する停止ロスの大きさを時間稼働率、性能ロスの大きさを性能稼働率、不良ロスの大きさを良品率で示すと、設備総合効率は、次の式で表される。

> 設備総合効率＝時間稼働率×性能稼働率×良品率

設備総合効率は、バッチ生産やロット生産の現場において用いられる。設備総合効率は7大ロスを数値化したもので、設備の効率的使用（生産の効率）を阻害するロス（クズロス）と関連付けて説明される。

#### ① 時間稼働率
設備の故障や段取などによる停止ロスの程度を考慮した値である。

#### ② 性能稼働率
チョコ停（特定の原因はないが「チョコチョコ停まる状態」）や速度低下などによる性能ロスの程度を考慮した値である。

#### ③ 良品率
不良や手直しなどによる不良ロスの程度を考慮した値である。

**【 ロスと設備総合効率の関係 】**

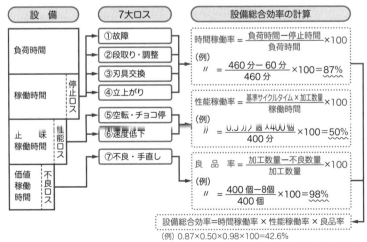

（例）0.87×0.50×0.98×100＝42.6%

出典：『生産管理用語辞典』日本経営工学会編　日本規格協会

よって、設備総合効率は、以下の式でも計算できる。

$$設備総合効率 = \frac{負荷時間 - 停止時間（稼働時間）}{負荷時間} \times \frac{基準サイクルタイム \times 加工数量}{稼働時間}$$

$$\times \frac{加工数量 - 不良数量（良品数量）}{加工数量} = \frac{基準サイクルタイム \times 良品数量}{負荷時間}$$

#### 《例題：設備総合効率》

基準サイクルタイムが2分/個に設定されている加工機械について、1,000時間の負荷時間内での設備データを収集したところ次の表のとおりとなった。この機械の設備総合効率の値を求めよう。

| 設備データの内容 | 値 |
|---|---|
| 稼働時間 | 800時間 |
| 加工数量（不適合品を含む） | 18,000個 |
| 不適合品率 | 20% |

設備総合効率の公式を利用すると、基準サイクルタイムは2分/個、負荷時間は60,000分（= 1,000時間）であるため、良品数量は下記のとおりとなる。

良品数量 = 加工数量 - 不良数量 = 18,000 × (1 - 0.2) = 18,000 × 0.8 = 14,400（個）

$$設備総合効率 = \frac{基準サイクルタイム \times 良品数量}{負荷時間}$$

$$= \frac{2分/個 \times 14,400個}{60,000分}$$

$$= 0.48$$

設備総合効率は、0.48となる。

### (6) 設備更新

H24-18

設備は使用するにつれて劣化するため保全費が増加し、利益が減少していく。このため、利益の減少と新しい設備に取替えるために要する費用との兼ね合いで適当な時期に設備更新する必要が生じる。

#### ① 更新の形態

##### (a) 設備更新
現設備性能に比べて相対的劣化（旧式化、陳腐化）した場合

##### (b) 設備取替
絶対的劣化による取替

② 設備更新により軽減する費用

(a) 保全費

設備保全活動に必要な費用で、設備の新増設、更新・改造など固定資産に繰り入れるべき支出を除いたものである。

(b) 修理費

修理に要する費用の総称で、1) 材料費、2) 労務費、3) 外注費、4) 機会損失費、である。

機会損失費は、機会原価の概念を根拠とした費用であり、設備が劣化ないしは故障しなかったならば得られたであろう利益を損失とみなしたものである。主たる損失としては、生産減損失、品質低下損失、コスト増大損失、納期遅れ損失、安全低下損失、作業環境悪化損失などがある。

③ 設備更新 (設備投資) の経済性分析

(a) 資本回収期間法

設備投資の有効性ないしは安全性の判断にあたって、投資額が回収できる期間 (年数) の長・短で設備投資案を評価・比較する方法である。

(b) 投資利益率法

設備投資の有効性ないしは安全性の判断にあたって、投資額に対する年間利益の比率 (年間利益÷投資額) で設備投資案を評価・比較する方法である。

(c) 原価比較法

比較すべき複数の設備について、投資額と操業費用の合計を求め、その総額の安い方を選択する方法である。

(d) 生産量に関する優劣分岐点

2つの設備 (AとB) があり、生産量が増えていくと総費用が設備AよりBの方が小さくなるポイントである。

《例題：優劣分岐点》

製品製造のための年間固定費 (A＞B＞C) と変動費単価が異なる3つの設備A、B、Cから年間の総費用が最小となる最適設備を選択することを考えよう。設備間での生産量に関する優劣分岐点は、次のとおりである。

①設備Aと設備Bの生産量に関する優劣分岐点は2,500個/年である。

②設備Bと設備Cの生産量に関する優劣分岐点は7,500個/年である。

③設備Aと設備Cの生産量に関する優劣分岐点は5,000個/年である。

上記の情報を整理すると次の図表のとおりとなる。

図表を読み取ると、生産量が5,000個より少ない場合は設備C、5,000個より多い場合は設備Aの選択が総費用が最小となる最適設備といえる。

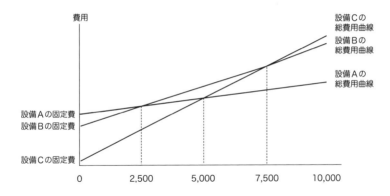

(e) 割引回収期間法による正味現在価値利益

　割引回収期間法から推定した投資計画期間の正味現在価値利益で投資案を評価する方法である。

**《例題：割引回収期間法による正味現在価値利益》**

　初期投資額が3,500万円、自動化による年々の経費節減額が700万円／年、割引回収期間が6.6年の投資案について、投資の計画期間10年の正味現在価値利益を求めてみよう。割引回収期間において正味現在価値利益は0となるため、投資期間をx年とすると、次の式が成立する。

$$正味現在価値利益＝\frac{3,500万円}{6.6年}×x－3,500万円（x＝6.6年のとき0）$$

　よって、投資の計画期間10年の正味現在価値利益は、次のとおりである。

$$正味現在価値利益＝\frac{3,500万円}{6.6年}×10年－3,500万円≒1,803万円$$

# 4　TPM（全員参加の生産保全）　Ⓑ

R04-19
R01-20

## (1) TPM

　『生産管理用語辞典』では、TPM（Total Productive Maintenance）とは「設備管理の近代化と設備管理技術の開発を促進することによって、企業の体質強化・革新を図ることによって産業界の発展に寄与することを目的とした活動」である。

　日本プラントメンテナンス協会は、さらに具体的に定義しており、TPMとは「生産システム効率化の極限追求（総合的効率化）をする企業体質づくりを目標にして生産システムのライフサイクル全体を対象とした"災害ゼロ・不良ゼロ・故障ゼロ"などあらゆるロスを未然防止する仕組みを現場現物で構築し、生産部門をはじめ、開発・営業・管理などのあらゆる部門にわたってトップから第一線従業員にいたるまで全員が参加し、重複小集団活動により、ロス・ゼロを達成すること」としている。

## (2) TPMの効果

① 事後保全件数が減少する
② 突発的故障が減少する
③ 修繕費が減少する
④ 人員の適正配置とコミュニケーションの強化ができる
⑤ 部品の計画的な調達ができる

## (3) 自主保全

自主保全とは、生産システムの効率を極限まで高めるために、設備を使用するオペレーター自身が自主的に、基本条件（清掃・給油・増し締め）をはじめとした、保全活動を行って、規定外の使い方や使用環境の悪さによって進む設備の強制劣化（使用条件などを守らないことによる人為的な設備劣化）を排除するとともに、生産効率を阻害するロスを徹底排除するための改善活動である。これにより、設備を改良するのでなく、「あるべき姿」に復元・維持・改善するとともに、自らも「設備に強い人づくり」をすることをいう。TPM活動において、自主保全は次の7つのステップで展開することが普及している。

### ① 初期清掃（清掃・点検）

設備を徹底清掃すると同時に、清掃を通して設備の不具合や潜在欠陥に対して摘出・復元などを行い、強制劣化を排除する。

### ② 発生源・困難個所対策

汚れの発生源や点検の困難個所を改善し、初期清掃の時間短縮を図る。

### ③ 自主保全仮基準の作成

短時間で確実に点検できるように、守るべき行動基準をオペレーター自らが自主保全仮基準として作成する。

### ④ 総点検

設備の極限効率化を図るため、オペレーターは設備を理解し「あるべき姿」を学び、「設備に強いオペレーター」の目で設備を漏れなく点検して潜在欠陥を顕在化し、本来あるべき姿に復元・改善する。その手順を総点検基準として作成する。

### ⑤ 自主点検

自主保全仮基準と総点検基準を見直し、効率的でミスのない点検手順を自主保全基準としてまとめ、それを実行することで設備のあるべき姿を維持する。

### ⑥ 標準化

設備のほか、原材料・製品・型・治工具・測定具など現場で使う機器の管理基準の見直しと標準化を行い、故障やチョコ停などによる作業ロスのゼロ化を目指す。

### ⑦ 自主管理の徹底

自分の仕事を自分で維持・改善する活動を徹底する。

# VI 職務設計

## 1 職務設計

### (1) 職務設計

**職務設計**とは「作業者の欲求を満足させ、勤労意欲を高揚させるために、作業者に分担させる仕事の内容を計画する行為 (JIS Z 8141 − 5112)」である。

### (2) 職務設計に対する考え方

かつては経済的・技術的観点から、個々の課業を組み合わせることで、1人の人間が最も能率的に遂行できる唯一最適の職位・職務になるよう決定する手続きのことと考えられていた。

しかし今日では、社会的・心理的な存在としての人間の行動原理を考慮して職務を計画することを指すのが一般的である。

**職務設計**は、いわゆる行動科学的アプローチであり、「**動機づけ (モチベーション)**」がその中心的役割を果たしている。作業者が働きがいを感じて積極的姿勢で作業に取り組めるように職務を設計することがねらいである。

職務設計は、作業者のライフ・ステージや身体的特性あるいは性格などの社会的、生理、心理的要因を十分考慮して行わなければならない。そこにおいては、「仕事に人を合わせる」という態度ではなく、「仕事を人に合わせる」という人間的な姿勢が要求される。「作業者が持っている仕事へのモチベーションが育成、発揮されるように」、設計されることが求められる。

### (3) 職務分析

職務分析は、組織の形成、運用、責任と権限の範囲、作業条件、職業教育の規模、実施者の考え方などによりさまざまな形があるが、具体的には、従業員の担当しているそれぞれの職務について、①職務の内容 (目的・方法・手段)、②労働負担 (労働の強さ、密度)、③労働環境、④危険災害、⑤職務要件 (体力・能力・知力・経験・資格)、⑥結果責任 (不満足な処理による損害の程度と影響)、⑦指導責任、⑧監督責任、⑨権限 (自分の判断で決定・命令できる範囲事項) などを明らかにすることを目的とする。

標準的な手法は、①職務活動の直接的観察、②従業員に対する面接調査、③従業員、監督者、専門家などその職務に精通した人に対する質問紙調査、④作業日誌、生産高事故率、傷病率などその職務の遂行にかかわる客観的な資料の収集と分析などから構成される。

## ⑷ 職務設計の目標

　目標は、マネジメント階層をよりフラットにすること、職務遂行上の権限と責任をより下層に委譲すること、第一線作業者に意思決定権を与えること、などを通じて作業者が持つ能力をフルに活用することを図ると同時に、機械やコンピュータとの役割分担の中で、作業者の貢献度がより明確な形でわかるようにすることである。

# VII 労働衛生

## 1 労働衛生

**労働衛生**とは、職業性の疾病や災害を防ぐとともに、職場や労働者個人の健康の維持を目的とする考え方や取り組みである。

R05-21
H30-01
H26-01

## 2 労働災害

労働安全衛生法によると、**労働災害**とは「労働者の就業にかかわる建設物、設備、原材料、ガス、蒸気、粉塵等により、または作業行動やその他の業務に起因して、労働者が負傷し、疾病にかかり、あるいは死亡すること」である。

労働安全の評価指標に、度数率（発生頻度）や強度率（災害の重さ）がある。

> 度数率＝（労働災害による死傷者（件）数÷延労働時間数）× 1,000,000
> ※同一人が2回被災した場合には、その被災回数（2件）を死傷者数2人として算出している。
> 強度率＝（労働損失日数÷延労働時間数）× 1,000

一般的に、わが国の場合、労働災害の原因として、本人の不注意が強調される場合が多い。しかし、不注意は人間の本性であり、四六時中一定の注意水準を保つことは不可能である。したがって、労働災害の防止対策においては、作業における外的・物的条件の整備が最優先に考えられなければならない。その際には、フェイルセーフやフールプルーフの考え方が役に立つ。

## 3 労働災害の防止に関する知識

H24-21

### (1) ハインリッヒの法則

**ハインリッヒの法則**（ハインリッヒの1：29：300の法則）とは、労働災害における経験則のひとつであり、1つの重大事故の背後には29の軽微な事故があり、その背景には300の異常が存在するというものである。さらに、幾千件もの不安全行動と不安全状態が存在しており、そのうち予防可能であるものは労働災害全体の98%を占めること、不安全行動は不安全状態の約9倍の頻度で出現していることを約75,000例の分析で明らかにしている。

### (2) 安全管理

**安全管理**とは「生産現場において事故及び災害を防止するために計画を立て、実施するための活動（JIS Z 8141 − 5609）」である。

■■■ 問題編 ■■■　　　　　　　　　　**Check!!**

**問 1** (H28-13)　　　　　　　　　　　　　　　　　　　　　　［○・×］
　品質活動の中で用いられる品質展開に関して、顧客の要求を整理するために、要求品質展開表と構成部品展開表を作成した。

**問 2** (R04-11)　　　　　　　　　　　　　　　　　　　　　　［○・×］
　パレート図は、項目別に層別して出現頻度の高い順に並べるとともに、累積和を表した図である。

**問 3** (H26-20)　　　　　　　　　　　　　　　　　　　　　　［○・×］
　倉庫の床に直接置いていた製品をパレット上で保管するようにすることは、活性荷物の原則にかなう改善である。

**問 4** (H28-14)　　　　　　　　　　　　　　　　　　　　　　［○・×］
　標準作業は作業管理者を中心に、IE スタッフや現場作業者の意見を入れて全員が納得した作業でなければならない。

**問 5** (R02-17)　　　　　　　　　　　　　　　　　　　　　　［○・×］
　その仕事に適性をもち習熟した作業者が、所定の作業条件のもとで、必要な余裕をもち、正常な作業ペースによって仕事を遂行するために必要とされる時間が標準時間である。

**問 6** (H27-18)　　　　　　　　　　　　　　　　　　　　　　［○・×］
　予防保全は、定期保全と集中保全の 2 つに分けられる。

**問 7** (R01-13改題)　　　　　　　　　　　　　　　　　　　　［○・×］
　工程分析において「停滞」は「貯蔵」と「滞留」に分類されるが、相違点は停滞している時間の長さである。

**問 8** (R05-19)　　　　　　　　　　　　　　　　　　　　　　［○・×］
　TPM の自主保全では、点検を除いた、清掃、給油、増し締めの 3 項目は、自主保全で設備劣化を防ぐための基本条件と呼ばれる。

**問 9** (R01-12)　　　　　　　　　　　　　　　　　　　　　　［○・×］
　工程間の運搬頻度を考慮してレイアウトを見直した。

問10 (R01-18)                                                    [○・×]
　偶発故障期にある設備の保全体制として、部品の寿命が来る前に部品を交換し、故障の未然防止を図る必要があるため、予知保全体制を確立することが重要である。

問11 (R05-16改題)                                                [○・×]
　作業者工程分析では、運搬作業者が物の運搬を行う工程は、「作業」の工程図記号を使って書き表す。

問12 (R03-16)                                                    [○・×]
　職務設計においては、作業者の心理的要因を十分考慮し、「仕事を人に合わせる」という考え方ではなく「仕事に人を合わせる」というアプローチが必要とされる。

■■■ **解答・解説編** ■■■

問1　×：品質展開とは、要求品質を品質特性に変換し、製品の設計品質を定め、各機能部品、個々の構成部品の品質、及び工程の要素に展開する方法である。要求品質展開表は正しいが、構成部品展開表は部品を生産するのに必要な子部品の種類と数量を示すもので誤りである。

問2　○：パレート図は、重点項目を絞ったり、管理項目を層別したりするために用いられる。

問3　○：床置きからパレット上に保管することで、活性示数が上がる。

問4　○：標準作業の作成は、対象作業の管理者を中心に、技術やIEスタッフ、現場作業者などの意見を入れて全員が納得し、実施できる最善の方法を採用することが重要である。

問5　○：標準時間は主体作業時間と準備段取作業時間に分けられ、さらに主体作業時間は主作業時間と付随作業時間に分けられる。

問6　×：予防保全は、定期保全と予知保全の2つに分けられる。

問7　×：「貯蔵」は計画的、「滞留」は計画外であることが相違点である。

問8　○：強制劣化（清掃・給油・使用条件を守らないことによる劣化）を排除して自然劣化（時間経過による物理的な劣化）の状態にするためには、基本条件（清掃・給油・増し締め）の整備が重要である。

問9　○：工場の詳細レイアウトは、基本レイアウトに基づく作業場や事務所の具体的な配置と同時に、補助設備、資材、通路、作業空間などについて動線を考慮する。

問10　×：偶発故障期にある設備の保全体制では、生産、保全部門への運転操作、保全技能の教育が重要である。

問11　○：運搬作業者が物の運搬を行う工程は、運搬作業者が業務として行う作業であり、「作業」の工程図記号を使って書き表す。

問12　×：職務設計においては、「仕事に人を合わせる」という態度ではなく、「仕事を人に合わせる」という人間的な姿勢が要求される。

■■■ **問題編** ■■■

　ある工場でA～Eの5台の機械間における運搬回数を分析した結果、次のフロム
ツウチャートが得られた。この表から読み取れる内容に関する記述として、最も適
切なものを下記の解答群から選べ。

| From　＼　To | A | B | C | D | E |
|---|---|---|---|---|---|
| A | | 12 | 5 | 25 | |
| B | | | 11 | | 4 |
| C | | | | 2 | |
| D | 11 | | | | |
| E | | 27 | | | |

〔解答群〕

　ア　機械Aから他の全ての機械に品物が移動している。

　イ　逆流が一カ所発生している。

　ウ　他の機械からの機械Bへの運搬回数は12である。

　エ　最も運搬頻度が高いのは機械A・D間である。

■■■ **解答・解説編** ■■■

**解答：エ**

　フロムツウチャートに関する出題である。

ア：不適切である。機械Aから機械Eへの移動を示すセルが空欄であるため、機械
　　Aから移動していない機械がある。
イ：不適切である。図の左上から右下への対角線の下は、逆流を示している。機械
　　Dから機械Aへの移動と、機械Eから機械Bへの移動の二カ所に逆流がある。
ウ：不適切である。機械Bへの運搬回数は、機械Aからの12と機械Eからの27を
　　合わせた39である。
エ：適切である。各機械間の運搬回数は、機械A・D間が、機械Aから機械Dへの
　　25と機械Dから機械Aへの11を合わせた36であり、最も頻度が高い。

| 過去23年分<br>平成13年 (2001年) ～令和5年 (2023年) | |
|---|---|
| 1位 | 主な生産情報システム |
| 2位 | 工作機械 |
| 3位 | 環境保全に関する法規 |

| 直近10年分<br>平成26年 (2014年) ～令和5年 (2023年) | |
|---|---|
| 1位 | 工作機械 |
| 1位 | 主な生産情報システム |
| 2位 | 環境保全に関する法規 |
| 3位 | 新技術 |
| 3位 | 加工技術 |
| 3位 | ISO14000シリーズ |
| 3位 | 環境に配慮した事業活動の促進 |

## 過去23年間の出題傾向

　主な生産情報システムは23年間で11回の出題だが直近10年間では4回と出題が減っている。一方、直近10年間では工作機械の出題が増えており、4回出題されている。その他のテーマは直近10年間で2回以下と出題頻度が低いため、余力があれば押さえておこう。

# 第 **8** 章

# 生産情報システムと
# 生産技術に関する知識

# I　生産システムの情報化

## 1　生産業務と情報システム　Ⓒ

　製造業を取り巻く外部環境は、顧客ニーズの多様化による多品種少量生産や短納期生産要求の増大、物流効率化の要求、コスト競争の激化など一段と厳しくなっている。これらに対応するため、製造業では情報技術を活用した生産情報システムを構築していかなければならない。

　生産活動全体から生産活動の業務を捉えた生産情報システムの全体イメージは、次のようになる。

**【 生産情報システムの全体イメージ 】**

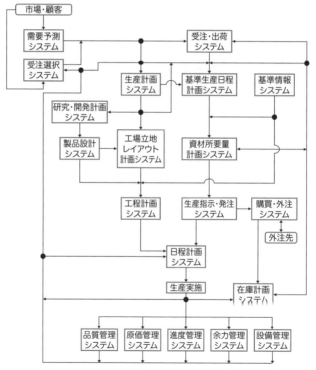

出典：『生産情報システム』石田俊広著　同友館を一部加筆

H23-04 **(1) 生産業務の計画システム**

　① 需要予測システム

特に見込生産の場合に重要なシステムで、市場の動向や製品需要を予測するシステム。需要予測には移動平均法、回帰分析、相関分析、指数平滑法などを用いる。

### ② 受注選択システム

特に受注生産において、顧客からの引き合いに応じて、余力・原価・数量・納期を勘案しながら受注するシステム。

### ③ 生産計画システム

どのような製品を、いつまでに、どれくらい、どこで作るかを決定するシステム。中長期的な生産計画では、工場能力やプラントレイアウトに関係した構造計画の色彩が強く、短期的な生産計画では、具体的に製品の計画量や納期を立案する基準生産日程計画システムにまで落とし込まれる。計画の手法には線形計画法などがある。

### ④ 研究・開発計画システム

新製品の構想あるいは顧客の新製品受注に基づいて製品の開発を行うシステム。

### ⑤ 製品設計システム

研究・開発計画システムを基に、製品機能を保証する機能設計、効率的な生産方法を確定する生産設計などを行うシステム。

### ⑥ 工程計画システム

生産計画システム、製品設計システムに基づいて使用工程や作業手順などの工程設計や作業設計を行うシステム。PERTやCPMなどが活用される。

### ⑦ 資材所要量計画システム

基準生産日程計画システムで作られた製品計画量や納期と、製品構成などの基礎的な情報から部品や資材の必要量を計算し、手配するシステム。代表的なシステムにMRPがある。

### ⑧ 購買・外注システム

取引先の選定や発注処理を行うシステム。

### ⑨ 日程計画システム

工程計画システムからの技術情報、生産計画システムや生産指示・発注システムからの生産指示情報を活用して、計画量を工程別に展開し、工程ごとの仕事の着手日、完了日、加工時間などを具体的に決定するシステム。

### ⑩ 在庫計画システム

製品や調達した資材の入出庫を行うシステム。

## (2) 生産業務の統制システム

生産計画通り円滑に生産活動を行うため、絶えず生産の統制が行われなければならない。

生産計画で指示された内容の確認や計画量と実績量との差異の測定、差異の是正措置、進行状況の把握、遅延の対策などは進度管理システムで行う。能力と負荷量の差異の把握と調整などは余力管理システム、仕掛在庫の数量と場所の把握などは現品管理システムで行う。仕掛品量の適正かつ迅速な把握のために、RFIDなどが用いられる。

材料費、労務費、間接費の計算や標準原価と実際原価との差異分析などのコスト

計算は原価管理システムで行い、品質のチェックは品質管理システムで行う。

　最近では、生産設備が正常に稼働しているかどうかも品質、納期、コストでの重要性が増している。したがって、設備管理システムにより絶えず機械設備を保全・修理する体制を整えておく必要がある。

# 2 主な生産情報システム　Ⓑ

## (1) CIM（Computer Integrated Manufacturing：コンピュータ統合生産）

　CIMとは「受注から製品開発・設計、生産計画、調達、製造、物流、製品納品など、生産にかかわるあらゆる活動をコントロールするための生産情報をネットワークで結び、さらに異なる組織間で情報を共有して利用するために一元化されたデータベースとして、コンピュータで統括的に管理・制御するシステム（JIS Z 8141 − 2308）」である。

　つまりCIMは「情報の共有化と、物と情報の同期化・一体化によって、生産業務の効率化が期待でき、かつ、外部環境に対して迅速、かつ、フレキシブルに生産ができる統合化システム（JIS Z 8141 − 2308）」を目指している。

【 CIMの概念図 】

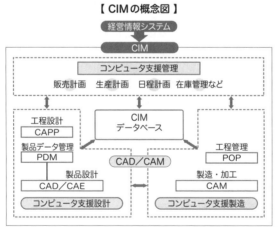

出典：『生産システム工学』人見勝人著　共立出版を一部修正

　CIMの導入効果として、省人化、生産性向上、設計・製造リードタイムの短縮化、最適設計・生産システム最適化、標準化・多様化生産、品質の向上・均一化、設備稼働率の向上、仕掛在庫の縮減、単純・繰り返し・危険作業からの解放、原価低減、サービス率の向上による市場からの評価向上、経営の合理化、企業競争への対処などがあげられる。

　CIMのサブシステムに相当する代表的な個別システムには、次の6つがある。

### ① CAD（Computer Aided Design）

　CADとは「製品の形状その他の属性データからなるモデルをコンピュータの内

部に作成し、解析・処理することによって進める設計（JIS B 3401 − 0102）」である。

　パソコンや自動製図機などの情報処理機器を利用して、設計と製図を自動的・対話的に行う。CADの主要機能は形状モデリングで、製品・部品の形状の入力や図形の出力によって、形状記述・パターン設計を行う。代表的な形状モデリングには2次元モデル、3次元モデルがあり、3次元モデルには、次の3つがある。

　(a) ワイヤーフレームモデル
　立体図形を稜線、交線、輪郭線などの線で表現したもの。

　(b) サーフェスモデル
　立体図形を面の集合として表現したもので、立体図形の表面情報しか持たない。サーフェスとは「表面」を意味する。

　(c) ソリッドモデル
　体積を持つ立体図形として表現したもので、立体図形の内部情報を持つ。ソリッドとは「中身が詰まった」を意味する。

　CADが効果を発揮するためにPDM（Product Data Management system）が利用される。**PDM**とは「生産活動を行うための情報を、データベースを使用して統合的に管理すること（JIS B 3000 − 3035）」である。PDMは、製品データ管理ともいわれ、製品のライフサイクルの中で使用される製品・部品の設計情報、加工情報などをデータベースで一元的に保持し、それを自在に検索・利用・変更履歴追跡できるようにする。

## ② CAM (Computer Aided Manufacturing)

H29-02
H27-03

　**CAM**とは「コンピュータの内部に表現されたモデルに基づいて、生産に必要な各種情報を生成すること、及びそれに基づいて進める生産の形式（JIS B 3401 − 0103）」である。

　コンピュータを活用して製造を支援するシステムで、作業設計などに活用される。CADと統合したCAD／CAMでは、コンピュータ支援の下で設計を行ったデータから、自動的にNC工作機械を稼働するデータ（NCプログラム）を作成することができる。

　また、工程管理に利用されるシステムには、POP（Point Of Production）がある。**POP**とは「生産現場で時々刻々に発生する生産情報を、その発生源（機械・設備・作業者・工作物など）から直接採取し、リアルタイムに情報を処理して、現場管理者に提供すること、又はその判断結果を現場に指示すること（JIS B 3000 − 3046）」である。POPは、生産時点情報管理システムともいう。

## ③ CAD／CAM

H27-03

　**CAD／CAM**とは「**CAD**によってコンピュータ内部に表現されるモデルを作成し、これを**CAM**で利用することによって進める設計・生産の形式（JIS B 3401 − 0104）」である。

## ④ CAE (Computer Aided Engineering)

H29-02
H27-03

　**CAE**とは「製品を製造するために必要な情報をコンピュータを用いて統合的に処理し、製品品質、製造工程などを解析評価するシステム（JIS B 3000 − 3001）」である。

CADによる設計の際に、構造物の強度解析、機構・変形・変位・熱流体移動などの特殊解析、各種数理計画法・システム理論による最適化解析、動作のシミュレーションなどを行うことができる。試作をせずに解析、シミュレーションできるメリットがある。

### ⑤ CAPP (Computer Aided Process Planning)

CAPPとは「コンピュータ支援のもとで機械加工工程の自動編成及び自動手順作成を行う計画システム（JIS Z 8141 − 2307）」である。

工程設計をコンピュータで支援するシステムで、製品の加工や組立の工程を、現有の設備と製造技術の制約をもとにして自動で計画する。

### ⑥ CAI (Computer Aided Instruction)

CAIとは「生産活動に関連する設備、システムの運用、管理などについて、コンピュータの支援のもとで教育または学習を行う方法（JIS B 3000 − 3004）」である。

## (2) ERP (Enterprise Resource Planning)

ERPとは「販売・在庫管理・物流の業務、生産管理または購買管理の業務、管理会計または財務会計、人事管理などの基幹業務プロセスに必要なそれぞれの機能を、あらかじめ備えたソフトウェア群である統合業務パッケージを利用して、相互に関係付けながら実行を支援する総合情報システム（JIS Z 8141 − 2114）」である。

標準的な業務プロセスに適合しない場合には、カスタマイズやアドオンなどと呼ばれる修正や機能追加が発生する。修正や機能追加が生じると、ERPの導入コストを押し上げるだけでなく、「標準的なシステム」としてのERPの位置づけが薄れてしまう。

H27-07
H23-19
## (3) CE (Concurrent Engineering)：コンカレント・エンジニアリング

CEとは「製品設計と製造、販売などの統合化、同時進行化を行うための方法（JIS Z 8141 − 3113）」である。

顧客ニーズを満足する完成度の高い製品を短期間に開発することを目的とし、従来、関連部門（研究開発、設計、製造、検査、販売等）ごとに直列的に行ってきた作業を、同時並行的、協調的、システマティックに行う仕組みと手順である。

# 3 生産情報システムの新展開　　　　C

H20-12
## (1) SCM (Supply Chain Management)：サプライチェーン・マネジメント

SCMとは、「資材供給から生産、流通、販売に至る物またはサービスの供給連鎖をネットワークで結び、販売情報、需要情報などを部門間または企業間でリアルタイムに共有することによって、経営業務全体のスピード及び効率を高めながら顧客満足を実現する経営コンセプト（JIS Z 8141 − 2309）」である。

SCMの目標は、キャッシュ・フロー・マネジメントを実現するとともに、最新の情報技術や制約条件の理論（TOC：Theory Of Constraint）、ERP（Enterprise

Resource Planning) システムなどを活用し、市場の変化に対してサプライチェーン全体を俊敏に対応させ、ダイナミックな環境のもとで部門間や企業間における業務の全体最適化を図ることである。

## ⑵ シミュレーション

H25-02

　シミュレーションとは、実験や観測が困難なシステムあるいは現象の挙動を、計算機または他のシステムの挙動によって模擬することである。生産技術や製造部門において用いられるのは、次のようなものである。

### ① 仮想生産 (Virtual Manufacturing)

　コンピュータ上で仮想の生産システムを構築し、シミュレーションによって製品の生産を行うものである。これにより、製品組立や製品品質の設計、あるいは効率性や柔軟性を考慮した生産工程の設計などに関する指針を与えることができる。

### ② システムダイナミックス (System Dynamics)

　システムを個別事象の連鎖的な変化の過程であるとしてとらえ、因果関係を表す関連流れ図を作成して、その図に従って状態の変化をシミュレーションするものである。複雑に要因が関係し、それらの増減が影響し合うシミュレーションに適している。

### ③ モンテ・カルロ法 (Monte Carlo method)

　乱数を用いた確率的な模擬実験である。

### ④ シミュレーションベーススケジューリング (Simulation-based Scheduling)

　シミュレーション法を使って、ジョブの生産システム内での加工・移動・滞留などを模擬するすることにより、スケジュールを作成する日程計画法である。

### ⑤ ディジタルモックアップ (Digital Mock-up)

　製品の外観、重量バランス、熱バランスなどの機構的な評価を仮想的なモデルを用いて行うものである。

# II 生産技術に関する知識

H27-08 ## 1 加工技術

## (1) 鋳造加工

金属に高熱を加えると溶解して液状になる。模型といわれる原型の周りに耐火度の高い鋳物砂（鋳砂）をつき固めて鋳型（いがた）とし、模型を抜いた後の空洞に、金属（溶湯）を注入して凝固させ（鋳込み）、鋳型通りの形状の金属固体を製造する加工方法を**鋳造（ちゅうぞう）加工**という。

## (2) 塑性加工

**塑性加工**とは、物体に外力を加えたときに外力を除いても変形が残る塑性変形の性質を利用して、材料を所要の形状、寸法に成形する加工方法である。塑性加工のひとつに、金属を加熱して高温にした状態で力を加え、変形させることによって製品をつくる鍛造加工がある。

## (3) 機械加工（切削・研削）

### ① 切削加工

工作機械に取り付けられた工作物（加工物）と刃物との相対運動により工作物を目的とする形状に加工する方法である。刃物と工作物がどのような運動をして切削作業を行うかによって、旋削加工、フライス加工、平削り加工、ボール盤による穴あけ加工などに分類される。

#### (a) 旋削加工

工作物が回転運動し、刃物が必要な切込み量を保って直線運動をして切削加工を行う加工方法で、代表的な工作機械として旋盤がある。

#### (b) フライス加工

刃物が回転し、工作物が必要な切込み量を保って直線運動を行い、切削を行う加工方法で、代表的な工作機械としてフライス盤がある。

#### (c) 平削り加工

工作物、刃物ともに直線運動の組み合わせによって切削加工を行う加工方法で、代表的な工作機械として平削盤、立削盤などがある。

#### (d) ボール盤による穴あけ加工

刃物が回転しながら直線運動し、工作物は静止したままの切削加工法である。

### ② 研削加工

研削盤という工作機械を用いて、砥石車を高速で回転させながら、工作物には直線送り運動や回転送り運動を与え、砥石を工作物にわずかに切り込ませて、工作物を削って仕上げる加工方法である。主として平面、円筒および内面の精密仕上げに

用いられる。より精密な加工が要求される場合は、ホーニング加工、超仕上げ加工などと呼ばれる精度の高い研削加工を用いる。

**【 主な機械加工 】**

旋削加工

フライス加工

ボール盤による穴あけ加工

研削加工

(a)平面研削　　　(b)円筒研削

出典：『工鉱業技術知識の要点』山崎栄著　評言社

## ⑷ 溶接、表面処理

### ① 溶接

金属接合方法の１つである。**溶接**とは、２つの金属を局部的に溶融あるいは半溶融の状態に加熱して、接着して部品を取り付けたり組み立てたりすることである。金属を完全溶融状態にして接合する融接、半溶融状態に圧力を加えて接合する圧接、第三の低溶融金属を媒体として接合する、ろう付けの３つに分類される。

### ② 表面処理

金属の表面に皮膜を作り、金属の腐食防止や表面美化、摩耗防止、電気導通性の向上などを図るために、金属表面へ施す材料処理である。

## ⑸ 非接触加工

R01-04

### ① 超音波加工

超音波振動する工具が研磨材を介して衝撃力を工作物に加える事によって工作物を微小粉砕させて切断や研削などを行う加工法である。

### ② 電子ビーム加工

電子を高電圧によって加速し工作物に衝突させ、発生する熱エネルギーを利用して工作物を溶融させて除去する加工法である。切断除去の他、溶接や表面改質にも使われる。

### ③ プラズマ加工

イオン放電による熱エネルギーや化学反応により加工を行う。切断、溶接のほか、半導体製造におけるスパッタリング加工といった表面処理もプラズマ加工にふくまれる。

### ④ レーザ加工

波長や位相がよくそろったレーザ光をレンズやミラーで微小スポットに集束させ、このときに得られる高いエネルギー密度を利用して工作物の切断、溶接、表面改質などを行う加工法である。

### ⑤ ウォータージェット加工

液体を加圧して微小穴から噴射し、工作物に衝突させることによって工作物を微小破砕させて、主として切断を行う加工法である。

## 2 工作機械

### (1) 工作機械の運動条件

工作機械は、工作物と切削工具が次の3つの運動のいずれかを行い、これらの運動を組み合わせることによって加工を行う。

#### ① 切削運動

刃物に切削作用を行わせるための運動、すなわち工具の切刃が工作物を削るために動く運動をいい、往復運動や回転運動がある。

#### ② 送り運動

工作物を削ることができる位置に刃物や工作物を移動させる運動で、一般的に切削運動と直角の方向に低速度で送る。また、切削運動が回転運動のときは連続的に送り運動を与え、直線運動のときは断続的な送り運動を与える。

#### ③ 切込み運動 (調整運動)

工作物にくい込みを与え、仕上げ寸法にするための位置決め運動である。

### (2) 代表的な工作機械

#### ① 旋盤

旋盤は、旋削加工を行う機械で、工作物に回転切削運動を、バイトなどの切削工具に送り運動と切込み運動を与えて切削する工作機械である。最も基本的な普通旋盤のほかに、ならい旋盤、タレット旋盤、自動旋盤などの種類がある。

##### (a) ならい旋盤

テンプレートを取り付けて、テンプレートに沿って切削工具を動かしてテンプレートと同じ形状に削る旋盤である。

##### (b) タレット旋盤

多数の刃物をセットできる回転刃物台を取り付けて、複数の加工を刃物の付け替えなしで行う旋盤である。

## (c) 自動旋盤

機械に工作物を供給すれば自動的かつ連続的に加工できる旋盤である。

**【 旋盤の加工例 】**

| 作業名 | 略　図 | 作業内容 |
|---|---|---|
| 丸削り | | 丸棒の外周を切削する作業で、最も多く行われ、バイトを回転軸に対して平行に送って切削する |
| 端面削り | | 丸棒などの端面を切削する作業で、バイトを回転軸に対して直角に送って切削する |
| 穴あけ | | ドリルで丸棒などに穴をあける作業で、ドリルを心押し台に取り付けて、穴あけを行う |
| 中ぐり | | 丸棒などの面内を切削する作業で、バイトを回転軸と平行で、同一方向に送って切削する (バイトの代わりに、砥石を用いることもある) |
| 曲面削り | | バイトの送りを手加減して、曲面を切削する |

出典：『工鉱業技術知識の要点』山崎栄著　評言社

## ② フライス盤

**フライス盤**は、フライスという切削工具を用いて、フライスに回転切削運動を、工作物に送り運動を与えて平面、曲面などの切削加工をする工作機械である。

工作機械としての剛性が高く加工精度も高いため幅広く活用される。主軸が地面に水平なものを横フライス盤といい、主軸が地面に垂直なものを立てフライス盤という。

**【 フライス盤の加工例 】**

| 作業名 | 略　図 | 作業内容 |
|---|---|---|
| 平面削り | | 平フライスで工作物の平面切削をする |
| みぞ削り | | 工作物に平フライスや底刃フライスなどで溝を切る |
| 切断 | | 歯幅の狭い平フライスで工作物を切断する |
| 端面削り | | 側刃フライスや山形フライスで工作物の端面を切削する |
| 歯切り | | 各種歯切り用フライスで歯車を切削する |

出典：『工鉱業技術知識の要点』山崎栄著　評言社

### ③ ボール盤

ボール盤は、工作物は静止させて、ドリルといわれる切削工具に回転切削運動と送り運動を与えて、主として穴あけ加工をする工作機械である。

穴あけの他に、穴の内面を精密に仕上げるリーマ通し、穴をさらに広げる中ぐり、穴の口面を皿状にするサラモミなどがある。

H29-08
H28-05
H22-03

## (3) 工作機械の自動化・無人化

工作機械は、生産性や効率性、精度、操作性、融通性などの面から、自動化や無人化に向けて時代とともに変遷している。まず、大量生産の時代の1924年に初歩的なトランスファーマシンが出現した。

多品種少量生産化が進むにつれて、生産性だけでなくフレキシビリティも要求されるようになり、1950年代にはNC工作機械が開発され、その後、マシニングセンタ（MC）へと発展していった。1960年代から70年代には、さらに生産性と柔軟性を兼ね備えたFMS（Flexible Manufacturing System）へと進展し、工場では、自動化から無人化時代を迎えた。

これらの工場内での無人化、すなわちFA（Factory Automation）に加え、最近ではコンピュータの進歩に伴い、設計や管理をコンピュータで統合的に処理する生産システムであるCIMの構築が盛んに行われている。

【 工作機械の生産量と複雑度の関係 】

出典：『新工業技術知識の要点』山崎省吾著 評言社

### ① トランスファーマシン

単一部品を連続加工するための生産設備で、専用工作機械を加工順に配置し、搬送装置で工作機械間を連結した設備である。

H29-08

### ② NC工作機械

数値制御により機械の自動制御を行い加工する工作機械である。数値制御にコンピュータを利用したものは、**CNC**（Computer Numerical Control）という。また、複数のNC工作機械を中央コンピュータで集中管理し、ネットワークを通して直接

制御するものを、DNC（Distributed Numerical Control：分散型数値制御）といい、コンピュータ統括制御システムともいう。

### ③ マシニングセンタ（MC）

H30-05
H29-08

NC工作機械に自動工具交換装置（ATC：Automatic Tool Changer）を取り付け、工具の選択・交換から加工までを自動的に行う工作機械である。1台のMCでフライス加工、穴あけ、ねじ切りなど複数の異なる加工を、工作物の取り付けや取り外しをせずに行うことができる。自動パレット交換装置や自動アタッチメント交換装置を備えたものもある。

MCが多種多様な加工をするためには、対応した工具を用意しなければならない。加工対象物に合わせてフライスやドリル、エンドミルなどの工具を1つのシステムとしてまとめたものをツーリングシステムという。

### ④ FMS (Flexible Manufacturing System)

H29-08

MCやNC工作機械などの加工機能に、自動搬送車（AGV：Automated Guided Vehicle）などの自動搬送機能あるいは自動倉庫などの機能を統合し、全体をネットワークとしてコンピュータで総括的・有機的に制御することにより、多様な部品を加工できるようの自動生産設備である。

### ⑤ FMC (Flexible Manufacturing Cell)

FMSを比較的小規模にしたシステムあるいはFMSのサブシステムともいうべき自動生産設備である。

### ⑥ 産業用ロボット

H28-22

いくつか自由度のある動作機能を持ち、コンピュータ支援により、人間の手や腕に代わって作業をする機械である。

労働安全衛生法では、安全確保の観点から、産業用ロボットの可動範囲内において教示等（動作の順序、位置や速度の設定などの変更や確認）や検査等（検査、修理、調整など）を行う労働者に対して、事業者が特別教育を行うよう義務づけている（労働安全衛生法59条、労働安全衛生規則36条31号・32号）。

### ⑦ FAS (Flexible Assembly System)

多品種・中少量の製品を対象にした柔軟で効率的な自動組立システムである。自動組立機械、自動マテリアルハンドリング設備、およびコンピュータによりシステム全体が構成される。FASの分類には、組立ロボットを工程順に並べるフロー型、アセンブリ・センター等のジョブショップ型、およびその混合型がある。

### ⑧ FA (Factory Automation)

工場の自動化・無人化の総称。FMS／FASの上位概念である。広く、工場の自動化・無人化のことをいう。工場の製品製造工程において、加工・組立・検査・搬送・保管などの各工程を総合的に自動化していくもので、自動加工機械（NC工作機械、MCなど）、自動マテリアルハンドリング設備（コンベヤ、自動搬送車など）、設計・製造システム（CAD、CAMなど）、運用管理システム（日程計画システム、工程管理システムなど）など、各種のシステムを統合する。

# 3　新技術　Ⓑ

経済産業省では、中小企業のものづくり基盤技術の高度化に関する法律に基づき、次の12技術を指定して国際競争力の向上を図っている。

## (1) デザイン開発に係る技術

ユーザーが求める価値、使用によって得られる新たな経験の実現・経験の質的な向上等を追求することにより、製品と人、製品と社会との相互作用的な関わりも含めた価値創造に繋がる総合的な設計技術である。

## (2) 情報処理に係る技術

IT（情報技術）を活用することで製品や製造プロセスの機能や制御を実現する情報処理技術である。

## (3) 精密加工に係る技術

金属等の材料に対して機械加工・塑性加工等を施すことで精密な形状を生成する精密加工技術である。

## (4) 製造環境に係る技術

製造・流通等の現場の環境（温度、湿度、圧力、清浄度等）を制御・調整するものづくり環境の調整技術である。

## (5) 接合・実装に係る技術

多様な素材・部品を接合・実装することで、力学特性・電気特性・光学特性・熱伝達特性・耐環境特性などの機能を顕現する接合・実装技術である。

## (6) 立体造形に係る技術

金属、セラミックスなどのさまざまな材料を所用の強度や性質、経済性等を担保しつつ、複雑な形状を高精度に作り出す技術である。主な造型方法には、射出成形、押出成形、圧縮成形、プレス成形等がある。鋳型空間に溶融金属を流し込み凝固させることで形状を得る融体加工、金属やセラミックス粉末を融点よりも低温で加熱固化して目的物を得る粉体加工、三次元データを用いて任意形状を金型等を使わずに直接製造する積層造形なども当該技術に含まれる。積層造形の3Dプリンターでは、積層ピッチが微細なほど、高精細な造形が可能になる。

## (7) 表面処理に係る技術

単独組織の部素材では持ち得ない機能性を基材に付加するため、機能性界面・被覆膜を形成する技術である。具体的には、吹付、塗布、浸せき、電気分解、析出又は酸化被覆膜生成などがある。

## ⑻ 機械制御に係る技術

力学的な動きを司る機構により動的特性を制御する動的機構技術である。動力利用の効率化や位置決め精度・速度の向上、振動・騒音の抑制、生産工程の自動化等を達成するために利用される。

## ⑼ 複合・新機能材料に係る技術

新たな原材料の開発、特性の異なる複数の原材料の組合せ等により、強度、剛性、耐摩耗性、耐食性、軽量等の物理特性や耐熱性、電気特性、化学特性等の特性を向上する、または従来にない新しい機能を顕現する複合・新機能材料技術である。

## ⑽ 材料製造プロセスに係る技術　　　　　　　　　　　　　　　H20-15

化学素材、金属・セラミックス素材、繊維素材およびそれらの複合素材の収量効率化や品質劣化回避による素材の品質向上、環境負荷・エネルギー消費の低減等のために、反応条件の制御、不要物の分解・除去、断熱等による熱効率の向上等を達成する材料製造プロセス技術である。

## ⑾ バイオに係る技術　　　　　　　　　　　　　　　　　　　　H25-06

多様な生物の持つ機能を解明・高度化することにより、医薬品や医療機器、エネルギー、食品、化学品等の製造、それらの評価・解析等の効率化および高性能化を実現するバイオ技術である。

## ⑿ 測定計測に係る技術

適切な測定計測や信頼性の高い検査・評価等を実現するため、ニーズに応じたデータを取得する測定計測技術である。

# 4　材料　　　　　　　　　　　　　　　　　　　　　　　　　

材料を成分と性質上から分類すると、金属材料と非金属材料および複合材料に分類され、金属材料はさらに鉄鋼材料と非鉄金属材料に分類される。

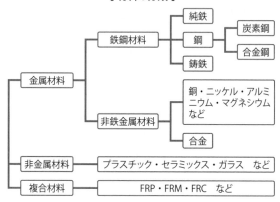

【 材料の分類 】

- 金属材料
  - 鉄鋼材料
    - 純鉄
    - 鋼
      - 炭素鋼
      - 合金鋼
    - 鋳鉄
  - 非鉄金属材料
    - 銅・ニッケル・アルミニウム・マグネシウムなど
    - 合金
- 非金属材料 — プラスチック・セラミックス・ガラス　など
- 複合材料 — FRP・FRM・FRC　など

## (1) 金属材料

### ① 鉄鋼材料

金属材料のうち、鉄鋼材料は数多くの特徴を持っているため、特に多く利用されており、炭素量の少ない順に、純鉄、鋼、鋳鉄に分かれる。

#### (a) 鋼

鋼は炭素鋼と合金鋼に分類される。

- 炭素鋼は、安価で大量に生産でき、機械的性質もよいため、広範に用いられる。
- 合金鋼は、特殊鋼とも呼ばれ、鉄－炭素合金に特殊な性質を持たせるため他の元素を加えた合金である。

#### (b) 鋳鉄

融点が低いため加工しやすく、価格も安いため、衝撃や変化の多い力が作用しない部品や構造物の材料に適している。

### ② 非鉄金属材料

**非鉄金属材料**とは、鉄以外の金属単体や、鉄以外の金属を含んだ鉄合金以外の合金材料をいう。代表的なものに、銅 (Cu)、亜鉛 (Zn)、すず (Sn)、ニッケル (Ni)、アルミニウム (Al)、鉛 (Pb)、銅合金、ニッケル合金、アルミニウム合金、マグネシウム (Mg) 合金、チタン (Ti) 合金、軸受用合金などがある。

H19-15 ## (2) 非金属材料

**非金属材料**とは、金属以外の材料をいう。プラスチック、セラミックス、ガラス、ゴム、木材、油、塗料、セメントなどさまざまな材料があるが、機械材料にはプラスチックがよく使われている。

### ① プラスチック

プラスチックは、石油を原料として化学的に合成された高分子有機化合物で合成樹脂ともいい、熱硬化性プラスチックと熱可塑性プラスチックに大別される。

### (a) 熱硬化性プラスチック

プラスチックのうち、加圧・加熱して硬化させた後、再び加熱しても軟化せず、溶媒にも溶解しにくいプラスチックを熱硬化性プラスチックという。メラミン樹脂、シリコン（ケイ素樹脂）、エポキシ樹脂、ポリウレタン樹脂などがある。

### (b) 熱可塑性プラスチック

プラスチックのうち、高温にすれば軟化し、自由に変形することができ、冷却すると硬化するものを熱可塑性プラスチックという。塩化ビニル、ポリエチレン、アクリル樹脂、フッ素樹脂などがある。

### (c) エンジニアリング・プラスチック（エンプラ）

プラスチックの強度・耐食性・耐熱性などの特性をより向上させたものをエンジニアリング・プラスチックといい、金属材料の代替として利用されている。エンプラには、ポリアミド（PA）、ポリカーボネート（PC）などがある。

### ② 生分解性プラスチック

土中で微生物などによって分解する、生分解性を持ったプラスチックである。

## (3) 複合材料

複合材料とは、2種類以上の材料を組み合わせて構成することによって、主材料の特徴を生かしながらその短所を強化し、素材単独では得られない性質を持たせた材料のことである。

### ① 繊維強化プラスチック（FRP：Fiber Reinforced Plastics）

基材（マトリックス）としての熱硬化性プラスチック、強化材としての繊維に充填剤を複合させて作られたもの。強化繊維にはガラス繊維、炭素繊維、ボロン繊維、アラミド繊維などが使用される。軽くて強く、成形性もよく、耐薬品性や耐食性があり、断熱性にも優れているため、自動車部品や飛行機の内装材などに利用されている。

### ② 繊維強化金属（FRM：Fiber Reinforced Metal）

アルミナ、炭素繊維、窒化ケイ素、窒化炭素などの非金属材料を強化材とし、アルミニウムなどの金属を基材とした複合材料で、強化材と基材の組み合わせによりさまざまな種類のものがある。高強度で、耐摩耗性、低熱膨張性、耐熱性に優れ、金属より軽量であるため、自動車の軽量化のために、ピストンやドライブシャフトなどに利用されている。

### ③ 繊維強化セラミックス（FRC：Fiber Reinforced Ceramics）

基材としてアルミナ、炭化ケイ素、窒化ケイ素などのセラミックスを用い、強化材として炭化ケイ素、ウイスカーなどを用いた複合材料。エンジンのタービンブレードなどに使用されている。

# III 廃棄物等の管理

## 1 環境保全に関する法規 B

　わが国における環境保全にかかわる施策の基本となるのが「**環境基本法**」と「**環境基本計画**」である。

**【 循環型社会形成推進基本法とその個別法の体系 】**

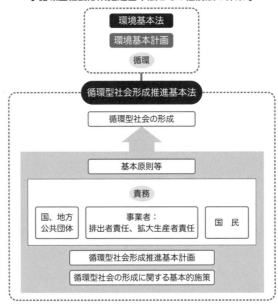

出典：『3R−行政情報を調べる法律−』経済産業省ホームページ一部改訂

### (1) 環境基本法

　「**環境基本法**」は、平成5年に制定された法律で、環境保全についての基本理念を定め、国、地方公共団体、事業者および国民の責務を明らかにするとともに、環境の保全に関する施策の基本となる事項を定め、これらを総合的かつ計画的に推進することを目的として制定された。

### (2) 環境基本計画

　「環境基本計画」は、「環境基本法」第15条に基づいて、閣議決定されたものである。

R05-05
R03-21
### (3) 循環型社会形成推進基本法 (循環型社会基本法)

　大量生産、大量消費、大量廃棄型の経済社会活動の環境に与える負荷が自然の循

環を阻害し、経済社会活動のあり方そのものが限界を迎えているという認識から考えられたのが、循環型社会の構築である。「**循環型社会形成推進基本法**」は、循環型社会の構築を目的として制定された。この法律の特徴は2つある。

### ① 特徴1：処理の優先順位を法制化

製品が廃棄物等になる場合や、廃棄物等になった場合の処理の優先順位を初めて法制化した点である。その優先順位は、第1に発生抑制（Reduce）、第2に再使用[1]（Reuse）、第3に再資源化[2]（Recycle）、第4に熱回収、最後に適正処分というものである。はじめの3つを合わせて「3R（スリー・アール）」という。

なお、この法律では、「廃棄物及び使用済物品等又は副産物」を「廃棄物等」とし、そのうち再使用、再生利用、熱回収が可能な状態のものを循環資源としている。

### ② 特徴2：拡大生産者責任の明確化

事業者の拡大生産者責任を明確にした点である。拡大生産者責任は、EPR（Extended Producer Responsibility）ともいい、生産した製品が使用され、廃棄された後においても、生産者は適正なリサイクルや処分について一定の責任を負うという考え方である。

この法律の中では、拡大生産者責任として、製品の耐久性の向上、設計の工夫、材質や成分の表示等を行う責務、一定の製品について引き取り、引き渡し、循環的な利用を行う責務を規定している。

そのほかにも事業者の排出者責任として、廃棄物の排出事業者が、自らの責任において、排出したものを適正な循環的な利用または処分をすべき責務について規定している。

## (4) 資源有効利用促進法（「資源の有効な利用の促進に関する法律」）

H27-21
H21-16

事業者による製品回収・リサイクル実施などリサイクル対策を強化するとともに、製品の省資源化・長寿命化による廃棄物の発生抑制対策や、回収した製品の再使用対策を新たに講ずることにより、循環型経済システムの構築を目指している。

本法では、事業者に対して、**3R（発生抑制、再使用、再資源化）**の取り組みを包括的に義務づけている。具体的には、パソコンメーカー等によるパソコンの回収・リサイクルが行われている。

## (5) 省エネ法（「エネルギーの使用の合理化及び非化石エネルギーへの転換等に関する法律」）

R05-20

化石燃料だけでなく、水素やアンモニアなどの非化石エネルギーを含む全てのエネルギーの使用の合理化及び非化石エネルギーへの転換、電気需要の最適化を促す法体系である。エネルギー使用量が一定以上の特定事業者は、中長期目標の作成とエネルギー使用状況の定期報告が義務付けられ、「燃料燃焼の合理化」や「エネルギー損失の防止」、「複数事業者の連携により削減したエネルギー量」も報告できる。

---

1　原材料として再使用すること。法令によっては、再利用としていることもある。空のインクカートリッジにインクを充填して販売したり、分解して取り出したテレビ部品で他のテレビを修理したりすることが該当する。
2　資源として再生し、利用すること。法令によっては、再生利用としていることもある。

# 2 ISO14000シリーズ

## (1) ISO14000シリーズの構成

ISO14000シリーズは、環境に関する一連の国際規格である。この規格は、環境マネジメントシステム、環境監査の指針、環境ラベル、環境パフォーマンス評価、ライフサイクル・アセスメントの5つの規格から構成されている。

**【 ISO14000シリーズのフレームワーク 】**

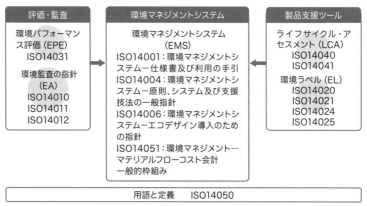

出典：『入門 ISO14000』平林良人・笹徹著 日科技連を一部加筆

## (2) ISO14001の構成

ISO14001は、企業が環境マネジメントシステムを構築し、認証取得するための規格で、PDCAという管理のサイクルに基づいて構成されており、トップが定めた方針に基づいた現場における取り組みを重視したトップダウン型のマネジメントを規定している。具体的に認証取得に必要な要求事項は次のとおりである。

① **一般要求事項**

② **環境方針**

③ **計画**

環境側面、法的及びその他の要求事項、目的及び目標、環境マネジメントプログラム

④ **実施及び運用**

体制及び責任、訓練・自覚及び能力、コミュニケーション、環境マネジメントシステム文書、文書管理、運用管理、緊急事態への準備及び対応

⑤ **点検及び是正措置**

監視及び測定、不適合並びに是正及び予防措置、記録、環境マネジメントシステム監査

⑥ **経営者による見直し**

【ISO14001の要求事項】

●4.6経営者による見直し

●4.2環境方針
●4.3計画　●4.3.1環境側面
●4.3.2法的及びその他の要求事項
　●4.3.3目的及び目標
　　●4.3.4環境マネジメントプログラム

Action　Plan
Check　Do

●4.5点検及び是正措置
●4.5.1監視及び測定
●4.5.2不適合並びに是正及び予防措置
●4.5.3記録
●4.5.4環境マネジメントシステム監査

●4.4実施及び運用
　●4.4.1体制及び責任　●4.4.2訓練・
自覚及び能力　●4.4.3コミュニケーション
●4.4.4環境マネジメントシステム文書
●4.4.5文書管理　●4.4.6運用管理
●4.4.7緊急事態への準備及び対応

出典:『入門ISO14000』平林良人　笹徹著　日科技連

### (3) マテリアルフローコスト会計

　ISO14051で規定されるマテリアルフローコスト会計 (MFCA：Material Flow Cost Accounting) は、組織における、マテリアル及びエネルギーを使用する上での環境及び財務への潜在的影響の理解を促進し、マテリアル及びエネルギーの使用上の変更による環境・財務両面の改善を達成する機会を追求することができる環境管理会計 (EMA) の主要なツールの一つである。

　マテリアルフロー及びエネルギーの使用から生じるあらゆるコスト及び／又はそれに関連するあらゆるコストは、算定され、配分される。特に、MFCAは、廃棄物、大気排出物、廃水などのマテリアルロスに関連するコストと製品に関連するコストとの比較に焦点を当てる。

## 3 ライフサイクルアセスメント

H25-21

　ライフサイクルアセスメント (LCA) の概念は、ある種の製品またはサービスから何らかの利便を享受するとき、地球からの資源の採取に始まり、製造、輸送、使用、およびすべての廃棄物が地球に戻される時点に至るまでのあらゆる活動を適切かつ定量的に評価するものである。

　LCAは製品・サービスの環境負荷を定量的に評価する手法として位置づけられ、ISO14040では製品・サービスの原材料の採取から製造、輸送、使用および廃棄に至るライフサイクルを通しての環境側面と潜在的環境影響を次の事項に従って分析、評価するよう規定されている。なお、LCAの目的がインベントリ分析および解釈だけの実施によって達成されてもよい。この場合、通常、ライフサイクルインベントリ調査という。

### ① 目的と調査範囲の設定

　LCA調査の目的と調査範囲を設定する。

### ② ライフサイクルインベントリ分析

　製品に対する、ライフサイクルの全体を通しての資源の投入および産出、排出をまとめ、定量化を行う。

### ③ ライフサイクル影響評価

製品のライフサイクルの全体を通した潜在的な環境影響の大きさおよび重要度を理解し、評価する。

### ④ ライフサイクル解釈

インベントリ分析および影響評価から得られた知見を、LCAの結論および提言を得るために、設定した目的および調査範囲に関して評価する。

## 4 環境に配慮した事業活動の促進

### (1) 環境マネジメントシステム

組織や事業者が、その運営や経営の中で自主的に環境保全に関する取組を進めるにあたり、環境に関する方針や目標を自ら設定し、これらの達成に向けて取り組んでいくことを「環境管理」又は「環境マネジメント」といい、このための工場や事業所内の体制・手続き等の仕組みである。

### (2) エコアクション21

環境マネジメントシステム、環境パフォーマンス評価および環境報告を1つに統合したもので、中小事業者でも環境配慮に対する取り組みが展開でき、その結果を「環境活動レポート」として取りまとめて公表できるようにするための仕組みである。

事業者の環境への取組を促進するとともに、その取組を効果的・効率的に実施するため、ISO14001規格を参考としながら、中小事業者にとっても取り組みやすい環境経営システムのあり方を規定しており、環境会計の公表は義務づけていない。

### (3) 環境会計

環境会計とは、企業等が、持続可能な発展を目指して、社会との良好な関係を保ちつつ、環境保全への取組を効率的かつ効果的に推進していくことを目的として、事業活動における環境保全のためのコストとその活動により得られた効果を認識し、可能な限り定量的(貨幣単位又は物量単位)に測定し伝達する仕組みである。

### (4) サーキュラー・エコノミー (循環経済)

従来の廃棄物処理・リサイクルの考え方を進め、素材選択・製造の在り方、消費の様式など、製品・サービスのライフサイクル全体で循環の思考を取り入れる考え方である。あらゆる主体におけるプラスチック資源循環等の取組 (3R ＋ Renewable) や水素をキーテクノロジーとしたカーボンニュートラル (温室効果ガスの排出量と吸収量の均衡) の取組が進んでいる。

また、「物質循環系として、製品の供給と使用が閉じた系を構成しなければならないという考え方に基づく生産の仕組又は体系 (JIS Z 8141 − 2402)」を循環型生産システムという。

■■■ 問題編 ■■■　　　　Check!!

問1 (H23-19改題)　　　　　　　　　　　　　　　　　　［○・×］
　個別生産において、受注製品の納入リードタイムを短縮するために、設計部門と製造部門の業務を同時並行で行うコンカレントエンジニアリングを採用することは<u>不適切</u>である。

問2 (H27-03)　　　　　　　　　　　　　　　　　　　　［○・×］
　CADを導入することで複数台のNC工作機がコンピュータで結ばれ、効率的な設備の運用が可能となる。

問3 (H29-08)　　　　　　　　　　　　　　　　　　　　［○・×］
　複数の工作機械や搬送機器などを集中制御するために、DNCを導入することにした。

問4 (H27-08)　　　　　　　　　　　　　　　　　　　　［○・×］
　鍛造設備は、溶解した金属を型に流し込んで冷却することによって製品をつくる設備である。

問5 (H27-08)　　　　　　　　　　　　　　　　　　　　［○・×］
　旋盤は、工作物に回転運動を与え、バイトなどの工具に送り運動を与えることにより、工作物に加工を施す工作機械である。

問6 (R05-05改題)　　　　　　　　　　　　　　　　　　［○・×］
　飲み終わったビール瓶を回収し、溶解して再生することは、循環型社会形成推進基本法における再使用の定義に区分される。

問7 (H25-21)　　　　　　　　　　　　　　　　　　　　［○・×］
　ISO14040で規定されるライフサイクルアセスメント（LCA）では、ライフサイクル影響評価は必ずしも行う必要はない。

問8 (R01-04)　　　　　　　　　　　　　　　　　　　　［○・×］
　プラズマ加工は、気体を極めて高温にさせ、気体原子を陽イオンと自由電子に解離しイオン化させ、この状態を利用して切断、穴あけ、溶接などを行う加工法である。

問9 (R02-22改題)　　　　　　　　　　　　　　　　　　　　　　　[○・×]
　ISO14001は、トップが定めた方針に基づいた現場における取り組みを重視し、ボトムアップ型のマネジメントを想定している。

問10 (R03-21)　　　　　　　　　　　　　　　　　　　　　　　　　[○・×]
　循環型社会形成推進基本法により、自ら生産する製品等について販売後、消費者の手に渡るまで一定の責任を負う「拡大生産者責任」の一般原則が確立された。

問11 (R04-21)　　　　　　　　　　　　　　　　　　　　　　　　　[○・×]
　酸素は、発電・産業・運輸など、幅広く活用されるカーボンニュートラルのキーテクノロジーと位置付けられている。

■■■ **解答・解説編** ■■■

問1　×：コンカレントエンジニアリング (CE) の目的のひとつである開発リードタイムの短縮を達成すれば、納入リードタイムの短縮につながる。

問2　×：CADではなく、DNCを導入することで可能になる。

問3　○：中央コンピュータで集中管理し、ネットワークを通じて直接制御するものをDNC(Distributed Numerical Control：分散型数値制御) という。

問4　×：鍛造設備は、金属を加熱して高温にした状態で力を加え、変形させることによって製品をつくる設備である。

問5　○：旋盤の説明として、適切である。

問6　×：溶解によって新たな原材料として利用することから、再生利用の定義に区分される。

問7　○：ISO 14040には「LCAの目的がインベントリ分析および解釈だけの実施により達成されてもよい」と明記されている。

問8　○：プラズマ加工は、イオン放電による熱エネルギーや化学反応により加工を行う方法である。

問9　×：ISO14001は、方針の策定などに最高経営層の責任ある関与を求め、トップダウン型の管理を想定している。

問10　×：「拡大生産者責任」は、生産した製品が使用され、廃棄された後においても、生産者は適正なリサイクルや処分について一定の責任を負うという考え方である。

問11　×：カーボンニュートラルのキーテクノロジーは水素である。

■■■ **問題編** ■■■

立体造形に係る技術に関する以下の文章において、空欄A〜Cに入る用語の組み合わせとして、最も適切なものを下記の解答群から選べ。

立体造形に係る技術は、金属、セラミックス、プラスチック、ガラス、ゴム等さまざまな材料を所要の強度や性質、経済性等を担保しつつ、例えば、高いエネルギー効率を実現するための複雑な翼形状や歯車形状等を高精度に作り出したり、高度化する医療機器等の用途に応じた任意の形状を高精度に作り出したりする技術全般を指す。

これには、鋳型空間に溶融金属を流し込み凝固させることで形状を得る　A　技術や、金属粉末やセラミックス粉末の集合体を融点よりも低い温度で加熱し固化させることで目的物を得る　B　技術、三次元データを用いて任意の形状を金型等の専用工具を使わずに直接製造できる　C　技術も含まれる。

〔解答群〕

ア　A：融体加工　　B：射出成型　　C：研削加工

イ　A：融体加工　　B：粉体加工　　C：積層造形

ウ　A：溶接加工　　B：射出成型　　C：積層造形

エ　A：溶接加工　　B：粉体加工　　C：研削加工

**解答：イ**

　立体造形に関する出題である。立体造形とは、自由度が高い任意の立体形状を造形する技術である。

　立体造形は、中小企業の特定ものづくり基盤技術の高度化に関する指針として取り上げられている12技術のうちの1つである。

　立体造形の主な造形方法には、材料により、射出成形、押出成形、圧縮成形、プレス成形等がある。また、次のような技術も立体造形に係る技術に含まれる。

融体加工技術：鋳型空間に溶融金属を流し込み凝固させることで形状を得る

粉体加工技術：金属粉末やセラミック粉末の集合体を融点よりも低い温度で加熱し固化させることで目的物を得る

積層造形技術：三次元データを用いて任意の形状を金型等の専用工具を使わずに直接製造できる


　よって、Aは融体加工、Bは粉体加工、Cは積層造形、となり、イが正解である。

※本試験の表記は「射出成型」となっているが、正しい表記は「射出成形」となる。

## ■ 出題マップ：運営管理

| 第1章：店舗・商業集積 | 令和5年度 | 令和4年度 |
|---|---|---|
| I 店舗施設に関する法律知識 | 25-大規模小売店舗立地法、26-消防法、建築基準法、27-立地適正化計画 | 23-中心市街地活性化法、24-用途地域、26-屋外広告物の建築基準 |
| II 店舗立地と出店 | | 25-ライリーの法則 |
| III 小売業の業態と商業集積 | 22-ショッピングセンター、23-商店街 | 22-業態別の販売額の動向 |
| IV 店舗施設 | 24-食品リサイクル法、30-食品表示法および食品表示基準 | |
| **第2章：商品仕入・販売（マーチャンダイジング）** | | |
| I マーチャンダイジングの基礎 | 28 (1) (2) -相乗積 | |
| II 商品予算計画 | | |
| III 商品計画・仕入方法・取引条件 | 29 (2) -商品カテゴリー | 27-販売計画、28 (2) -ラインロビング |
| IV 売場構成・陳列 | 29 (1) -売場レイアウト | 28 (1) -関連購買、29-売場づくり |
| V 価格設定・販売促進 | | 30-価格政策 |
| **第3章：商品補充・物流** | | |
| I 商品在庫管理 | 31-在庫管理 | 31-定期発注方式 |
| II 輸配送管理 | 33-輸送手段と輸送ネットワーク、34-運行効率、35-ASN | 32-輸送手段の特徴、33-ユニットロード、35-積載率の改善、36-ASN |
| III 物流センター管理 | 35-ピッキング、ロケーション管理 | 34-物流センターの機能、36-3PL、ピッキング、物流機器 |
| **第4章：流通情報システム** | | |
| I 店舗システム | 38 (1) (2) -バスケット分析、40-ABC分析、RFM分析 | 36-ABC分析、37-インストアマーキング、39 (1) -バスケット分析、39 (2) -リフト値、40-相関係数、41-個人情報保護法 |
| II 取引情報・物流情報システム | 36-JANシンボル、37-GTIN | 37-GTIN、38-GS1アプリケーション識別子 |
| **第5章：生産管理の基礎** | | |
| I 生産管理の基礎 | 01-生産性の評価指標、21-生産職場の管理指標 | 01-生産性の種類 |
| II 生産現場の改善 | 18-ECRSの原則 | 20-さまざまな改善手法 |
| **第6章：生産のプランニング** | | |
| I 工場立地とレイアウト | 02-工場レイアウト | |
| II 製品開発・製品設計 | 03-VE、04-製品の開発・設計、18-フェイルセーフ | 03-製品設計 |
| III 生産方式・管理方式 | 06-ラインバランシング、13-追番管理方式、18-U字ライン | 02 (1) (2) -ラインバランシング、04-生産方式・管理方式、09-TOC (制約理論)、15-作業標準 |
| IV 生産計画 | 08-PERT、09-ディスパッチングルール、10-負荷計画、32-需要予測 | 07-CPM、08-フローショップスケジューリング |
| V 資材管理 | 07-部品構成表、11-経済的発注量 | 06-資材所要量計画、10-発注方式、12-在庫管理 |
| **第7章：生産のオペレーション** | | |
| I 品質管理 | 12-新QC7つ道具、18-管理図、21-工程能力指数、39-HACCP | 05-統計的検定、11-QC7つ道具と新QC7つ道具 |
| II 生産統制 | 10-余力管理、13-カムアップ・システム | 14-流動数曲線 |
| III 作業管理 | 15 (1) -余裕率 | |
| IV IE | 14-運搬管理、15 (2) -時間研究、16-工程分析 | 13-製品工程分析、16-時間研究、20-製品工程分析、作業者工程分析 |
| V 設備管理 | 17-設備更新 (設備投資) の経済性計算、19-TPM、21-信頼性の評価指標 | 17-設備保全、18-設備総合効率、19-TPM |
| VI 職務設計 | | |
| VII 労働衛生 | 21-労働災害 | |
| **第8章：生産情報システムと生産技術に関する知識** | | |
| I 生産システムの情報化 | 04-CAD | |
| II 生産技術に関する知識 | | |
| III 廃棄物等の管理 | 05-循環型社会形成推進基本法、20-省エネ法 | 21-環境に配慮した事業活動の促進 |
| その他 | | |

| 令和3年度 | 令和2年度 | 令和元年度 |
|---|---|---|
| 3-立地適正化計画 | 23-大規模小売店舗立地法、24-立地適正化計画、27-建築確認制度 | 23-用途地域、24-立地適正化計画、25-消防法 |
| 4-修正ハフモデル | 25-ライリー・コンバースの法則 | |
| 2-ショッピングセンターの概要 | 26-商店街の現状、28-業態別の販売額の動向 | 22-ショッピングセンターの概要、27-商店街の現状 |
| 5-食品リサイクル法、26-照明の単位、)-食品衛生法 | | 26-食品リサイクル法 |
| | 32-GMROI | 28-相乗積 |
| 7-値入高予算 | 35-販売予算、30-売価値入率 | |
| -売れ筋商品・死に筋商品 | 33-総合化と専門化 | 30-委託仕入 |
| | 29-陳列手法 | |
| 7-マークアップ法、)-ビジュアルマーチャンダイジング、-消費税転嫁対策特別措置法 | 31-景品表示法、33-プライスゾーン・プライスライン | 31-ビジュアルマーチャンダイジング |
| 2-定期発注方式と定量発注方式、サイクル在庫 | 34-定期発注方式と定量発注方式 | 33-定期発注方式と定量発注方式 |
| 3-RORO船、モーダルシフト、34-運行効率、-ユニットロード | 36-RORO船、モーダルシフト、運行効率、37-ユニットロード、38-事前出荷明細 | 34-ユニットロード、RORO船、モーダルシフト、35-共同輸配送、引取物流、37-検品作業の簡素化 |
| -人時生産性、35-物流センター機能・設計、7-物流センター運営 | 38-物流センターの分類、物流センター運営 | 36-物流センター機能・設計、37-物流センター運営 |
| -顧客管理システム、41-中小企業共通EDI標準 | 35-重回帰分析、42-流通BMS、43-個人情報保護法、44-RFM分析 | 39-FSP、40-PI値、42-資金決済法、43-ID-POS |
| 3-新しいGTIN設定ルール、42-EPC | 39-GTINの種類、40-2次元シンボル、41-改正割賦販売法 | 41-GTINの種類 |
| 2-生産形態の分類 | 01-生産性の種類 | 01-生産性の種類 |
| 1-5S、02-3S、GT | 21-さまざまな改善手法 | 17-5S、21-動作経済の原則 |
| 3-DI分析、SLP、07-レイアウトの配置構造 | 03-SLP、15-DI分析 | |
| 2-同期化、05-編成効率、06-ジャストインタイム | 08-製番管理方式、16-編成効率 | 06-生産座席予約方式 |
| 3-生産予測の手法、10-PERT、1-ジョブショップスケジューリング | 09-生産予測の手法、11-CPM、12-線形計画法 | 02-フローショップとジョブショップ、05-PERT、08-生産予測、09-フローショップスケジューリング |
| 9-ストラクチャ型部品表、12、32-発注方式 | 02-エシェロン在庫、10-在庫管理、13、34-発注方式 | 07-ストラクチャ型部品表、10-経済的発注量、33-発注方式 |
| 4-実験計画法、20-工程能力指数 | 04-品質展開、06-ヒストグラム、14-統計的仮説検定 | 11-QC7つ道具 |
| 3-現品管理、14-流動数曲線 | | 15-進度管理 |
| 5-標準時間 | 01-遊休時間、17-標準時間 | |
| -流れ線図、フロムツウチャート、17-作業測定、3-サーブリッグ分析 | 07-製品工程分析、17-作業測定、18-方法研究 | 03-フロムツウチャート、12-工程分析、13-製品工程分析、14-直接測定法、16-PTS法 |
| -信頼性の評価尺度、可用率 | 19-保全活動の体系、20-設備総合効率 | 18-故障率曲線、19-資本回収期間法、20 TPM |
| 5-職務設計 | | |
| | | |
| | 05-立体造形に係る技術 | 04-非接触加工 |
| 1-循環型社会形成推進基本法 | 22-ISO14000シリーズ、環境に配慮した事業活動の促進 | |
| | | |
| | | 29-酒類・医薬品の販売制度、32-食品表示法、38-QR決済 |

- ●『インストアマーチャンダイジングがわかる→できる』田島義博編著　ビジネス社
- ●『インストア・マーチャンダイジング』流通経済研究所編　日本経済新聞出版社
- ●『現代流通　理論とケースで学ぶ』矢作敏行著　有斐閣
- ●『ベーシック　流通と商業[新版]:現実から学ぶ理論と仕組み』原田英生・向山雅夫・渡辺達朗著　有斐閣
- ●『2011〜2012　流通情報システム化の動向』流通システム開発センター編　流通システム開発センター
- ●『バーコードの基礎』流通システム開発センター編　流通システム開発センター
- ●『EOSのすすめ』流通システム開発センター編　中央経済社
- ●『EDIの知識』流通システム開発センター編　日本経済新聞出版社
- ●『現代物流システム論』中田信哉・湯浅和夫・橋本雅隆・長峰太郎著　有斐閣アルマ
- ●『ロジスティクス概論』中田信哉・橋本雅隆・嘉瀬英昭著　実教出版
- ●『物流の知識＜第3版＞』宮下正房・中田信哉著　日本経済新聞出版社
- ●『図解ICタグビジネスのすべて』長浜淳之介・岡崎勝己著　日本能率協会マネジメントセンター
- ●『図解電子マネー業界ハンドブックVer.1』岩田昭男著　東洋経済新報社
- ●『販売・流通情報システムと診断』宮下淳・江原淳著　同友館
- ●『図解よくわかるこれからの流通』木下安司著　同文舘出版
- ●『手にとるようにマーチャンダイジングがわかる本』木下安司著　かんき出版
- ●『セブン－イレブンに学ぶ超変革力』木下安司著　講談社
- ●『コンビニエンスストアの知識』木下安司著　日本経済新聞出版社
- ●『売場づくりの知識』鈴木哲男著　日本経済新聞社
- ●『よくわかるこれからのマーチャンダイジング』服部吉伸著　同文舘出版
- ●『販売士検定試験2級ハンドブック』日本商工会議所・全国商工会連合会編　カリアック
- ●『新しい建築法規の手引き』矢吹茂郎・加藤健三・田中元雄著　日本建築技術者指導センター
- ●『商業用語辞典』商業界編　商業界
- ●『流通用語辞典』宮澤永光監修　白桃書房
- ●『通勤大学実践MBA 店舗経営』グローバルタスクフォース著　総合法令出版
- ●『図解売場のデータ超活用法』白部和孝著　商業界
- ●『食品商業別冊』商業界
- ●『国土交通白書2009平成20年度年次報告』国土交通省編　ぎょうせい
- ●『企業のための太陽光発電導入AtoZ』新エネルギー財団編　経済産業省資源エネルギー庁
- ●『物流ABC（Activity－Based Costing）準拠による物流コスト算定・効率化マニュアル』中小企業庁
- ●『環境配慮型小売（エコストア）の在り方に関する研究会　中間取りまとめ（概要版）』経済産業省商務流通グループ流通政策課
- ●『「高効率電光変換化合物半導体開発（21世紀のあかり計画）」事後評価報告書（案）概要』経済産業省
- ●『買物弱者応援マニュアルver.3.0』経済産業省
- ●『大型空き店舗等調査分析事業報告書』経済産業省商務流通グループ中心市街地活性化室
- ●『令和3年度商店街実態調査報告書』中小企業庁
- ●『平成30年度商店街実態調査報告書』中小企業庁
- ●『ハブ・アンド・スポーク・ネットワーク』野本了三著　広島大学
- ●『よくわかる景品表示法と公正競争規約』消費者庁
- ●『生産管理用語辞典』日本経営工学会編　日本規格協会
- ●『クォリティマネジメント用語辞典』吉沢正編　（一財）日本規格協会
- ●『生産情報システム（情報システムライブラリ）』太田雅晴・島田達巳著　日科技連出版社

- ●『オペレーションズ・マネジメント―ハイブリッド生産管理への誘い』平川保博著　森北出版
株式会社
- ●『中小企業のための生産管理の実際』甲斐章人著　日本経済新聞社
- ●『演習　生産管理の基礎』藤山修巳著　同友館
- ●『絵で見てわかる工場管理・現場用語事典』
- ●『絵で見てわかる工場管理現場用語事典』編集委員会編　日刊工業新聞社
- ●『事業者の環境パフォーマンス指標ガイドライン』環境省
- ●『工程管理の知識』倉持茂著　日経文庫
- ●『生産管理がわかる事典』菅又忠美・田中一成編著　日本実業出版社
- ●『生産管理の基礎』村松林太郎著　国元書房
- ●『戦略的生産システム』玉木欽也著　白桃書房
- ●『現代生産管理』工藤市兵衛編著　同友館
- ●『2008～2011年版中小企業白書』中小企業庁編
- ●『中小企業のための生産管理の実際』甲斐章人著　日経文庫
- ●『現代の生産管理』古屋浩著　学文社
- ●『生産マネジメント入門Ⅰ　生産システム編』藤本隆宏著　日本経済新聞社
- ●『新・VEの基本』土屋裕監修　産能大学VE研究グループ著　産業能率大学出版部
- ●『在庫管理の実際』平野裕之著　日本経済新聞社
- ●『在庫削減の効果的な進め方』五十嵐瞭著　日刊工業新聞社
- ●『TQMとその進め方』鐵健司著　日本規格協会
- ●『TQMの基本的考え方』超ISO企業研究会編　日本規格協会
- ●『やさしく学べるISO入門コース』日本能率協会
- ●『現場管理者のための「7つ道具」集』実践経営研究会編　日刊工業新聞社
- ●『現場を根こそぎ改善する事典』工場管理編集部編　日刊工業新聞社
- ●『生産情報システム』石田俊広著　同友館
- ●『生産システム工学』人見勝人著　共立出版
- ●『工鉱業技術知識の要点』山崎栄著　評言社
- ●『トヨタ生産方式』トヨタ自動車ホームページ
- ●『トヨタプロダクションシステム』門田安弘著　ダイヤモンド社
- ●『中小企業の特定ものづくり基盤技術の高度化に関する指針』経済産業省
- ●『平成20年省エネ法改正の概要』資源エネルギー庁ホームページ
- ●『入門　ISO14000』平林良人・笹徹著　日科技連
- ●『環境調和型製品のモノづくり戦略と設計』山際康之著　日刊工業新聞社
- ●『戦略的商品管理〔改訂版〕』徳永豊著　同文舘出版
- ●経済産業省ホームページ
- ●厚生労働省ホームページ
- ●国土交通省ホームページ
- ●環境省ホームページ
- ●農林水産省ホームページ
- ●江戸川区役所ホームページ
- ●SCM推進協同組合ホームページ
- ●東京消防庁ホームページ
- ●日本ショッピングセンター協会ホームページ
- ●セブン－イレブン・ジャパンホームページ
- ●（一財）流通システム開発センター　ホームページ
- ●「特定保健用食品とは」消費者庁　food_labeling_cms206_200602_01.pdf（caa.go.jp）

## ▰ 編著者紹介

**林　義久** (はやし　よしひさ)
㈱経営教育総合研究所主任研究員、中小企業診断士。POSなどのデータ分析が専門。メーカーや小売に対して、客観的事実にもとづいたマーケティング戦略や店舗の陳列を提案している。

**谷口　克己** (たにぐち　かつみ)
㈱経営教育総合研究所研究員、中小企業診断士。電機メーカーの生産技術部門 で生産合理化や工場計画などの業務を歴任後、顧客対応部門にて顧客満足向上などの業務設計を担当。講演や執筆などでも活動中。

**石井　保彦** (いしい　やすひこ)
㈱経営教育総合研究所研究員、中小企業診断士。大手電機メーカー勤務時の勤務経験を活かして、中小企業の現場部門や営業部門などの生産性向上を支援している。

**吉田　昭** (よしだ　あきら)
㈱経営教育総合研究所研究員、中小企業診断士。PMP。電子機器製造メーカの品質管理部門で、ものづくりや生産管理を経験した後、資材部門で取引先の管理や取引関係の契約管理に携わっている。

**岩瀬　敦智** (いわせ　あつとも)
㈱経営教育総合研究所主任研究員、中小企業診断士、経営管理修士（MBA）、法政大学大学院IM研究科兼任講師、横浜商科大学商学部兼任講師。㈱高島屋を経て、経営コンサルタントとして独立。現在は有限会社スペースプランニングMAYBE代表取締役。

**鎌田　慎也** (かまた　しんや)
㈱経営教育総合研究所研究員、中小企業診断士。中小製造業における勤務経験を活かした、中小企業の販路開拓支援、間接部門や営業部門などの生産性向上支援を行っている。

**横山　豊樹** (よこやま　あつき)
㈱経営教育総合研究所研究員、中小企業診断士。化学メーカーで国内・海外営業、事業開発の経験を経て、現在は新規顧客開拓を担当している。

**櫻野　景子** (さくらの　けいこ)
㈱経営教育総合研究所研究員、中小企業診断士。経理アウトソーシング会社にて経理プロセスの標準化、業務改善の支援を行っている。

■ 執筆者紹介

**鳥島　朗広** (とりしま　あきひろ)
㈱経営教育総合研究所研究員、中小企業診断士。

**松崎　研一** (まつざき　けんいち)
㈱経営教育総合研究所研究員、中小企業診断士。

**大橋　正章** (おおはし　まさあき)
㈱経営教育総合研究所研究員、中小企業診断士、技術士 (機械部門)。

**高橋　規尊** (たかはし　のりたか)
㈱経営教育総合研究所研究員、中小企業診断士。

■ 監修者紹介

山口　正浩（やまぐち　まさひろ）

㈱経営教育総合研究所 代表取締役社長、㈱早稲田出版 代表取締役社
長、中小企業診断士、経営学修士（MBA）、TBC受験研究会統括講師、
中小企業診断士の法定研修（経済産業大臣登録）講師、日本FP協会の
認定教育機関講師。

　24歳で中小企業診断士試験に合格後、常に業界の第一線で活躍。
2011年12月のNHK（Eテレ）の「資格☆はばたく」では、中小企業診
断士の代表講師＆コンサルタントとして選抜され、4週間にわたる番
組の司会進行役の講師とNHK出版のテキスト作成に携わる。

　従業員1名から従業員10,000名以上の企業でコンサルティングや
研修を担当し、負債3億円、欠損金1億円の企業を5年間で黒字企業
へ事業再生した実績を持つ。日本政策金融公庫、日本たばこ産業株
式会社などで教鞭をふるい、静岡銀行、東日本銀行（東日本倶楽部経
営塾）では、経営者へ実践的な財務会計の研修を行う。

　主な著書は「マーケティング・ベーシック・セレクション・シリー
ズ」（全12巻）同文館出版、販売士検定関連の書籍は「動画で合格（う
か）る販売士3級テキスト＆問題集」早稲田出版など10冊、年度改訂
の書籍を含めると450冊以上の監修・著書があり、日経MJ新聞「マー
ケティング・スキル（いまさら聞けない経営指標）毎週金曜日 全30回」
や月刊「近代セールス」の連載も持つ。近年、若手コンサルタントのキャ
リアアップに注力し、執筆指導のほか、プレゼンテーション実践会
を主催している。

2024年版　TBC中小企業診断士試験シリーズ

速修｜テキスト　4 運営管理

2023年10月30日　　初版第1刷発行

編 著 者⋯⋯⋯⋯林 義久／谷口克己／石井保彦／吉田 昭／岩瀬敦智／
　　　　　　　　鎌田慎也／横山豊樹／櫻野景子
監 修 者⋯⋯⋯⋯山口正浩
発 行 者⋯⋯⋯⋯山口正浩
発 行 所⋯⋯⋯⋯株式会社 早稲田出版
　　　　　　　　〒130-0012 東京都墨田区太平1-11-4 ワイズビル4階
　　　　　　　　TEL：03-6284-1955　FAX：03-6284-1958
　　　　　　　　https://waseda-pub.co.jp/
印刷・製本⋯⋯⋯新日本印刷株式会社

# 書籍の正誤についてのお問い合わせ

万一、誤りと疑われる解説がございましたら、お手数ですが下記の方法にてご確認いただきますよう、お願いいたします。

書籍の正誤のお問い合わせ以外の書籍内容に関する解説や受験指導等は、一切行っておりません。そのようなお問い合わせにつきましては、お答え致しかねます。あらかじめご了承ください。

## 【1】書籍HPによる正誤表の確認

早稲田出版HP内の「書籍に関する正誤表」コーナーにて、正誤表をご確認ください。

URL:https://waseda-pub.co.jp/

## 【2】書籍の正誤についてのお問い合わせ方法

上記、「書籍に関する正誤表」コーナーに正誤表がない場合、あるいは該当箇所が記載されていない場合には、書籍名、発行年月日、お客様のお名前、ご連絡先を明記の上、下記の方法でお問い合わせください。
お問い合わせの回答までに1週間前後を要する場合もございます。あらかじめご了承ください。

### ●FAXによるお問い合わせ

FAX番号：**03-6284-1958**

### ●e-mailによるお問い合わせ

お問い合わせアドレス：**infowaseda@waseda-pub.com**

お電話でのお問い合わせは、お受けできません。
あらかじめ、ご了承ください。